Basics Zivilrecht

Band 2

Gesetzliche Schuldverhältnisse/ Sachenrecht

Hemmer/Wüst/d'Alquen

BASICS MIT DER HEMMER-METHODE

Wer in vier Jahren sein Studium abschließen will, kann sich einen Irrtum in Bezug auf Stoffauswahl und -aneignung nicht leisten. Hoffen Sie nicht auf leichte Rezepte und den einfachen Rechtsprechungsfall. Hüten Sie sich vor Übervereinfachung beim Lernen. Stellen Sie deswegen frühzeitig die Weichen richtig.

Die „Basics" schaffen Voraussetzungen für das Verstehen der Juristerei, ermöglichen Ihnen Verständnis für klausurtypische Probleme und sind Ihnen in der Klausur eine **Anwendungshilfe**, die Sie mit den üblichen juristischen Denkmustern von Klausurerstellern vertraut machen. Wissen wird konsequent unter Anwendungsgesichtspunkten erworben.

Die **hemmer-Methode** vermittelt Ihnen die **erste richtige Einordnung** und das **Problembewusstsein**, welches Sie brauchen, um an einem Thema der Klausur nicht vorbeizuschreiben. Häufig ist dem Studenten nicht klar, warum er schlechte Klausuren schreibt. Wir geben Ihnen **gezielte Tipps**! Vertrauen Sie auf unsere **Expertenkniffe**.

Durch die ständige Diskussion mit unseren Kursteilnehmern ist uns als erfahrenen Repetitoren klar geworden, welche **Probleme** der Student hat, sein **Wissen in der Klausur anzuwenden**. Wir haben aber auch von unseren Kursteilnehmern profitiert und von ihnen erfahren, welche **Argumentationsketten** in der Prüfung zum Erfolg geführt haben.

Die **hemmer-Methode** gibt **jahrelange Erfahrung** weiter, erspart Ihnen viele schmerzliche Irrtümer, setzt richtungsweisende Maßstäbe und begleitet Sie als **Gebrauchsanweisung** in Ihrer Ausbildung:

<u>1. Grundwissen:</u>

Die **Grundwissenkripten** sind für den Studenten in den ersten Semestern gedacht. In den Theoriebänden Grundwissen werden leicht verständlich und kurz die wichtigsten Rechtsinstitute vorgestellt und das notwendige Grundwissen vermittelt. Die Skripten werden durch den jeweiligen Band unserer **Reihe „Die wichtigsten Fälle“** ergänzt.

<u>2. Basics:</u>

Das Grundwerk für Studium und Examen. Es schafft schnell **Einordnungswissen** und mittels der hemmer-Methode richtiges Problembewusstsein für Klausur und Hausarbeit. Wichtig ist, **wann und wie** Wissen in der Klausur angewendet wird.

<u>3. Skriptenreihe:</u>

Vertiefendes Prüfungswissen: Über 1.000 Klausuren wurden auf ihre „essentials" abgeklopft. Anwendungsorientiert werden die für die Prüfung nötigen Zusammenhänge umfassend aufgezeigt und wiederkehrende Argumentationsketten eingeübt.

Gleichzeitig wird durch die hemmer-Methode auf **anspruchsvollem Niveau** vermittelt, nach welchen Kriterien Prüfungsfälle beurteilt werden. Mit dem Verstehen wächst die Zustimmung zu Ihrem Studium. Spaß und Motivation beim Lernen entstehen erst durch Verständnis.

Lernen Sie, durch Verstehen am juristischen Sprachspiel teilzunehmen. Wir schaffen den „background“, mit dem Sie die innere Struktur von Klausur und Hausarbeit erkennen: **„Problem erkannt, Gefahr gebannt“**. Profitieren Sie von unserem **strategischen Wissen**. Wir werden Sie mit unserem know-how auf das Anforderungsprofil einstimmen, das Sie in Klausur und Hausarbeit erwartet.

Die Theoriebände Grundwissen, die Basics, die Skriptenreihe und der Hauptkurs sind als **modernes, offenes und flexibles Lernsystem** aufeinander abgestimmt und ergänzen sich ideal. Die **studentenfreundliche Preisgestaltung** ermöglicht den **Erwerb als Gesamtwerk**.

<u>4. Hauptkurs:</u>

Schulung am examenstypischen Fall mit der Assoziationsmethode. Trainieren Sie unter professioneller Anleitung, was Sie im Examen erwartet und wie Sie bestmöglich mit dem Examensfall umgehen.

Nur wer die Dramaturgie eines Falles verstanden hat, ist in Klausur und Hausarbeit auf der sicheren Seite! Häufig hören wir von unseren Kursteilnehmern: **„Erst jetzt hat Jura richtig Spaß gemacht“**.

Die Ergebnisse unserer Kursteilnehmer geben uns Recht. Maßstab ist der Erfolg. Die Examensergebnisse zeigen, dass unsere Kursteilnehmer überdurchschnittlich abschneiden.

Die Examensergebnisse unserer Kursteilnehmer sollten Ansporn für Sie sein, intelligent zu lernen: Wer nur auf vier Punkte lernt, landet leicht bei drei.

Wir hoffen, als Repetitoren mit unserem Gesamtangebot bei der Konkretisierung des Rechts mitzuwirken und wünschen Ihnen **viel Spaß beim Durcharbeiten** unserer Skripten.

Wir würden uns freuen, mit Ihnen als Hauptkursteilnehmer mit der **hemmer-Methode** gemeinsam Verständnis an der Juristerei zu trainieren. Nur wer erlernt, was ihn im Examen erwartet, lernt richtig!

So leicht ist es uns kennenzulernen, Probehören ist jederzeit in den jeweiligen Kursorten möglich.

Karl Edmund Hemmer & Achim Wüst

BASICS ZIVILRECHT

Band 2

Gesetzliche Schuldverhältnisse/ Sachenrecht

Hemmer/Wüst/d'Alquen

Hemmer/Wüst Verlagsgesellschaft

Hemmer/Wüst/d'Alquen, Basics Zivilrecht, Band 2,
Gesetzliche Schuldverhältnisse/ Sachenrecht

ISBN 978-3-86193-674-9

9. Auflage 2018

gedruckt auf chlorfrei gebleichtem Papier
von Schleunungdruck GmbH, Marktheidenfeld

§ 1 GESETZLICHE SCHULDVERHÄLTNISSE

A. Geschäftsführung ohne Auftrag (GoA)

I. Allgemeines

1. Begriff und Regelungsgehalt der GoA

GoA = Geschäftsführung ohne Auftrag

Die §§ 677 ff.[1] regeln die Fälle, in denen jemand (der Geschäftsführer: im Folgenden GF) eine Tätigkeit für einen anderen (den Geschäftsherrn: GH) übernimmt und dadurch in dessen Rechts- und Interessenkreis eingreift, *ohne* von dem GH beauftragt oder sonst dazu berechtigt zu sein. *1*

Das Gesetz will nun einerseits grundsätzlich verhindern, dass sich jemand ungebeten in fremde Angelegenheiten einmischt (unberechtigte GoA); andererseits soll derjenige, dessen Handeln dem GH erwünscht ist und das ihm zugute kommt (berechtigte GoA), nicht die Nachteile aus der Geschäftsführung tragen.

2. Rechtsnatur

gesetzliches Schuldverhältnis

Sind die Voraussetzungen der berechtigten GoA erfüllt, so entsteht ohne weiteres ein gesetzliches Schuldverhältnis, das einen interessengerechten Ausgleich zwischen GH und GF ermöglichen soll. Dieses ist im Wesentlichen dem Auftragsrecht nachgebildet und regelt nur das Innenverhältnis zwischen GH und GF (die Frage, ob durch das Handeln des GF Rechtsbeziehungen zwischen dem GH und einem Dritten (Außenverhältnis) entstanden sind, regeln die §§ 164 ff.). *2*

keine WE notwendig

Das Schuldverhältnis der berechtigten GoA entsteht nicht durch rechtsgeschäftliche Willenserklärungen, sondern durch den tatsächlichen Akt der Geschäftsübernahme. Die Geschäftsübernahme ist damit Rechtshandlung.

3. Überblick

echte / unechte GoA

a) Zunächst einmal ist zu unterscheiden zwischen der „echten" GoA, die in den §§ 677-686 geregelt ist, und der angemaßten Eigengeschäftsführung (missverständlich auch unechte GoA genannt, vgl. § 687 II). *3*

Echte GoA liegt nur vor, wenn der GF den Willen hat, ein Geschäft für einen anderen in dessen Interesse zu führen (sog. Fremdgeschäftsführungswille). Fehlt dieser Wille, so handelt es sich um Eigengeschäftsführung. Eine GoA liegt mangels Fremdgeschäftsführungswillen gerade nicht vor (siehe im Einzelnen unten).

1 Alle folgenden §§ sind – soweit nicht anders bezeichnet – solche des BGB.

echte GoA, § 677

b) § 677 enthält die Tatbestandsvoraussetzungen der (echten) 4
GoA, die berechtigt oder unberechtigt sein kann.

Interesse und Wille des Geschäftsherrn

Berechtigt ist die GoA in erster Linie dann, wenn die Geschäftsübernahme dem Interesse und dem Willen des GH entspricht (§ 683 S. 1), sonst liegt unberechtigte GoA vor (§ 684 S. 1).

Diese Unterscheidung ist wichtig, da sich daraus unterschiedliche Rechtsfolgen ergeben. So entsteht nur bei der berechtigten GoA ein gesetzliches Schuldverhältnis, aus dem der GF z.B. Ersatz seiner Aufwendungen verlangen kann, §§ 683, 670.

Dagegen stellt die unberechtigte GoA einen rechtswidrigen Ein- 5
griff in den Rechtskreis des GH dar, der grundsätzlich zu unterlassen ist. Der GF ist hier nicht schützenswert. Der unberechtigte GF haftet schärfer als der berechtigte, vgl. z.B. § 678. Seine Aufwendungen kann er nur nach Bereicherungsrecht gem. §§ 684 S. 1, 818 I, II (Gefahr der Entreicherung, § 818 III!) ersetzt verlangen.

c) Auch bei der Eigengeschäftsführung muss weiter differenziert 6
werden:

bei Irrtum § 687

§ 687 I regelt den Fall, dass der GF ein fremdes Geschäft irrtümlich als sein eigenes behandelt. Die §§ 677-686 sind dann überhaupt nicht anwendbar.

Weiß der GF dagegen, dass er ein fremdes Geschäft führt und behandelt er es dennoch als eigenes, so kann der GH zusätzlich zu den allgemeinen Ansprüchen (§§ 987 ff., §§ 812 ff., §§ 823 ff.) auch noch Ansprüche aus GoA geltend machen, § 687 II.

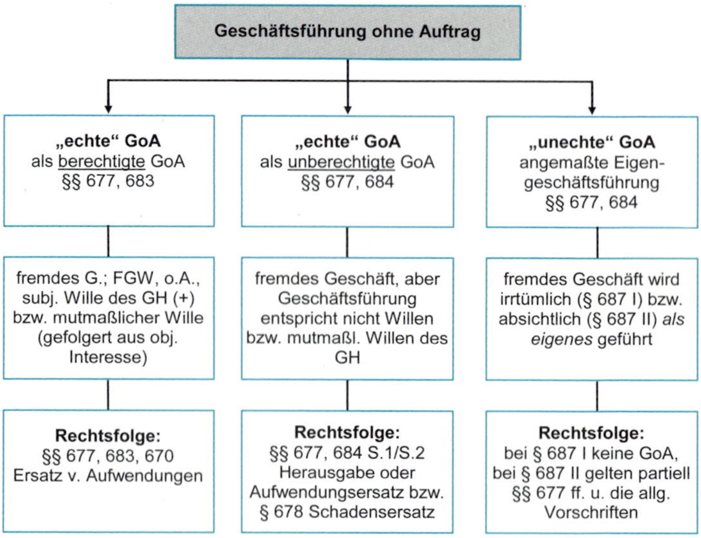

d) Vorgehensweise: Im Folgenden sollen zunächst die allgemeinen (für berechtigte und unberechtigte GoA geltenden) Tatbestandsvoraussetzungen der GoA erläutert und anschließend die Rechtsfolgen bei berechtigter und unberechtigter GoA dargestellt werden. Zuletzt wird die Eigengeschäftsführung behandelt.

II. Voraussetzungen der GoA

Kommen in der Klausur Ansprüche aus GoA in Betracht, so sind zunächst folgende drei Voraussetzungen zu prüfen (vgl. § 677):

1. Besorgung eines fremden Geschäfts
2. Fremdgeschäftsführungswille
3. Ohne Auftrag oder sonstige Berechtigung

1. Besorgung eines fremden Geschäfts

a) Geschäft

Geschäft

Unter Geschäft i.S.d. § 677 ist jedes rechtsgeschäftliche oder tat- 8
sächliche Handeln mit wirtschaftlichen Folgen außer bloßem Unterlassen, Dulden oder Geben zu verstehen.

b) Fremdes Geschäft

fremd

Der GF muss ein fremdes Geschäft besorgen, d.h. das Geschäft muss (zumindest auch) dem Rechts- und Interessenkreis eines anderen angehören. Hierbei ist zu unterscheiden:

aa) Objektiv fremdes Geschäft

objektiv fremd

Das Geschäft gehört schon nach seinem äußeren Erscheinungs- 9
bild nicht zum Rechts- und Interessenkreis des GF.

Bsp.:

- Es ist Sache des Schuldners, seine Schulden zu bezahlen.
- Verkauft GF das Auto des GH an einen Dritten, so führt er ein objektiv fremdes Geschäft.

bb) Auch fremdes Geschäft

auch-fremd

Ein fremdes Geschäft liegt auch dann noch vor, wenn die Ge- 10
schäftsübernahme zugleich im eigenen und im fremden Interesse liegt (sog. auch fremdes Geschäft).

Bsp.: Der Abschleppunternehmer GF verpflichtet sich gegenüber der Polizei, verbotswidrig abgestellte Fahrzeuge zu entfernen. GF schleppt das im Halteverbot parkende Auto des GH ab. GF führt hier einerseits ein objektiv fremdes Geschäft, indem er ein fremdes Auto aus dem Halteverbot entfernt. Für die Beseitigung des ordnungswidrigen Zustandes ist GH als Halter des Autos zuständig. Andererseits ist GF aufgrund seines Vertrages mit der Polizei dazu verpflichtet, so dass er auch im eigenen Interesse tätig wird. Es liegt daher ein auch fremdes Geschäft vor.[2]

hemmer-Methode: Denken Sie daran, wenn GoA in Betracht kommt, dass das „auch fremde Geschäft" ein Problem mehr darstellt und damit der Notendifferenzierung in der Klausur dient.
Z.B. auch: Arzt wird von Frau gerufen, um Kind zu behandeln; er verlangt vom getrennt lebenden Mann Zahlung. Neben dem Problem des § 1357 (vgl. dort aber Abs. 3) stellt sich die Frage, ob Ansprüche aus GoA gegen den Mann in Betracht kommen, obwohl schon vertragliche Ansprüche gegen die Frau bestehen und der Arzt tätig geworden ist, um seine Verbindlichkeit gegenüber der Frau zu erfüllen. Mit der Begründung „auch-fremdes Geschäft" lässt sich hier die GoA bejahen. In der Klausur sollten Sie sich dieser Meinung anschließen, obwohl es bedenklich erscheint, einen Dritten neben dem eigentlichen Schuldner zum „Quasi-Vertragspartner" zu machen.

cc) Subjektiv fremdes Geschäft

subjektiv fremd

Ein vom äußeren Erscheinungsbild neutrales Geschäft wird dann zu einem fremden Geschäft, wenn die nach außen deutlich werdende Absicht des GF besteht, das Geschäft für einen anderen zu führen. 11

Bsp.: GF, der selbst keine Briefmarken sammelt, kauft, ohne dazu beauftragt zu sein, eine wertvolle Briefmarke für seinen Freund GH, weil er weiß, dass GH diese für seine Sammlung benötigt.

Der Erwerb einer Sache ist das Standardbeispiel eines neutralen Geschäfts, da objektiv keine Beziehung zu einem fremden Rechts- oder Interessenkreis besteht. Erst durch den Willen des GF, die Briefmarke für GH zu erwerben, wird das Geschäft zu einem fremden. Dieser Wille ist hier auch nach außen erkennbar, da GF selbst keine Briefmarken sammelt.

Beim subjektiv fremden Geschäft müssen also die Besorgung eines fremden Geschäfts und der Fremdgeschäftsführungswille zusammen geprüft werden.

2 Zu den „zivilrechtlichen" Abschleppfällen und der GoA-Problematik dort vgl. die Ausführungen unter Rn. 29.

Diese Unterscheidung von objektiv und subjektiv fremdem Geschäft hat Bedeutung für die Prüfung des Fremdgeschäftsführungswillens sowie für § 687, der ein objektiv fremdes Geschäft voraussetzt.

dd) Sonderproblem

Verpflichtung mehrerer

Mehrere Personen sind verpflichtet, eine Leistung zu erbringen; einer von ihnen leistet. 12

GoA im Innenverhältnis?

Fraglich ist, ob in diesem Fall im Innenverhältnis für den Schuldner die GoA als Regressform in Betracht kommt.

hemmer-Methode: Der Regress ist klausurtypisch und kann als Zusatzproblem an jede Klausur angehängt werden. Gehen Sie im Kopf immer die wichtigsten Regressformen durch: § 426 I/II; GoA, d.h. §§ 677, 683, 670 bzw. §§ 684, 812 ff.; §§ 812 ff. direkt (sog. „Rückgriffskondiktion"); wenn diese Regressmöglichkeiten entfallen, kommen noch § 255 entsprechend bzw. § 242 in Betracht.

(-), da kein fremdes Geschäft

Bei Gesamtschuldnern geht bei Zahlung durch einen von ihnen neben dem selbständigen Anspruch aus § 426 I nach § 426 II die Forderung des Gläubigers auf den zahlenden Gesamtschuldner über; die übrigen Gesamtschuldner bleiben also weiterhin zur Leistung verpflichtet. Die GoA ist schon tatbestandlich nicht erfüllt, da der Zahlende kein fremdes Geschäft geführt hat.

> ***Bsp.:*** *GH verletzt den Sohn D des GF. GF zahlt die Arztkosten, wozu er aufgrund seiner Unterhaltspflicht verpflichtet ist. Kann GF von GH über die GoA Ersatz der Arztkosten verlangen?*
>
> Nein, weil GF kein Geschäft des GH geführt hat: Nach § 843 IV berühren Unterhaltsleistungen den Schadensersatzanspruch des Geschädigten (D) nicht (Vorteilsausgleichung ist ausgeschlossen). D hat also aus § 823 I weiterhin den Anspruch auf Ersatz der Arztkosten gegen GH. Mit seiner Zahlung hat GF kein fremdes Geschäft geführt. Da der GH nicht von seiner Verbindlichkeit befreit wurde, entfällt auch die Rückgriffskondiktion, da der GH schon nichts erlangt hat. Auch § 426 I, II scheidet aus, da es an der wechselseitigen Tilgungswirkung fehlt. In diesen Fällen kann und muss aber zugunsten des GF § 255 analog angewendet werden.

hemmer-Methode: Übergreifendes Denken: Gesamtschuld bzw. Vorteilsausgleichung und GoA hängen eng zusammen: Tilgt jemand eine (auch) fremde Schuld, so ist immer genau zu prüfen, ob tatsächlich ein fremdes Geschäft geführt wurde. Das ist, wie gesehen, nicht der Fall, wenn der andere Schuldner (z.B. bei der Gesamtschuld insbesondere wegen der cessio legis) gar nicht von seiner Verpflichtung befreit wird oder der Anspruch mangels Vorteilsanrechnung nicht erlischt.

Nur wer den § 843 IV richtig einordnet und damit Anspruch und Schaden beim Geschädigten bestehen lässt (weshalb auch die Drittschadensliquidation entfällt), löst die Folgeproblematik richtig.

Eine Schuldbefreiung tritt nur ein, wenn jemand als Dritter mit Tilgungswillen auf eine fremde Schuld zahlt, §§ 267 I, 362 I. Nur in diesen Fällen kommt dann ein Anspruch aus GoA in Betracht.

2. Fremdgeschäftsführungswille

Fremdgeschäftsführungswille notwendig

Eine (echte) GoA liegt nur dann vor, wenn der GF Fremdgeschäftsführungswillen hat. Erforderlich ist dazu erstens das Bewusstsein, ein fremdes Geschäft zu führen (fehlt dieses, dann liegt irrtümliche Eigengeschäftsführung vor, § 687 I), sowie zweitens der Wille, das Geschäft für einen anderen zu führen (fehlt dieser, so handelt es sich um angemaßte Eigengeschäftsführung, § 687 II). 13

Der GF muss die Person des GH nicht kennen (§ 686); er muss nur wissen, dass das Geschäft für ihn fremd ist.

Die Prüfung des Fremdgeschäftsführungswillens (FGW) hängt davon ab, welche Art von Geschäft man unter A. II. 1. angenommen hat.

a) Objektiv fremdes Geschäft

Vermutung beim objektiv fremden Geschäft

Beim objektiv fremden Geschäft wird das Bewusstsein und der Wille, ein fremdes Geschäft zu führen, (widerleglich) vermutet. Es müssen also im Sachverhalt besondere Anhaltspunkte vorhanden sein, damit der FGW verneint werden kann. 14

> **Bsp.:** *Veräußerung einer gestohlenen Sache. Hier führt der GF ein objektiv fremdes Geschäft, bei dem der FGW vermutet wird. Hier ist er aber dennoch zu verneinen: GF hatte grds. zwar das Bewusstsein, ein fremdes Geschäft zu führen. Er wollte es aber nicht für GH führen; er hat vielmehr ausschließlich im eigenen Interesse gehandelt. Das ist ein Fall der angemaßten Eigengeschäftsführung (§ 687 II), aber keine GoA.*

b) Subjektiv fremdes Geschäft

subjektiv fremdes Geschäft

Der FGW ist bereits unter 1. zu prüfen: erst durch den (nach außen erkennbaren) FGW wird ein neutrales Geschäft zu einem fremden. 15

c) Auch fremdes Geschäft

Probleme bereitet die Frage des FGW beim auch fremden Geschäft.

Der BGH hat hier in der Vergangenheit häufig eine Vermutung für 16
das Vorliegen des FGW angenommen.[3] In jüngeren Entscheidungen besteht jedoch eine Tendenz, die GoA bereits auf Konkurrenzebene auszuschließen, um Wertungen anderer Regelungsbereiche (insbesondere des Bereicherungsrechts) nicht aus den Angeln zu heben.

Problem bei auch fremdem Geschäft

Die Probleme, die bei der Vermutung des Fremdgeschäftsführungswillens auftauchen können, sollen im Folgenden verdeutlicht werden. Aufgrund der oben skizzierten „Kehrtwende“ in der Rechtsprechung ist dabei eine Fallgruppenbildung unerlässlich![4]

aa) Tätigwerden aufgrund eines Vertrages mit einem Dritten

Fall:[5] *Aufgrund seines Werkvertrages gegenüber der Polizei schleppt GF das Auto des GH ab. Kann GF seine Abschleppkosten von GH ersetzt verlangen?*

Vertragliche Ansprüche gegen GH kommen nicht in Betracht.

Anspruch aus berechtigter GoA, §§ 683, 670?

GF hat hier ein auch fremdes Geschäft geführt.

Fraglich ist, ob GF mit FGW gehandelt hat. Der FGW wird beim auch fremden Geschäft von der Rechtsprechung vermutet. Entgegenstehende Anhaltspunkte, dass GF ausschließlich im eigenen Interesse gehandelt hat, sind hier nicht ersichtlich. Unbeachtlich ist es für die Annahme des FGW, wenn GF die Person des GH nicht kennt (§ 686).

GF hat ohne Auftrag oder sonstige Berechtigung gegenüber GH gehandelt.

Die Geschäftsübernahme lag auch im Interesse des GH, da durch das Abschleppen ein ordnungswidriger Zustand beendet worden ist (Problem: Genügt das?). Der entgegenstehende Wille des GH ist nach §§ 683 S. 2, 679 unbeachtlich. Damit liegt berechtigte GoA vor.

3 Beispiele aus der Rechtsprechung: BGHZ 40, 28 ff. (Waldbrandfall); BGHZ 37, 258 ff. (Wirtschaftsberaterfall); BGHZ 38, 270 ff. (Radfahrerfall); **alle Entscheidungen = juris**byhemmer.

4 Vgl. umfassend zu den einzelnen Varianten Tyroller, „Die GoA beim auch fremden Geschäft im Verhältnis zu anderen Anspruchsgrundlagen“, Life&Law 2013, 214 ff.

5 Vgl. schon oben Rn. 10.

Die Rechtsprechung käme hier konsequenterweise zu einem Anspruch auf Ersatz der Abschleppkosten nach §§ 683, 670.

GoA str.

Dagegen wendet sich jedoch ein großer Teil der Literatur.[6] 17
Wird der GF aufgrund eines Vertrages gegenüber einem Dritten tätig, so richten sich Inhalt der Geschäftsbesorgung sowie Rechte und Pflichten des GF, insbesondere die Höhe des Entgelts und die Mängelhaftung, allein nach diesem Vertrag.

nach h.L. kein FGW

Würde man daneben das Schuldverhältnis der berechtigten GoA gegenüber GH bejahen, gäbe es erhebliche Abwicklungsschwierigkeiten. So hätte GF für seine Werklohnforderung zwei Schuldner, die nicht Gesamtschuldner sind. Der GF seinerseits könnte bei mangelhafter Ausführung u.U. doppelt in Anspruch genommen werden.

bb) Tätigwerden aufgrund spezieller öffentlich-rechtlicher Vorschriften

Umstritten ist, ob die GoA auch bei der Erfüllung öffentlich-rechtlicher Pflichten Anwendung finden kann.

Bsp.:[7] *Eine Lokomotive der Bundesbahn (im Folgenden GH genannt) verursacht durch Funkenflug einen Waldbrand. Die Feuerwehr der Gemeinde (im Folgenden GF) löscht den Brand. GF verlangt nun die Löschkosten von GH.* 18

öffentlich-rechtliche Verpflichtung

Der BGH hat hier ein auch fremdes Geschäft angenommen und den Fremdgeschäftsführungswillen vermutet. Dagegen wurde jedoch vorgebracht, dass das öffentliche Recht spezielle Kostenregelungen enthalte, die nicht durch die GoA umgangen werden dürfen. 19

20

cc) Tätigwerden aufgrund nichtigen Vertrages

Fall:[8] *Wirtschaftsberater GF erreicht für GH Schuldennachlässe bei den Gläubigern des GH. Wie sich später herausstellt, ist der Vertrag zwischen GF und GH wegen Verstoßes gegen das Rechtsberatungsgesetz nichtig.*

Kann GF dennoch Entgelt für seine Leistung vom GH verlangen?

Anspruch aus berechtigter GoA, §§ 683, 670?

6 Vgl. Medicus, Bürgerliches Recht, Rn. 414.

7 Nach BGHZ 40, 28 ff. (Waldbrandfall) = **juris**byhemmer.

8 Nach BGHZ 37, 258 ff. (Wirtschaftsberaterfall) = **juris**byhemmer.

str. bei nichtigem Vertrag

Die Regulierung fremder Schulden stellt für GF ein objektiv fremdes Geschäft dar. Allerdings ist GH aufgrund einer vermeintlichen Vertragsverpflichtung und damit auch im eigenen Interesse tätig geworden. Daher liegt ein auch fremdes Geschäft vor.

FGW?

Die Rechtsprechung vermutet den FGW bei auch fremden Geschäften.[9]

Da der Vertrag mit GH nichtig war, hat GF ohne Auftrag oder sonstige Berechtigung gegenüber GH gehandelt.

Die Geschäftsübernahme entsprach dem Interesse und dem Willen des GH. GF kann daher nach §§ 683, 670 Ersatz der erforderlichen Aufwendungen verlangen.

Der BGH war allerdings der Auffassung, dass GF seine Aufwendungen nicht für erforderlich i.S.d. § 670 halten durfte, da sein Tätigwerden durch das Rechtsberatungsgesetz verboten war.

Konkurrenz von §§ 812 ff. zu GoA als Rechtsgrund

Diese Entscheidung spielt eine wichtige Rolle: Wird jemand aufgrund nichtigen Vertrages tätig, so ist immer ein Anspruch aus berechtigter GoA zu prüfen und nach dieser Rechtsprechung i.d.R. zu bejahen. Konsequenz: Ein Anspruch aus § 812 I S.1 Alt.1 BGB scheidet dann aus, weil die berechtigte GoA – wie ein Vertrag – Rechtsgrund i.S.d. Norm ist.

hemmer-Methode: Renoviert jemand bei Auszug, obgleich die zugrundeliegende Schönheitsreparaturklausel unwirksam ist, wird er zwar nicht tätig aufgrund nichtigen Vertrages, aber vergleichbar aufgrund nichtiger Klausel. Hier hat der BGH die Anwendung der GoA wiederum verneint.[10] Argument: die Erbringung der Schönheitsreparaturen gehöre zur geschuldeten Gegenleistung, deren Erbringung stehts im Eigeninteresse erfolge.

Wertung der §§ 812 ff.

Dies sieht die wohl h.L.[11] als nicht interessengerecht an. Für die Rückabwicklung unwirksamer Verträge seien allein die §§ 812 ff. mit ihrer differenzierten Regelung einschlägig. Durch die Annahme einer GoA könnten die Einschränkungen der §§ 814, 817 S. 2, 818 III umgangen werden. *21*

---

9 A.A. OLG Koblenz, NJW 1999, 2904 (2905) = **juris**byhemmer, aus systematischen Gründen, und OLG Oldenburg, MDR 2000, 1373 = **juris**byhemmer; vgl. umfassend zu dieser Problematik den Aufsatz von Falk, JuS 2003, 833 ff. (gleichzeitig Entscheidungsbesprechung); sehr lehrreich!!!

10 BGH, Life&Law 2009, 505 ff.

11 Vgl. PALANDT, § 677, Rn. 7a: „ GOA kommt nicht in Betracht, soweit dadurch die in anderen Vorschriften des BGB vorgesehene Risikoverteilung unterlaufen würde“ unter Berufung auf BGH, NJW 2000, 72, wobei dieses Urteil wohl keine Änderung der grundsätzlichen Linie des BGH zur Frage der Anwendung der GoA darstellt (sog. Erbensucherproblematik, vgl. auch Rn. 22a).

Außerdem dienen die Bestimmungen über die GoA dazu, den gemeinnützigen („guten") Geschäftsführer zu schützen, nicht aber der Abwicklung fehlgeschlagener Verträge.

Nach dieser Ansicht ist der FGW zu verneinen, da der GF allein seine vermeintliche Verpflichtung aus dem Vertrag erfüllen wollte. Gemäß § 687 I kommt eine GoA nicht in Frage.

In Betracht kommt nur ein Anspruch aus Leistungskondiktion, § 812 I S. 1, Alt. 1: Erlangt hat GH die Dienstleistung des GF durch Leistung des GF ohne Rechtsgrund. Nach § 818 II hat GH Wertersatz zu leisten. Problematisch ist, ob der Anspruch nach § 817 S. 2 ausgeschlossen ist.[12]

hemmer-Methode: Wie gesehen, ist die Frage des FGW bei auch fremden Geschäften sehr umstritten, und eine einheitliche Lösung dieser Fälle ist nicht möglich. Daher stellt sich die Frage, wie man in der Klausur vorgehen soll: Ausgegangen werden sollte von dem Grundsatz der Rechtsprechung, dass der FGW bei auch fremden Geschäften vermutet wird. 22
Problematisiert werden sollte der FGW nur in den drei beispielhaft dargestellten Fällen (Tätigwerden aufgrund Vertrages mit einem Dritten/ aufgrund spezieller öffentlich-rechtlicher Vorschriften/ aufgrund nichtigen Vertrages), wobei der Fall 2 wenig klausurrelevant sein dürfte.
In diesen Fällen lässt sich mit guten Argumenten die GoA ablehnen. Besonders im Fall 3 kann man punkten, wenn der Wertungswiderspruch zu den §§ 812 ff. aufgezeigt und so die GoA abgelehnt wird. Beachten Sie: Über die Grundsätze der GoA darf keinesfalls der Minderjährigenschutz ausgehebelt werden.
Wird z.B. ein Minderjähriger aufgrund unwirksamen Vertrages (§§ 107, 108) in einer Fahrschule ausgebildet, darf die Fahrschule nicht ohne weiteres über §§ 683, 670, 1835 III entsprechend Ersatz verlangen. Es ist nicht Aufgabe der GoA, fehlgeschlagene Verträge zu korrigieren. Wollte man trotzdem GoA anwenden, muss man im Rahmen der berechtigten GoA auf das Interesse und den wirklichen oder mutmaßlichen Willen der Eltern als gesetzliche Vertreter abstellen (so auch im sog. „Flugreisefall"), BGHZ 55, 128. In den übrigen Fällen des auch fremden Geschäfts bleibt es bei dem Grundsatz der Rechtsprechung.

dd) Sonstige Varianten 22a

Wie oben (Rn. 16) erwähnt, schließt der BGH in neueren Entscheidungen die GoA mitunter auch auf Konkurrenzebene aus. Zur Vervollständigung der Darstellung seien diese Varianten noch kurz erwähnt. In diesem Bereich ist jedenfalls viel „im Fluß", so dass die weitere Entwicklung in der Rechtsprechung unbedingt beobachtet werden muss.

12 In BGHZ 37, 258 (264) = jurisbyhemmer offen gelassen.

Erbensucherfall

Im sog. **Erbensucherfall**[13] hatte der BGH die Anwendung der GoA abgelehnt. Ein Erbensucher ermittelt in ungeklärten Erbfällen die in Betracht kommenden Erben und bietet Ihnen den Abschluss eines Vermittlungsvertrages an. Lehnt der Erbe ab, stellt sich die Frage, ob der Erbensucher wegen des Führens dieses „auch-fremden“ Geschäfts Ansprüche auf Aufwendungsersatz gem. §§ 677, 683, 670 BGB geltend machen kann.

Der BGH lehnt dies ab, weil diese quasivertragliche Haftung gleichbedeutend mit einem Kontrahierungszwang wäre.

Selbstvornahme im Mängelrecht

Behebt der **Käufer** einer Sache einen **Mangel selbst**, ohne dem Verkäufer zuvor eine Frist gesetzt zu haben, kann er gem. §§ 437 Nr.3, 281 I BGB keinen Schadensersatz geltend machen. Da es aber Sache des Verkäufers gewesen wäre, den Mangel zu beheben, liegt wiederum ein „auch-fremdes Geschäft“ vor. Auch hier lehnt der BGH[14] die Anwendung der GoA ab unter Hinweis darauf, dass die speziellen Mängelrechtsregelungen andernfalls unterlaufen würden.

Tätigwerden aufgrund Gefälligkeit

Liegt eine Absprache im Hinblick auf eine Geschäftsführung vor, bei der es aber am Rechtsbindungswillen fehlt, erfolgt die **Tätigkeit aufgrund eines Gefälligkeitsverhältnisses**. Für diesen Fall kommen Ansprüche aus GoA nicht in Betracht. Es fehlt zwar formal an einem Vertrag („oA“), allerdings ist es nicht die Aufgabe der GoA, in Fällen einer nicht bindenden Absprache vertragsähnliche Ansprüche zu gewähren.[15]

3. Ohne Auftrag oder sonstige Berechtigung

Def.: „ohne Auftrag“

Gegenüber dem GH darf weder ein Auftragsverhältnis noch ein 23
sonstiges Rechtsverhältnis bestehen, aufgrund dessen der GF zur Führung des Geschäfts berechtigt ist.

hemmer-Methode: Beachte: Die Terminologie: „berechtigt“ meint hier nicht die Frage, ob die Geschäftsführung dem Interesse und dem Willen des GH entspricht (dazu unten III.), sondern die Frage, ob der GF durch irgendein Rechtsverhältnis dazu ermächtigt ist, in einem fremden Rechts- und Interessenkreis tätig zu werden.

Besteht ein solches, so bestimmen sich die Rechte und Pflichten der Beteiligten ausschließlich nach den Bestimmungen dieses Rechtsverhältnisses. Die §§ 677 ff. sind dann nicht anwendbar.

Berechtigung gerade gegenüber GH

Es ist darauf zu achten, dass die Berechtigung gerade gegenüber dem GH bestehen muss (vgl. oben Fälle 1 und 2).

13 BGH, Life&Law 2000, 163 ff.

14 BGH, Life&Law 2006, 1 ff.

15 BGH, Life&Law 2015, 795 ff.

a) Als Auftrag i.S.d. § 677 ist jeder Verpflichtungsvertrag zu verstehen. Es muss also nicht notwendig ein Auftrag in dem engen Sinne der §§ 662 ff. vorliegen.

b) Sonstige Berechtigung ist jede gesetzliche Befugnis zur Führung eines fremden Geschäfts (z.B. die Befugnis, als Organ einer juristischen Person für diese zu handeln (etwa § 35 I GmbHG); die Vertretungsbefugnis der Eltern für ihre Kinder gem. §§ 1626, 1629.

Die allgemeine Hilfeleistungspflicht aus § 323 c StGB stellt nach h.M. keine solche Berechtigung dar, da diese Pflicht nur der Allgemeinheit gegenüber besteht.

III. Berechtigte GoA

Die Übernahme eines fremden Geschäfts ist nur in folgenden drei Fällen berechtigt: 24

- Die Geschäftsübernahme entspricht dem wirklichen Willen. Lässt sich dieser nicht ermitteln, ist auf den mutmaßlichen Willen abzustellen, der aus dem objektiven Interesse zu schließen ist. Entgegen dem Wortlaut muss die Geschäftsführung also nicht dem Willen *und* dem Interesse entsprechen. Vorrangig ist der wirkliche bzw. der mutmaßliche Wille, auf den freilich aus dem objektiven Interesse geschlossen wird.

- Die Geschäftsübernahme widerspricht zwar dem wirklichen Willen des GH, sie dient aber der Erfüllung einer im öffentlichen Interesse liegenden Pflicht oder einer gesetzlichen Unterhaltspflicht des GH, §§ 683 S. 2, 679, oder der der Geschäftsführung entgegenstehende Wille ist aus anderen Gründen unbeachtlich (z.B. 104, 105 analog).

- Die zunächst unberechtigte Geschäftsübernahme wird vom GH nachträglich genehmigt, § 684 S. 2.

Nur in diesen drei Fällen entsteht das gesetzliche Schuldverhältnis der berechtigten GoA, das sich im Wesentlichen an das Auftragsrecht (§§ 662 ff.) anlehnt.

1. Objektives Interesse und wirklicher oder mutmaßlicher Wille, § 683 S. 1

a) Maßgebender Zeitpunkt 25

Zeitpunkt der Übernahme

Die Frage, ob die Geschäftsführung berechtigt ist, richtet sich nach dem Zeitpunkt der Übernahme. Spätere Umstände sind insoweit nicht relevant.

b) Objektives Interesse

objektive Nützlichkeit für GH

Ein objektives Interesse an der Übernahme des Geschäfts liegt vor, wenn sie für den GH objektiv nützlich ist. Dabei sind auch die besonderen Verhältnisse in der Person des GH zu beachten (subjektiver Einschlag).[16] 26

Bsp.: *Die Bezahlung einer Schuld durch einen Dritten ist für den Schuldner grundsätzlich objektiv nützlich, weil er dadurch von seiner Verpflichtung befreit wird (§§ 362 I, 267); nicht jedoch, wenn der Schuldner die Einrede der Verjährung gehabt hätte oder wenn er die Aufrechnung hätte erklären können.*

c) Maßgeblicher Wille 27

aa) Wirklicher Wille

wirklicher Wille

Maßgeblich ist grundsätzlich der wirkliche, ausdrücklich oder konkludent geäußerte Wille des GH. Der GF muss diesen Willen nicht notwendig kennen, und er ist auch dann beachtlich, wenn er unvernünftig und interessenwidrig ist.

bb) Mutmaßlicher Wille

mutmaßlicher Wille

Der mutmaßliche Wille des GH darf erst geprüft werden, wenn der wirkliche Wille nicht festgestellt werden kann. Er ist gegeben, wenn der GH bei objektiver Beurteilung der Umstände im Zeitpunkt der Übernahme der Geschäftsführung zugestimmt hätte.

Noch einmal: Der mutmaßliche Wille wird bei Fehlen besonderer Anhaltspunkte aus dem objektiven Interesse geschlossen.

hemmer-Methode: Hält der GF den Willen des GH irrtümlich für gegeben, so liegt dennoch *unberechtigte* GoA vor.
Ist der Irrtum aber schuldlos (= kein Übernahmeverschulden), so haftet der GF nicht aus § 678 auf Schadensersatz (vgl. dort: „und musste der GF dies erkennen“).

d) Verhältnis von Wille und Interesse

Wille geht dem Interesse vor, Ausnahme § 679

Nach dem Wortlaut des § 683 S. 1 müssen sowohl das objektive Interesse als auch der entsprechende Wille des GH vorliegen. Fallen objektives Interesse und tatsächlicher Wille auseinander, geht grds. der Wille vor. Er ist nur ausnahmsweise nach § 679 unbeachtlich.[17] 28

16 PALANDT, § 683, Rn. 4.
17 Siehe unten Rn. 30.

> ***Bsp.:*** *GH ist völlig überschuldet. Sein reicher Onkel GF will die Schulden bezahlen. Dies lehnt GH ab, weil er auf niemanden angewiesen sein will.*
>
> Zahlt GF trotzdem, so liegt unberechtigte GoA vor, obwohl die Zahlung für GH objektiv nützlich ist (wegen §§ 362 I, 267).

Nach h.M. hat auch im umgekehrten Fall, dass die Geschäftsübernahme zwar dem Willen, nicht aber dem objektiven Interesse des GH entspricht, der Wille Vorrang vor dem objektiven Interesse.[18]

> ***Bsp.:*** *Dem fanatischen Briefmarkensammler GH fehlt eine Briefmarke zur Vervollständigung einer Serie. Dafür würde er „jeden Preis" zahlen. Als sein Freund GF die Marke zum doppelten Marktpreis angeboten bekommt, kauft er sie für GH.*
>
> Der Erwerb der Briefmarke zum doppelten Marktpreis entspricht nicht dem objektiven Interesse des GH. Entscheidend ist aber der von GH geäußerte Wille. Daher war die Geschäftsübernahme hier berechtigt.

<u>Für die Prüfung in der Klausur bedeutet das eben Gesagte:</u> *29*

- Zunächst ist der wirkliche Wille des GH festzustellen.
- Entspricht die Übernahme des Geschäfts dem wirklichen Willen des GH, so kommt es nicht darauf an, ob das objektive Interesse davon abweicht; es liegt berechtigte GoA vor.
- Entspricht die Übernahme nicht dem wirklichen Willen, so ist § 679 zu prüfen. Ausnahmsweise kann der wirkliche Wille nämlich unbeachtlich sein.
- Kann der wirkliche Wille nicht festgestellt werden, dann kommt es auf den mutmaßlichen Willen an. Dieser kann i.d.R. aus dem objektiven Interesse gefolgert werden.

Zu dem letztgenannten Punkt in der Übersicht gibt es einen sehr klausurrelevanten Fall:

> ***Bsp.:*** *F parkt das Fahrzeug des Halters H verbotswidrig auf dem Supermarktparkplatz des S. S beauftragt Abschleppunternehmer W mit der Beseitigung des Fahrzeugs. Hat S gegen **H** einen Anspruch auf Ersatz des an W gezahlten Werklohnes?*

18 Vgl. Medicus, Bürgerliches Recht, Rn. 422.

Der BGH hatte die Abschleppfälle ursprünglich allein über das Deliktsrecht gelöst.[19] Diese Anspruchsgrundlagen können gegen H jedoch nicht greifen, weil er nicht deliktisch gehandelt hat. Insoweit war der BGH gezwungen, sich mit einem Anspruch aus §§ 677, 683 S. 1, 670 auseinanderzusetzen.

Halter ist Zustandsstörer

Im Rahmen der Fremdheit des Geschäfts (ist das Abschleppen ein Geschäft des H?) hat der BGH darauf abgestellt, dass H zumindest als Zustandsstörer angesehen werden kann und daher die Beseitigung gem. § 862 schuldet.

Da der wirkliche Wille des H im Hinblick auf die Geschäftsführung im Zeitpunkt der Geschäftsführung (!) nicht bekannt ist, muss auf den mutmaßlichen Willen, geschlussfolgert aus dem objektiven Interesse, abgestellt werden (s.o.).

Objektives Interesse bzgl. sofortiger Entfernung maßgeblich

Maßstab für diese Beurteilung ist das Interesse des S an der sofortigen (!) Störungsbeseitigung. Da diesbezüglich keine günstigere und schnellere Möglichkeit besteht, als das Fahrzeug abschleppen zu lassen, und aus der Sicht eines verständigen, sich rechtstreu verhaltenden Halters ein Interesse an der Beseitigung der Störung angenommen werden kann, liegt eine berechtigte GoA vor, so dass der Aufwendungsersatzanspruch gem. § 670 besteht.[20]

2. Unbeachtlichkeit des Willens nach §§ 683 S. 2, 679

a) Erfüllung einer im öffentlichen Interesse liegenden Pflicht

§ 679

Es kann sich um eine privatrechtliche (z.B. Verkehrssicherungs- 30
pflicht) oder eine öffentlich-rechtliche Pflicht handeln.[21] Ein öffentliches Interesse an der Erfüllung dieser Pflicht besteht, wenn ohne Eingreifen des Geschäftsführers konkrete Belange der Allgemeinheit gefährdet oder beeinträchtigt würden. Meist geht es hier um den Schutz von Leben, Gesundheit und Sachgütern.

> ***Bsp.:** GH will im Winter den Gehweg vor seinem Haus nicht streuen, obwohl er dazu durch Gemeindesatzung verpflichtet ist. Nachbar GF streut den Gehweg vor dem Haus des GH mit.*
>
> Hier kann GF die Kosten für das Streumaterial von GH aus berechtigter GoA nach §§ 683, 679, 670 verlangen.

19 Siehe dazu Life&Law 2009, 511 ff. sowie Life&Law 2012, 853 ff.

20 BGH, Life&Law 2016, 461 ff.

21 Z.B. Beseitigungspflicht des Störers nach Polizei- und Ordnungsrecht; siehe obigen Fall, Rn. 16.

Der der Geschäftsübernahme entgegenstehende Wille des GH ist hier nach § 679 unbeachtlich, da der GH die öffentlich-rechtliche Pflicht hatte, den Gehweg zu streuen. Die Erfüllung dieser Pflicht lag im öffentlichen Interesse, weil eine Gefahr für die Gesundheit der Passanten bestand.

b) Gesetzliche Unterhaltspflicht

Beispiel für gesetzliche Unterhaltspflichten sind die §§ 1360 f., 31
1601 ff., 1969.

Beachte dabei: *Deren* Erfüllung muss nicht im öffentlichen Interesse liegen!

c) Verstoß gegen §§ 134, 138

Der Wille des GH soll nach h.M. analog § 679[22] auch dann unbe- 32
achtlich sein, wenn er gegen ein gesetzliches Verbot oder gegen die guten Sitten verstößt.

„Selbstmörderfall“

Hierher gehört der bekannte Fall des Selbstmörders:

> ***Fall:*** *GH will sich umbringen und stürzt sich von einer Brücke in den Fluss. Der zufällig vorbeikommende GF rettet den GH, der noch bei vollem Bewusstsein ist, wobei der Anzug des GF so beschädigt wird, dass er nicht mehr zu gebrauchen ist. GF verlangt Ersatz.*
>
> Anspruch aus §§ 683, 670?
>
> Hier liegt ein auch fremdes Geschäft vor. GF ist einerseits aufgrund des § 323 c StGB zur Hilfeleistung verpflichtet (nach der Rechtsprechung ist der Selbstmord als Unglücksfall anzusehen). Andererseits wird er auch im Interessenkreis des GH tätig.
>
> Der Fremdgeschäftsführungswille wird beim auch fremden Geschäft vermutet.
>
> GF hat ohne Auftrag oder sonstige Berechtigung gegenüber GH gehandelt. Die Pflicht aus § 323c StGB besteht nur gegenüber der Allgemeinheit.
>
> Die Rettungsaktion lag im objektiven Interesse des GH.
>
> Der wirkliche Wille des GH ging hier aber dahin, dass GF ihm nicht zu Hilfe kommen sollte. Dieser Wille könnte aber nach §§ 683 S. 2, 679 analog unbeachtlich sein. Nach h.M. ist dieser Wille des Selbstmörders sittenwidrig und verstößt daher gegen § 138. Analog § 679 wird sein Wille für unbeachtlich erklärt.

22 Str.; PALANDT, § 679, Rn. 6.

Andere Lösungsmöglichkeiten:

Zum Teil werden §§ 134, 138 direkt ohne Analogie zu § 679 angewendet. Andere erklären den geäußerten Willen entsprechend §§ 104 Nr. 2, 105 für unwirksam, da der Selbstmörder sich in einem die freie Willensbildung ausschließenden Zustand befindet.

Merke: Ist der Selbstmörder im Zeitpunkt der Rettung bereits bewusstlos, entscheidet nicht mehr der wirkliche Wille, da dieser nicht mehr feststellbar ist (möglicherweise Meinungsumschwung vor dem Bewusstloswerden!). Es kommt vielmehr auf den mutmaßlichen Willen an, der aus dem objektiven Interesse gefolgert wird.

Es liegt dann grundsätzlich berechtigte GoA vor. Der GF kann nach §§ 683, 679, 670 Ersatz seiner Aufwendungen verlangen.[23]

3. Genehmigung, § 684 S. 2

Genehmigungsmöglichkeit ⇨ dann auch § 678 (-)

Ist die Geschäftsübernahme nicht gemäß § 683 berechtigt, so liegt eine unberechtigte GoA vor, die jedoch vom GH genehmigt werden kann, so dass die GoA dann rückwirkend (§§ 182, 184) zur berechtigten wird. Es entfällt dann auch der Anspruch aus § 678! 33

auch konkludent möglich

Die Genehmigung kann ausdrücklich oder konkludent erfolgen, sie liegt z.B. im Herausgabeverlangen gem. §§ 681 S. 2, 667.

Auslegung der Genehmigung

Ob sich die Genehmigung auch auf die Ausführung des Geschäfts bezieht, muss durch Auslegung gem. §§ 133, 157 ermittelt werden. Bedeutung hat dies für etwaige Schadensersatzansprüche. So bleiben auch nach der Genehmigung vorher durch fehlerhafte Ausführung entstandene Schadensersatzansprüche aus §§ 280 I, 241 II wegen Pflichtverletzung im Rahmen der (nach Genehmigung) berechtigten GoA bestehen.[24]

4. Sonderproblem: Geschäftsfähigkeit

Treten in der Klausur Geschäftsunfähige / beschränkt Geschäftsfähige - insbesondere Minderjährige - auf, so ist immer besonders sorgfältig zu prüfen. Bei der GoA ist dabei danach zu differenzieren, ob der Mangel der Geschäftsfähigkeit auf Seiten des GF oder des GH liegt.

23 Zu der Frage, wann ein Schaden nach § 670 ersatzfähig ist, siehe unten Rn. 40.

24 PALANDT, § 677, Rn. 15; § 681, Rn. 4.

a) GF ist geschäftsunfähig / beschränkt geschäftsfähig

geschäftsunfähiger GF: § 682

Für diesen Fall enthält § 682 eine Regelung. Danach haftet der 34
geschäftsunfähige / beschränkt geschäftsfähige GF nur nach den allgemeinen Vorschriften der §§ 812 ff. und §§ 823 ff., nicht aber aus GoA (§ 280 I der berechtigten GoA; §§ 678; 681 S. 2).

str., ob § 682, wenn Genehmigung

Streitig ist, ob § 682 bei Zustimmung des gesetzlichen Vertreters anwendbar bleibt:[25] Die Entscheidung hängt hier davon ab, ob man die Geschäftsübernahme (wenigstens bei nicht nur rein tatsächlichem Tätigwerden für den GH) als rechtsgeschäftsähnliche Handlung betrachtet, auf die die §§ 106 ff. anwendbar sind.

Merke aber: Der geschäftsunfähige / beschränkt geschäftsfähige GF hat gegen den GH in jedem Fall die Ansprüche aus berechtigter GoA (v.a. den Aufwendungsersatzanspruch aus §§ 683, 670).

b) GH ist geschäftsunfähig / beschränkt geschäftsfähig

Ein Geschäftsunfähiger / beschränkt Geschäftsfähiger kann ohne 35
weiteres GH sein.

geschäftsunfähiger GH: Wille des Vertreters maßgebl.

Soweit es jedoch für die Frage, ob die GoA berechtigt ist, auf den Willen des GH ankommt, greifen die §§ 104 ff. ein. Maßgebend ist daher der wirkliche bzw. mutmaßliche Wille des gesetzlichen Vertreters.

> ***Flugreisefall:*** *Ein Minderjähriger erschleicht sich die Flugleistung in die USA. Die Lufthansa bringt ihn zu seinen Eltern zurück.*
>
> Nur für den Rückflug greift berechtigte GoA ein. Der Minderjährige haftet als GH: Der Rücktransport entspricht dem mutmaßlichen Willen der Eltern. Über §§ 683, 670, 1835 III entsprechend kann Ersatz verlangt werden.

5. Rechtsfolgen der berechtigten GoA

> ***Fall:*** *GF und GH sind Eigentümer zweier benachbarter Ferienhäuser am Chiemsee. Die beiden haben die Hausschlüssel untereinander ausgetauscht, damit im Falle der Abwesenheit des Einen der Andere im Haus nach dem Rechten sehen kann. Wie GF weiß, sucht GH schon seit langem erfolglos einen Mieter für sein Ferienhaus. Als GH einmal nicht da ist, vermietet GF das Ferienhaus für ein Wochenende an seine Freunde.*

25 Vgl. PALANDT, § 682, Rn. 1.

a) Ansprüche des GF

Ansprüche des berechtigten GF

Bei der berechtigten GoA ist der GF schutzwürdig. Sein Verhalten ist rechtmäßig. Es entsteht ein gesetzliches Schuldverhältnis, kraft dessen er Ersatz seiner Aufwendungen verlangen kann. 37

Anspruchsgrundlage: §§ 683 S. 1, 670 (evtl. über §§ 683 S. 2, 679 bzw. § 684 S. 2).

Voraussetzungen:

1. Besorgung eines fremden Geschäfts
2. Fremdgeschäftsführungswille
3. Ohne Auftrag oder sonstige Berechtigung
4. Berechtigung zur Geschäftsführung
   - **a)** Geschäftsführung entspricht dem Interesse und dem Willen des GH, § 683 S. 1
   - **b)** evtl. entgegenstehender Wille nach § 679 unbeachtlich
   - **c)** evtl. Genehmigung, § 684 S. 2

Rechtsfolge ist nach § 670, dass der GF Ersatz aller erforderlichen Aufwendungen verlangen kann. Im Fall kommen möglicherweise entstandene Telefonkosten als Aufwendungen in Betracht.

Dazu sollte man sich Folgendes merken:

freiwillige Vermögensopfer

Aufwendungen sind Vermögensopfer, die der GF zum Zwecke der Ausführung des Geschäfts freiwillig macht, ferner aber auch solche Vermögensopfer, die sich als notwendige Folge der Ausführung ergeben, z.B. Steuern.[26] 38

nach h.M. auch Schäden, wenn typ. Risiko verwirklicht

Schäden sind unfreiwillige Vermögensopfer und daher grundsätzlich keine Aufwendungen. Schäden werden dennoch nach § 670 ersetzt, wenn sich das typische Risiko der übernommenen Tätigkeit verwirklicht hat.[27] Dabei ist ein Mitverschulden des GF analog § 254 zu berücksichtigen. 39

Arbeitskraft nur analog § 1835 III

Die Arbeitskraft stellt grundsätzlich keine Aufwendung i.S.d. § 670 dar, das folgt aus der Unentgeltlichkeit des Auftrags (§ 662). Analog § 1835 III liegt aber dann eine ersatzfähige Aufwendung vor, wenn die Tätigkeit zum Beruf oder Gewerbe des GF gehört. 40

---

26 PALANDT, § 670, Rn. 2 f.

27 PALANDT, § 670, Rn. 8 ff.

Im Fall hat GF in berechtigter GoA gehandelt, da die Vermietung dem wirklichen Willen des GH entsprach. Daher kann GF nach §§ 683, 670 Ersatz seiner für die Geschäftsführung erforderlichen Aufwendungen verlangen, also z.B. Ersatz von Telefonkosten. Hat er die Aufwendungen, wie z.B. eine Zeitungsanzeige, noch nicht bezahlt, kann der GF gem. § 257 von GH Befreiung von der Verbindlichkeit gegenüber dem Zeitungsverlag verlangen. *41*

b) Ansprüche des GH

Der GF hat gewisse Pflichten:

Anzeigepflicht des GF

aa) Nach § 681 S. 1 hat er die Geschäftsübernahme sobald wie möglich anzuzeigen. *42*

bb) Nach § 677 hat er bei der Ausführung des Geschäfts das Interesse und den Willen des GH zu beachten. Aus dem Wortlaut des § 677 soll sich nach e.A.[28] ergeben, dass anders als bei § 683 S. 1 das Interesse des GH Vorrang haben soll.[29]

§ 681 S. 2: §§ 666-668

cc) Über § 681 S. 2 hat der GF die Informations- und Herausgabepflichten eines Beauftragten, §§ 666-668.

Wichtig ist hier v.a. der Herausgabeanspruch des GH nach § 667, der auch einen vom GF erzielten Gewinn umfasst.

Hat GF im Fall aufgrund seines Verhandlungsgeschicks einen besonders hohen Mietzins vereinbaren können, so hat er den gesamten Mietzins herauszugeben, auch wenn der geschäftsunerfahrene GH das Haus billiger vermietet hätte.

§§ 280 ff.

dd) Verstößt der GF gegen die vorgenannten Pflichten, so ist er dem GH zum Ersatz des daraus entstehenden Schadens verpflichtet. Anspruchsgrundlage hierfür ist § 280 I. *43*

Auch §§ 280 I, III, 283 können hier relevant werden:

Ist dem GF z.B. die Herausgabe des Erlangten unmöglich geworden, so haftet er bei Verschulden auf Schadensersatz nach §§ 283 S. 1, 280 I.[30]

28 Palandt, § 677, Rn.12.

29 A.A. Medicus, Bürgerliches Recht, Rn. 426; gestützt auf BGH, NJW-RR 2008, wonach nur notwendige, keine nützlichen Maßnahmen getroffen werden sollen. Auch die nützlichen können aber im objektiven Interesse des Geschäftsherrn liegen. Insoweit stützt dieser Ansatz eher den Gleichrang von Wille und Interesse.

30 OLG Stuttgart, NJW 1996, 665 (666) = **juris**byhemmer.

Wichtigste Anspruchsgrundlage ist aber § 280 I, der mit dem „ganz normalen“ Aufbauschema zu prüfen ist.

Voraussetzungen:

1. Bestehen des gesetzlichen Schuldverhältnisses der berechtigten GoA.
2. Pflichtverletzung bei der Ausführung der berechtigten GoA.
3. (Ausführungs-) Verschulden: §§ 276, 278; beachte § 680. Beachte: Übernahmeverschulden ist nicht denkbar, da dann unberechtigte GoA vorliegt, dann gilt § 678.
4. Haftungsausfüllung: §§ 249 ff.: Zu ersetzen ist der durch die Pflichtverletzung adäquat kausal verursachte Schaden.

Fall: *GF teilt dem GH nicht mit, dass er das Haus vermietet hat. Weil GH nichts davon weiß, fährt er noch am Samstag zu seinem Ferienhaus, um dort zu übernachten. Als GH von der Vermietung erfährt, ist er zwar erfreut; er will aber von GF seine Fahrtkosten ersetzt haben, weil er nicht den weiten Weg gemacht hätte, wenn er gewusst hätte, dass sein Haus vermietet ist.*

Schadensersatzanspruch aus § 280 I wegen Pflichtverletzung aus dem Schuldverhältnis der berechtigten GoA?

Eine berechtigte GoA liegt vor. Aus diesem gesetzlichen Schuldverhältnis hatte GF die Anzeigepflicht des § 681 S. 1. Diese Pflicht hat er verletzt.

GF hat schuldhaft gehandelt, § 276; er hätte den GH telefonisch erreichen können. Daher hat GF den durch die Pflichtverletzung entstandenen Schaden zu ersetzen; das sind hier die Fahrtkosten des GH.

Standardfall: *Zufällig vorbeikommender Arzt behandelt Bewusstlosen nach Verkehrsunfall fehlerhaft. Er haftet aus § 280 I des gesetzlichen Schuldverhältnisses der berechtigten GoA.*

Für professionelle Nothelfer gilt das Haftungsprivileg des § 680 nicht. Achtung: Nicht jeder Arzt ist gleichzeitig professioneller Nothelfer. Ein Gynäkologe, der seit Jahren auch keine Notdienste mehr verrichtet wurde insoweit vom OLG München nicht als professioneller Nothelfer angesehen, als es um eine Rettungsaktion an einer Unfallstelle ging (Life&Law 2006, 579 ff.).

Konkurrenzen

ee) Konkurrenzverhältnis zu §§ 987 ff., 812 ff., 823 ff.

berechtigte GoA gibt Besitzrecht ⇨ §§ 987 ff. (-)

Die §§ 987 ff. sind nicht anwendbar, wenn die Inbesitznahme mit der berechtigten Geschäftsübernahme zusammenfällt. Die berechtigte GoA (und nur die berechtigte) stellt ein Besitzrecht i.S.d. § 986 dar. *44*

berechtigte GoA = Rechtsgrund ⇨ §§ 812 ff. (-)

Die §§ 812 ff. sind ebenfalls nicht anwendbar, da die berechtigte GoA Rechtsgrund i.S.d. § 812 ist. Bei Rückabwicklung nichtiger Verträge sollen aber offensichtlich nach dem BGH die §§ 812 ff. daneben anwendbar sein.[31]

berechtigte GoA als Rechtfertigungsgrund bei §§ 823 ff.

Auch ein Anspruch des GH aus §§ 823 ff. kommt nicht in Betracht, da das Handeln des berechtigten GF nicht rechtswidrig ist. Dies gilt allerdings nur, soweit es um eine durch die Geschäftsübernahme verursachte Rechtsgutsverletzung geht. Bei der Ausführung haftet der GF – wie ein Beauftragter – auch nach § 823 I. Allerdings ist beim Verschulden § 680 anwendbar, da diese Haftungsmilderung andernfalls leer laufen würde.

Beachte: Wegen dieses Vorrangverhältnisses der berechtigten GoA ist diese vor den genannten Ansprüchen zu prüfen!

Dadurch, dass GF im Fall fremde Leute in das Haus des GH einlässt, erfüllt er zwar den objektiven Tatbestand einer Eigentumsverletzung i.S.d. § 823 I. Diese ist jedoch nicht rechtswidrig, da GF in berechtigter GoA handelt.

Beschädigt er aber das Haus, während er die neuen Mieter durch das Haus führt, so haftet er aus § 823 I, da diese Rechtsgutverletzung bei Ausführung des Geschäfts eingetreten ist.

hemmer-Methode: Das Konkurrenzverhältnis der GoA zu anderen Haftungsvorschriften ist Grundlage vieler Klausuren. Da die berechtigte GoA ähnlich wie ein Vertrag wirkt, ist sie causa i.S.d. § 812 und kann auch einen Rechtfertigungsgrund i.S.d. § 823 geben. Deswegen ist die berechtigte GoA in der Klausur vor Ansprüchen aus Bereicherungsrecht und Deliktsrecht zu prüfen.
Wichtig ist auch die Anwendbarkeit des § 680 auf die §§ 823 ff. Die Anwendbarkeit von außerhalb des Deliktsrechts stehenden Haftungsmilderungen oder Verjährungsvorschriften auf die §§ 823 ff. ist ein häufiges Problem in Klausuren.

31 Siehe obigen Fall, Rn. 20.

IV. Unberechtigte GoA

1. Unberechtigte Geschäftsübernahme

Vorauss. der unberechtigten GoA

Unberechtigt ist die Geschäftsübernahme, wenn sie weder dem 45
Interesse und dem Willen des GH (§ 683 S. 1) entspricht noch nach § 679 berechtigt ist, noch durch den GH genehmigt wurde (§ 684 S. 2).

2. Rechtsfolgen

Bei der unberechtigten GoA handelt der GF rechtswidrig, das ge- 46
setzliche Schuldverhältnis der berechtigten GoA entsteht nicht. Die Interessen des GF müssen hier gegenüber den Interessen des GH zurückstehen. Die §§ 677 ff. erweitern die Haftung des unberechtigten GF gegenüber den §§ 812 ff. und 823 ff.

a) Ansprüche des GF

§ 684 S. 1 i.V.m. §§ 818 ff.

Der GF hat hier nicht den Aufwendungsersatzanspruch nach §§ 683 S. 1, 670, sondern über § 684 S. 1 nur einen Kondiktionsanspruch, dem ggf. der Entreicherungseinwand (§ 818 III) entgegengehalten werden kann.

Nach h.M.[32] ist § 684 S. 1 Rechtsfolgenverweisung, d.h. es wird nur auf die §§ 818 ff. verwiesen.[33] Der Tatbestand des § 812 ist daher nicht zu prüfen.

Prüfungsreihenfolge nach h.M.:

1. Besorgung eines fremden Geschäfts
2. Fremdgeschäftsführungswille
3. Ohne Auftrag oder sonstige Berechtigung
4. GoA unberechtigt

Auch selbständige Ansprüche aus den §§ 812 ff. können gegeben sein, da die unberechtigte GoA keinen Rechtsgrund darstellt.

32 Vgl. PALANDT, § 684, Rn. 1.
33 A.A. MEDICUS, Bürgerliches Recht, Rn. 947.

b) Ansprüche des GH

§ 678, Schadensersatz bei Übernahmeverschulden

aa) Wichtigster Anspruch des GH bei unberechtigter GoA ist der Schadensersatzanspruch aus § 678, der an ein sog. Übernahmeverschulden anknüpft, d.h. es kommt nur darauf an, ob der GF erkannt oder infolge von Fahrlässigkeit nicht erkannt hat, dass die Geschäftsübernahme dem maßgebenden Willen des GH widerspricht. Der Widerspruch kann sich auf die Übernahme als solche, Zeitpunkt, Umfang, Art und Weise oder die Person des GF beziehen.[34] Eine Haftungsmilderung enthält § 680, der auch bei der unberechtigten GoA anwendbar ist.

Sind die Voraussetzungen des § 678 erfüllt, hat der GF dem GH jeden aus der Geschäftsführung adäquat kausal entstandenen Schaden zu ersetzen. Dies sogar dann, wenn ihm bei der Ausführung des Geschäfts kein weiteres Verschulden mehr zur Last fällt. Das Verschulden bei der Ausführung ist daher keine Anspruchsvoraussetzung und somit kein gesonderter Prüfungspunkt!

Voraussetzungen:

1. Vorliegen einer unberechtligten GoA
2. Kenntnis oder Erkennbarkeit des entgegenstehenden Willens des GH (§ 678; § 680 beachten)
3. Haftungsausfüllung: §§ 249 ff.; ersetzt wird der durch die Geschäftsführung adäquat kausal verursachte Schaden

Fall: GH würde sein schönes Ferienhaus niemals an fremde Leute vermieten. GF glaubt aber, dass GH sein Haus gern vermieten würde. Er erkundigt sich aber nicht bei ihm. In Abwesenheit des GH vermietet GF das Ferienhaus. Es kommt zu einem Brand.

bb) Anspruch aus § 678?

Die Vermietung entsprach hier nicht dem Willen des GH. Die Geschäftsübernahme war daher unberechtigt. Der GF hätte den entgegenstehenden Willen des GH erkennen können (§ 276). Er hätte nur nachfragen müssen. Daher hat GF jeden durch die Vermietung adäquat kausal verursachten Schaden zu ersetzen. Dazu gehört der durch den Brand entstandene Schaden. Unbeachtlich ist, dass den GF am Brand selbst kein Verschulden trifft.

cc) In Betracht kommt auch ein Anspruch wegen Pflichtverletzung der unberechtigten GoA (§ 280 I). Wegen der Subsidiarität kann dieser Anspruch jedoch nur in den Fällen Anwendung finden, in denen § 678 nicht eingreift.

34 Palandt, § 678, Rn. 2.

Dies ist dann der Fall, wenn bei der unberechtigten GoA kein Übernahme- aber ein Ausführungsverschulden gegeben ist! Dies wird jedoch nur selten der Fall sein, da in der Regel bereits ein Übernahmeverschulden und somit § 678 gegeben ist.

dd) Ob der GH den Herausgabeanspruch aus §§ 681 S. 2, 667 hat, ist umstritten (z.B. bezogen auf die erlangte Miete).

Nach einer Ansicht besteht der Anspruch, da der unberechtigte GF nicht besser stehen soll als der berechtigte.

Die Gegenansicht begründet ihren Standpunkt damit, dass der GH ja die Möglichkeit hat, durch Genehmigung (§ 684 S. 2) die ihm günstigen Rechtsfolgen des § 681 S. 2 herbeizuführen.[35]

Dieser Streit bezieht sich auf alle Pflichten des GF aus § 681.

§§ 812 ff., 987 ff.

ee) Im Übrigen sind die §§ 812 ff., 823 ff. anwendbar.

Die unberechtigte GoA ist weder Rechtsgrund noch Rechtfertigungsgrund.

ff) Ersatz des Brandschadens nach §§ 989, 990?

Ein EBV liegt hier nicht vor, da GF zum Besitz berechtigt ist (§ 986). GH hat dem GF ja den (Mit-) Besitz an seinem Haus überlassen, damit GF dort nach dem Rechten sehen kann (Auftrag, § 662).

gg) Ersatz des Brandschadens nach § 823 I?

In der Vermietung ist eine Eigentumsverletzung durch GF zu sehen. Diese ist auch rechtswidrig. Fraglich ist aber, ob der Brand ein durch die Eigentumsverletzung adäquat verursachter Schaden ist (haftungsausfüllende Kausalität!). Wenn man oben bei § 678 den kausalen Zusammenhang zwischen Geschäftsübernahme und Schaden bejaht hat, wird man diesen Zusammenhang auch zwischen Eigentumsverletzung und Schaden annehmen müssen, da sich hier ja Geschäftsübernahme und Eigentumsverletzung praktisch decken.[36]

hemmer-Methode: Sie sehen, dass man über die berechtigte oder unberechtigte GoA zu Ansprüchen kommen kann, wenn man nur die Tatbestandsmerkmale weit genug auslegt.
Prüfen Sie, ob Ihr Ergebnis interessengerecht ist und ob es nicht gesetzlichen Wertungen (z.B. Nichtigkeitsgründen aus dem AT) widerspricht! Die GoA wird leicht zu einem allgemeinen Billigkeitsrecht missbraucht.

---

35 So HENSSLER in JUS 1991, 924 (927), Fn. 37.

36 Zweifelnd MEDICUS, Rn. 417, ohne Lösung.

V. Eigengeschäftsführung, § 687

Eigengeschäftsführung, kein FGW

Eine Eigengeschäftsführung liegt vor, wenn jemand ein fremdes Geschäft als sein eigenes behandelt, wenn also der FGW fehlt. 47

Voraussetzung für § 687 ist immer, dass ein objektiv fremdes Geschäft geführt wird. Das neutrale Geschäft wird ja erst durch den (nach außen erkennbaren) FGW zu einem (subjektiv) fremden Geschäft (z.B. Erwerb einer Sache). Bei § 687 fehlt der FGW aber gerade.

§ 687 enthält zwei Fälle der Eigengeschäftsführung: Die irrtümliche Eigengeschäftsführung und die Geschäftsanmaßung.

1. Irrtümliche Eigengeschäftsführung, § 687 I

irrtüml. Eigengeschäftsführung

§ 687 I behandelt den Fall, dass jemand irrtümlich ein objektiv fremdes Geschäft als eigenes behandelt. Dem Geschäftsführer fehlt das Bewusstsein, ein fremdes Geschäft zu führen. 48

Hier sind die §§ 677 ff. überhaupt nicht anwendbar (auch keine Genehmigung nach § 684 S. 2!), auch dann nicht, wenn der Irrtum verschuldet war.

Statt dessen gelten sowohl für die Ansprüche des GH wie des GF die §§ 987 ff., 812 ff., 823 ff.

> ***Fall:*** *GF will sein eigenes Ferienhaus vermieten, verwechselt aber die Schlüssel und gibt dem Mieter den Schlüssel zum Haus des GH. Anspruch des GH auf Herausgabe des Mietzinses?*
>
> Ein Anspruch aus berechtigter (§§ 681 S. 2, 667) oder unberechtigter (§ 684 S. 1) GoA scheidet aus, da GF ohne FGW gehandelt hat, als er dem Mieter den Schlüssel des GH gab. Auch eine Genehmigung nach § 684 S. 2 ist nicht möglich.
>
> Es bestehen auch keine Ansprüche aus EBV, da GF ein Recht zum Besitz hatte.
>
> Anspruch auf Herausgabe des Mietzinses nach § 816 I S. 1 analog?
>
> Es kommt allenfalls eine analoge Anwendung in Betracht, weil die Vermietung einer Sache keine Verfügung darstellt. Eine Analogie ist aber mangels Vergleichbarkeit der Interessenlage abzulehnen; bei der Vermietung fehlt es an einem endgültigen Rechtsübergang.[37]

37 Str.; vgl. Palandt, § 816, Rn. 7.

Dagegen sind die Voraussetzungen des § 812 I S. 1, Alt. 2 erfüllt. Danach kann GH aber nicht einen von GF erzielten überdurchschnittlich hohen Gewinn ersetzt verlangen (anders als bei § 816 I S. 1).

2. Geschäftsanmaßung, § 687 II

Fall: GF weiß, dass GH sein Ferienhaus nicht vermieten will. Er nutzt aber die Abwesenheit des GH aus, um dessen Haus zu vermieten. Den Mietzins will er für sich behalten. 49

angemaßte Eigengeschäftsführung

In § 687 II ist der Fall geregelt, dass jemand ein objektiv fremdes Geschäft im eigenen Interesse führt, obwohl er positive Kenntnis von der Fremdheit des Geschäfts hat. Gemäß § 142 II genügt auch positive Kenntnis von der Anfechtbarkeit.

Der GF ist hier überhaupt nicht schutzwürdig; er haftet nach den allgemeinen Vorschriften (§§ 987 ff., 812 ff., 823 ff.). Darüber hinaus gibt § 687 II dem GH die Möglichkeit, die Ansprüche aus berechtigter und unberechtigter GoA geltend zu machen, die u.U. für ihn günstiger sind (v.a. § 678 und der Anspruch aus §§ 681 S. 2, 667, der auch auf Herausgabe eines Gewinns des GF geht).

hemmer-Methode: § 687 II wird oft übersehen, obwohl er mit dem Verweis auf § 678 (Schadensersatz) und §§ 681 S. 2, 667 (Herausgabe von z.B. Gegenständen, Erlösansprüchen) von den Rechtsfolgen her für den GH äußerst günstig ist. In Konstellationen, in denen man sonst v.a. auf § 816 I oder das EBV abstellt, ist deshalb immer auch an § 687 II zu denken. Oft wird es freilich am subjektiven Tatbestand beim GF, gefordert ist positive Kenntnis von der Nichtberechtigung, fehlen. Da Ansprüche über § 687 II von der abschließenden Regelung des EBV unberührt bleiben und auch kein Konkurrenzverhältnis zu anderen Bestimmungen besteht, gibt es für die Klausur keine feste Regel, an welcher Stelle man sie zu prüfen hat.

a) Ansprüche des GH

§ 687 II i.V.m. §§ 681 S. 2, 667

aa) Über § 687 II kann der GH vom GF Herausgabe des Erlangten nach §§ 681 S. 2, 667 verlangen. Danach kann der GH auch vom GF erzielten Gewinn herausverlangen, den er selbst nicht gemacht hätte. Der GF haftet hier also schärfer als nach Delikt (nach § 252 ist nur der Gewinn zu ersetzen, den auch der GH gemacht hätte) und Bereicherungsrecht (nur bei § 816 I S. 1 ist auch erzielter Gewinn herauszugeben). 50

Voraussetzungen:

1. Besorgung eines objektiv fremden Geschäfts
2. Eigengeschäftsführungswille
3. Kenntnis von der objektiven Fremdheit des Geschäfts (bzw. § 142 II)
4. GH entscheidet sich dafür, die Rechte aus § 687 II geltend zu machen

Bsp.: GF hat aufgrund seiner Geschäftserfahrenheit einen besonders hohen Mietzins herausschlagen können.

In diesem Fall müsste dem GH geraten werden, seine Ansprüche aus § 687 II geltend zu machen, da er nur auf diese Weise über §§ 681 S. 2, 667 den gesamten Mietzins von GF herausverlangen kann.

§ 687 II i.V.m. § 678

bb) Wichtig ist auch der Schadensersatzanspruch nach § 678, auf den § 687 II verweist. Der GF haftet dann für Folgeschäden auch ohne Verschulden.[38]

cc) Die §§ 987 ff., 812 ff., 823 ff. sind daneben uneingeschränkt anwendbar. §§ 987 ff. verdrängen § 687 II nicht.

Im Übrigen ist immer auf das Vorrangverhältnis der §§ 987 ff. gegenüber §§ 812 ff. und 823 ff. zu achten (vgl. §§ 992, 993).

b) Ansprüche des GF

Ansprüche des GF

Die Ansprüche des GF richten sich danach, ob der GH die Rechte aus § 687 II geltend macht oder nicht. 51

aa) Macht der GH diese Rechte geltend, so hat der GF den Anspruch aus § 684 S. 1. Die Verweisung in § 687 II S. 2 ist etwas missverständlich formuliert: Es ergibt sich ein „juristisches Karussell".[39] Denn der Anspruch des GH geht ja gem. §§ 687 II, 667 auf Herausgabe des durch die Geschäftsführung Erlangten. Genau das soll aber gem. § 684 S. 1 dann dem GF gegen den GH zustehen. Zu lösen ist der Fall daher so, dass bei Geltendmachung der Ansprüche durch GH dieser dem GF zumindest die Aufwendungen zu ersetzen hat, die bei diesem im Rahmen der Geschäftsführung angefallen sind.

bb) Macht der GH die Rechte aus § 687 II nicht geltend, so hat der GF grundsätzlich überhaupt keinen Aufwendungsersatzanspruch. Ein solcher Anspruch kommt allenfalls aus §§ 994 ff. für notwendige Verwendungen in Betracht.

38 Siehe oben Rn. 46.

39 Zu diesem Problem siehe MEDICUS, Bürgerliches Recht, Rn. 419.

Im Übrigen ist auch ein Anspruch des GF aus §§ 812 ff. ausgeschlossen (!), da er nach der Wertung des § 687 II S. 2 und des § 996 keinen Ersatz für seine Aufwendungen erhalten soll.[40]

B. Überblick über das Bereicherungsrecht

I. Zweck[41]

Funktion des BerR

Zweck der §§ 812 ff. ist es, Vermögensvorteile, die der Bereicherte ungerechtfertigterweise erlangt hat, dem Benachteiligten wieder zuzuführen. 52

Anders als beim Schadensersatzrecht, wo zur Bestimmung des Schadens maßgeblich auf den Gläubiger abgestellt wird, orientiert sich das Bereicherungsrecht im Hinblick auf den Vermögensvorteil am Schuldner. Der Vermögensvorteil, der beim Schuldner entstanden ist, soll abgeschöpft werden können.

II. Leistungskondiktion - Nichtleistungskondiktion

Grundtypen: LK/NLK

In § 812 I S. 1 finden wir die zwei Grundtypen der ungerechtfertigten Bereicherung: 53

- die Bereicherung „durch Leistung eines anderen" (**Leistungskondiktion**),
- die Bereicherung „in sonstiger Weise" (**Nichtleistungskondiktion**).

1. Bei der *Leistungskondiktion* geht es darum, die Folgen einer fehlgeschlagenen Leistung rückgängig zu machen (im Einzelnen unten). Die Leistungskondiktion hat besondere Bedeutung wegen des Abstraktionsprinzips.

> ***Bsp.:*** *Verkauft und übereignet z.B. A etwas an den minderjährigen B, dessen Eltern die Zustimmung verweigern, so kann B zwar Eigentum erwerben (lediglich rechtlicher Vorteil), ein Anspruch aus § 985 scheidet also aus. Es bleibt aber § 812 I S. 1, Alt. 1: A hat an B das Eigentum an der Kaufsache geleistet, um seine Pflicht aus dem vermeintlich wirksamen Kaufvertrag zu erfüllen. Da der Kaufvertrag wegen § 107 nicht wirksam ist (die schuldrechtliche Verpflichtung ist ein rechtlicher Nachteil), ist diese Leistung fehlgeschlagen. Nach § 812 I S. 1, Alt. 1 muss B daher die Sache zurückübereignen und herausgeben.*

40 HENSSLER in JuS 1991, 924 ff. (929).

41 Hierzu und zu den im Bereicherungsrecht wichtigen Konkurrenzen: HEMMER/WÜST/GOLD, Bereicherungsrecht, Rn. 1 ff., 7 ff.

2. Die *Nichtleistungskondiktion* erfasst alle Fälle der ungerechtfertigten Bereicherung, die nicht auf einer Leistung beruhen. Aus diesem Grund muss die Leistungskondiktion immer zuerst geprüft werden.

III. Einteilung der §§ 812 ff.

Die §§ 812 ff. regeln verschiedene Typen der Leistungs- und der 54
Nichtleistungskondiktion.

1. Leistungskondiktion

Arten der Leistungskondiktion:

1. § 812 I S. 1, Alt. 1: Der rechtliche Grund fehlt von Anfang an.

2. § 812 I S. 2, Alt. 1: Der rechtliche Grund fällt später weg.

3. § 812 I S. 2, Alt. 2: Der mit einer Leistung bezweckte Erfolg tritt nicht ein.

4. § 817 S. 1: Die Annahme der Leistung verstößt gegen ein Gesetz oder gegen die guten Sitten.

5. § 813 I S. 1: RG (+), aber dauernde Einrede (eig. AGL)

Diese Unterteilung ist wichtig, weil die Ausschlussgründe der §§ 814, 815 jeweils nur für bestimmte Kondiktionen gelten. Auch die §§ 819, 820 knüpfen an diese Unterteilung an.

2. Nichtleistungskondiktion

Arten der Nichtleistungskondiktion:

1. § 812 I S. 1, Alt. 2: Bereicherung in sonstiger Weise (Grundfall)

2. § 816 I S. 1: Wirksame entgeltliche Verfügung eines Nichtberechtigten

3. § 816 I S. 2: Wirksame unentgeltliche Verfügung eines Nichtberechtigten

4. § 816 II: Wirksame Leistung an einen Nichtberechtigten

5. § 822: Unentgeltliche Weitergabe der Bereicherung durch dinglich Berechtigten, aber bereicherungsrechtlich Haftenden (Empfänger)

3. §§ 818-820

In den §§ 818-820 wird die Art und der Umfang des Bereicherungsanspruches geregelt.

4. § 821

§ 821 gewährt die Bereicherungseinrede.

IV. Leistungskondiktion[42]

1. Grundtatbestand, § 812 I S. 1, Alt. 1

Voraussetzungen: 55

1. Etwas erlangt
2. Durch Leistung
3. Ohne rechtlichen Grund

a) Etwas erlangt

jeder vermögenswerte Vorteil

➲ „Etwas" kann jeder Vermögensvorteil sein. 56

➲ Bei Überweisung ein Anspruch auf Gutschrift, § 675t I, bzw. auf Auszahlung aus der Gutschrift, § 780.

➲ Rechte aller Art und vorteilhafte Rechtsstellungen, z.B. Forderungen, Eigentum, Anwartschaftsrecht, Besitz, Buchposition, abstraktes Schuldanerkenntnis (§§ 780, 781; vgl. § 812 II).

➲ Befreiung von einer Verbindlichkeit.

Bsp.: A erlässt dem B eine Schuld über 1.000 € (§ 397), weil er irrtümlich annimmt, er schulde seinerseits dem B etwas. B ist von seiner Verbindlichkeit befreit worden, er hat damit etwas erlangt, nämlich einen vermögenswerten Vorteil.

➲ Gebrauchs- und Nutzungsvorteile, z.B. Dienstleistungen (aber achten auf die Lehre vom fehlerhaften Arbeitsverhältnis,[43] Nutzung von Mietwagen, erschlichene Flugreise[44]).

42 Umfassend HEMMER/WÜST/GOLD, Bereicherungsrecht, Rn. 121 ff.

43 PALANDT, § 812, Rn. 29, Einf. vor § 611, Rn. 29.

44 BGHZ 55, 128 = jurisbyhemmer.

hemmer-Methode: Die Rspr. stellt bei Gebrauchsvorteilen schon bei der Prüfung, ob etwas erlangt wurde, darauf ab, ob der Bereicherte Aufwendungen erspart hat. Nur wenn das der Fall sei, habe er auch etwas erlangt.
Richtiger Ansicht nach ist aber der Gebrauchsvorteil selbst als ein Vermögensvorteil anzusehen. Ob Aufwendungen erspart wurden, ist ein Problem der Entreicherung, § 818 III. Sammeln Sie mit obiger Begründung in der Klausur Punkte!

b) Durch Leistung

Definition: Leistung ist jede bewusste und zweckgerichtete Mehrung fremden Vermögens (doppelte Finalität).

bewusste Mehrung

aa) Keine Leistung liegt vor, wenn fremdes Vermögen *unbewusst* vermehrt wird. 57

Bsp.: *Hausmeister A verwendet versehentlich eigene Kohlen zum Heizen an Stelle der von Hauseigentümer B dafür vorgesehenen.*

Hier liegt keine Leistung von A an B vor, weil A mit der Verwendung der Kohlen unbewusst das Vermögen des B vermehrt hat. In Betracht kommt daher nur eine Nichtleistungskondiktion.

zweckgericht. Mehrung

bb) Die Vermögensmehrung muss *zweckgerichtet* sein. 58

Der Zweck der Vermögensmehrung liegt bei § 812 I S. 1, Alt. 1 regelmäßig in der Erfüllung einer Verbindlichkeit.

Bsp.: *A weist seine Bank B an, dem C 1.000 € auszuzahlen, die A dem C aus einem Kaufvertrag schuldet. Die B zahlt 1.000 € an C. Zwischen welchen Personen besteht eine Leistungsbeziehung?*[45]

Hier hat zwar die B bewusst das Vermögen des C vermehrt. Eine Leistung von B an C liegt aber nicht vor, weil B keine Verbindlichkeit gegenüber C erfüllen wollte; die Vermögensmehrung war gegenüber C also nicht zweckgerichtet.

Dagegen liegt eine Leistung von B an A vor, weil die B durch die Auszahlung der 1.000 € ihren Vertrag (d.h. die Verpflichtung aus dem Zahlungsdiensterahmenvertrag gem. § 675f II, gem. §§ 675c I, 665 erteilte Weisungen auszuführen) erfüllen wollte (darin liegt der maßgebliche Zweck). A ist dadurch von einer Verbindlichkeit befreit worden (damit auch Vermögensmehrung).

45 Zu bereicherungsrechtlichen Drittbeziehungen vgl. allgemein Lorenz, JuS 2003, 729 ff.; 839 ff.

Auch hat A an C geleistet, da A seine Kaufpreisschuld gegenüber C erfüllen wollte (Zweckrichtung). Die B diente dem A dabei als sog. Leistungsmittler. Es kann insoweit keinen Unterschied machen, ob A persönlich zahlt oder aber eine Bank dazwischen geschaltet wird.

Zur Bestimmung von Leistendem und Leistungsempfänger muss zunächst immer festgestellt werden, zwischen welchen Personen eine Verbindlichkeit besteht. Nur zwischen diesen Personen kann dann eine Leistungsbeziehung bestehen.

Bei *2-Personen-Verhältnissen* gibt es dabei kaum Probleme. Schwieriger wird es bei *Mehrpersonenverhältnissen* (s. Beispiel), doch soll i.R. dieses Überblicks auf diese Problematik nicht näher eingegangen werden.[46]

Leistender nach Empfängerhorizont zu bestimmen?

Umstritten ist, ob es für die Frage, zwischen welchen Personen eine Leistungsbeziehung besteht, auf die Sicht des Leistenden 59
oder des Leistungsempfängers ankommt (wichtiges klausurrelevantes Problem[47]).

Fall: *Ohne von B bevollmächtigt zu sein, kauft D bei A einen Ofen im Namen des B. A liefert den Ofen zum Haus des B in der Meinung, er erfülle damit seine Verbindlichkeit aus dem Kaufvertrag mit B. Hat A an B geleistet?*

Leistung ist nach der Definition, die wir bereits kennen gelernt haben, die bewusste zweckgerichtete Mehrung fremden Vermögens. A hat hier das Vermögen des B sicherlich vermehrt. Fraglich ist aber, ob er gegenüber B einen Zweck verfolgt hat.

A wollte mit der Lieferung des Ofens den vermeintlich mit B geschlossenen Kaufvertrag erfüllen. Aus seiner Sicht liegt daher eine Leistung an B vor. Zweckrichtung ist die Erfüllung einer (vermeintlichen) Verbindlichkeit.

Dagegen musste B annehmen, dass A eine Leistung gegenüber D erbringt, und A nur als Leistungsmittler auftritt.

h.M.: Leistender nach obj. Empfängerhorizont

Nach der h.M. entscheidet der objektive Empfängerhorizont, §§ 133, 157 analog.[48] Maßgebend ist also, wen B vernünftigerweise als Leistenden ansehen durfte.

In unserem Fall liegt demnach keine Leistung des A an B vor. A kann also nicht mit der Leistungskondiktion den Ofen (oder dessen Wert) herausverlangen. Da die Nichtleistungskondiktion aber subsidiär ist, ist A auf Ansprüche gegenüber D angewiesen. D haftet als falsus procurator gem. § 179.

46 Zu allem vertiefend: HEMMER/WÜST/GOLD, Bereicherungsrecht, Rn. 129 ff., 158 ff.

47 HEMMER/WÜST/GOLD, Bereicherungsrecht, Rn. 148 ff.

48 Analog deshalb, weil die Zweckbestimmung keine Willenserklärung darstellt; MEDICUS, Bürgerliches Recht, Rn. 687.

hemmer-Methode: Wie immer gibt es auch hier Grenzfälle zwischen Leistungs- und Nichtleistungskondiktion, z.B. wenn ein Minderjähriger die Straßenbahn ohne gültiges Ticket benutzt.
Für eine Leistung gegenüber dem Minderjährigen. spricht, dass die Straßenbahn AG „ad incertas personas" leisten will, also an einen unbestimmten Personenkreis. Anders ist dies hingegen im Flugreisefall: Die Lufthansa hat keinen generellen Leistungswillen, sondern will nur an die leisten, die ein gültiges Ticket besitzen.

c) Ohne rechtlichen Grund

bei LK v.a. fehlgeschl. Leistungsbeziehung

aa) Mit der Leistungskondiktion sollen fehlgeschlagene Leistungen rückgängig gemacht werden. *60*

Fehlgeschlagen ist die Leistung im Falle des § 812 I S. 1, Alt. 1, wenn der rechtliche Grund von Anfang an gefehlt hat. Als rechtlicher Grund in Betracht kommende (auch gesetzliche) Schuldverhältnisse müssen auf ihre Wirksamkeit hin überprüft werden (Nichtigkeitsgründe, Minderjährigkeit, Anfechtung, etc.).

Bsp. 1: *Der unerkannt Geisteskranke B kauft von A ein Auto. A übereignet das Auto an B. B hat Besitz (nicht Eigentum, § 105 I) an dem Auto durch Leistung des A erlangt. Für diese Leistung fehlt der rechtliche Grund, da der Kaufvertrag wegen §§ 105 I, 104 Nr. 2 nichtig ist.*

Bsp. 2: *A überfährt den Hund des C und zahlt Schadensersatz (§ 823 I) an B, den er irrtümlich für den Eigentümer des Hundes hält. Hier war A dem B nicht aus § 823 I (gesetzliches Schuldverhältnis) zum Schadensersatz verpflichtet. Für die Leistung des A fehlt also der rechtliche Grund.*

Anfechtung

Strittig ist, ob nach erfolgter Anfechtung § 812 I S. 1, Alt. 1 (wegen der ex tunc Wirkung nach § 142 I) oder § 812 I S. 2, Alt. 1 (späterer Wegfall des rechtlichen Grundes) einschlägig ist.

hemmer-Methode: In der Klausur muss dieser Streit i.d.R. nicht ausgebreitet werden, da er auf das Ergebnis allenfalls Auswirkungen haben kann, wenn der Leistende die Anfechtbarkeit des Rechtsgeschäfts kannte. In diesem Fall wäre die Rückforderung des Geleisteten nach § 814 (§ 142 II) ausgeschlossen, wenn man § 812 I S. 1, Alt. 1 annimmt. Dagegen gilt der Ausschluss des § 814 nicht für § 812 I S. 2, Alt. 1.[49]

49 Palandt, § 812, Rn. 77.

§ 813: Leistung trotz dauernder Einrede

bb) Eine Erweiterung bringt § 813 I S. 1: Besteht zwar ein Anspruch (also ein rechtlicher Grund), so kann dennoch das Geleistete nach § 812 I S. 1, Alt. 1 zurückgefordert werden, wenn dem Anspruch eine dauernde (peremptorische) Einrede (z.B. §§ 821, 853, 242) entgegensteht.[50]

Erfolgt allerdings eine Leistung auf eine verjährte Forderung (die Verjährung ist eine dauernde Einrede), so kann dennoch das Geleistete nicht zurückgefordert werden (§§ 813 I S. 2, 214 II).

> ***Fall 2:*** *B hat gegen A eine Kaufpreisforderung über 1.000 €. A zahlt. Später will er die 1.000 € zurück haben, weil er betrogen worden ist. Anspruch aus § 812 I S. 1, Alt. 1?*
>
> B hat Eigentum und Besitz an den 1.000 € durch Leistung des A erlangt. Es besteht allerdings ein rechtlicher Grund für die Leistung, nämlich der Kaufvertrag. Der Kaufpreisanspruch ist aber mit einer dauernden Einrede, der Arglisteinrede aus § 853, behaftet.
>
> Wegen § 813 I S. 1 kann A daher die 1.000 € aus § 812 I S. 1, Alt. 1 zurückfordern (möglich wäre auch eine Anfechtung nach § 123, wenn die Frist des § 124 noch nicht abgelaufen ist; dann würde der Rechtsgrund fehlen).

Beachte: § 813 gilt nicht für die anderen Arten der Leistungskondiktion.

d) Ausschluss

§ 812 I S. 1, Alt. 1 ⇨ § 814

aa) Die Leistungskondiktion nach § 812 I S. 1, Alt. 1 ist in den Fällen des § 814 ausgeschlossen; dieser Ausschluss gilt nicht für die anderen Arten der Leistungskondiktion.[51] 61

Wichtig ist der Fall, dass der Leistende wusste, dass er zur Leistung nicht verpflichtet war. Erforderlich ist *positive* Kenntnis der Sach- und Rechtslage. Fahrlässigkeit, selbst grobe, genügt nicht.

§ 817 S. 2

bb) Ausgeschlossen ist die Leistungskondiktion auch im Falle des § 817 S. 2,[52] der einen allgemeinen Grundsatz für alle Leistungskondiktionen enthält und damit auch für die Leistungskondiktion gem. § 812 I S. 1, Alt. 1 gilt (siehe auch unten).

50 Zur Unterscheidung von dauernden und vorübergehenden Einreden siehe MEDICUS, Bürgerliches Recht, Rn. 733.

51 HEMMER/WÜST/GOLD, Bereicherungsrecht, Rn. 430 ff.

52 HEMMER/WÜST/GOLD, Bereicherungsrecht, Rn. 444 ff.

2. Leistungskondiktion gem. § 812 I S. 2, Alt. 1[53]

62

Voraussetzungen:
1. Etwas erlangt
2. Durch Leistung
3. Der rechtliche Grund entfällt später

a) Etwas erlangt

b) Durch Leistung

Zu den Punkten a) und b) gilt das oben Gesagte (Rn. 56 ff.).

c) Wegfall des Rechtsgrundes

Der Rechtsgrund kann später entfallen aufgrund Parteivereinbarung oder aufgrund der Willenserklärung einer Partei.

auflösende Bedingung

aa) Die Parteien können eine auflösende Bedingung oder einen Endtermin vereinbart haben. In diesen Fällen ist das Geleistete nach Bereicherungsrecht zurückzugewähren, wenn die Parteien nicht die schärfere Haftung der §§ 346 ff. (Rücktritt) vereinbart haben.

bb) Die Willenserklärung einer Partei kann den Rechtsgrund später wegfallen lassen.

> **Bsp.:** *Widerruf einer Schenkung, §§ 530, 531 II; str. für die Anfechtung.*[54]

Für den Rücktritt gelten die §§ 346 ff. als leges speciales. Eine Rückabwicklung über Bereicherungsrecht scheidet daneben aus.

Störung der Geschäftsgrundlage

Bei Wegfall der Geschäftsgrundlage erfolgt die Rückabwicklung gem. § 313 III nach den Rücktrittsregeln.

hemmer-Methode: Spielen Sie im Kopf noch einmal das Beispiel mit dem goldenen Ring durch. § 812 I S. 2, Alt. 1 kommt nur in Betracht, wenn eine auflösende Bedingung vereinbart wurde, z.B. mit folgendem Inhalt: „Wenn Du mich verlässt, dann Ring zurück! Sie nickt.“ Eine Bedingung setzen die Parteien regelmäßig nur dann, wenn Zweifel bestehen.

53 HEMMER/WÜST/GOLD, Bereicherungsrecht, Rn. 258 ff.

54 Dazu schon oben und PALANDT, § 812, Rn. 77.

Bei § 812 I S. 2, Alt. 2 hingegen vertrauen beide auf den Fortbestand und treffen eine dementsprechende Zweckvereinbarung. Z.B. „Du bleibst immer bei mir. Sie nickt." Am wenigsten verlangt Störung der GG, § 313: Zugrundelegen eines Umstandes. Störung der GG, § 313, kann dann aber am normativen Element scheitern.

d) Ausschluss

Die Ausschlussgründe der §§ 814, 815 gelten für die Leistungskondiktion des § 812 I S. 2, Alt. 1 nicht. 63

Ein Ausschluss der Kondiktion nach § 817 S. 2 als allgemeinem Ausschlussgrund ist dagegen möglich.

3. Nichteintritt des bezweckten Erfolges, § 812 I S. 2, Alt. 2[55]

Voraussetzungen:

1. Etwas erlangt
2. Durch Leistung (Zweck der Vermögensmehrung muss die Herbeiführung eines *besonderen* Erfolges sein)
3. Der nach dem Inhalt des Rechtsgeschäfts bezweckte Erfolg tritt nicht ein.

a) Leistung

Leistung ist auch hier eine bewusste zweckgerichtete Vermögensmehrung. Zweck der Vermögensmehrung muss allerdings ein *besonderer* Erfolg sein. 64

Die Zweckbestimmung muss dabei folgende Voraussetzungen erfüllen:

aa) Der bezweckte Erfolg darf nicht die Erfüllung einer Verbindlichkeit sein. In diesem Fall greift nämlich schon § 812 I S. 1, Alt. 1 ein.

bb) Erforderlich ist, dass ein besonderer zukünftiger Erfolg von den Parteien vorausgesetzt ist, der eben nicht in der Erfüllung einer Verbindlichkeit besteht.[56]

55 HEMMER/WÜST/GOLD, Bereicherungsrecht, Rn. 271 ff.

56 PALANDT, § 812, Rn. 86.

Die Kondiktion wegen Nichteintritts des Erfolgs findet v.a. in zwei Fallgruppen Anwendung:[57]

Leistung ohne Verpflichtung

(1) Die Leistung erfolgt, ohne dass eine Verpflichtung dazu besteht.

Zweck der Vermögensmehrung ist dann entweder die Begründung eines Rechtsverhältnisses oder das Erlangen eines nicht geschuldeten Gegenstandes bzw. des Verhaltens des Leistungsempfängers.

> ***Bsp. 1:*** *Handschenkung: A übereignet dem B ein Fahrrad, um einen Schenkungsvertrag zu begründen (vgl. § 518 II). Es besteht keine Verpflichtung des A zur Übereignung. Zweck der Leistung ist die Begründung eines Rechtsverhältnisses zwischen A und B.*

> ***Bsp. 2:*** *A unterstützt den bedürftigen B des Öfteren mit Geldbeträgen. A will damit erreichen, dass er als Erbe des B eingesetzt wird. A ist zur Zahlung der Geldbeträge nicht verpflichtet. Bezweckter Erfolg ist ein nicht geschuldetes Verhalten des B (vgl. auch § 2302).*

über Verbindlichkeit hinausgehender Zweck (str., aber h.M.)

(2) Soll mit der Leistung auch eine Verbindlichkeit erfüllt werden, so ist nach h.M. § 812 I S. 2, Alt. 2 anwendbar, wenn ein über die Erfüllung der Verbindlichkeit hinausgehender Zweck verfolgt wird.[58]

cc) Schließlich ist Voraussetzung, dass über den bezweckten Erfolg eine tatsächliche *Willensübereinstimmung* zwischen den Parteien besteht („der nach dem Inhalt des Rechtsgeschäfts bezweckte Erfolg").

In der Klausur muss eine Abgrenzung nach zwei Richtungen erfolgen:

- Der Zweck darf nicht bloß einseitiges Motiv des Leistenden sein. Der Zweck muss dem Empfänger vielmehr bekannt sein, und dieser muss ihn (zumindest konkludent) billigen.
- Andererseits darf der Erfolg auch nicht als auflösende Bedingung vereinbart worden sein, von deren Gültigkeit das Rechtsgeschäft abhängt; in diesem Fall greift § 812 I S. 2, Alt. 1 ein.

> ***Bsp.:*** *A will den B durch Geldleistungen zur Erbeinsetzung veranlassen.*

57 Vgl. dazu auch MEDICUS, Bürgerliches Recht, Rn. 691 ff.

58 PALANDT, § 812, Rn. 91 ff.; eine a.A. will § 812 I S. 2, Alt. 2 überhaupt nur anwenden, wenn die Leistung wie bei (1) auf keine Verpflichtung hin erfolgt ist, vgl. MEDICUS, Bürgerliches Recht, Rn. 691.

Es genügt nicht, wenn A insgeheim hofft, B werde ihn als Erben einsetzen (Motiv). Die Absicht des A muss dem B irgendwie erkennbar sein. Ist sie für B erkennbar und nimmt er weiterhin die Geldbeträge an, so liegt eine tatsächliche Willensübereinstimmung vor. Damit greift § 812 I S. 2, Alt. 2 ein. Für § 812 I S. 2, Alt. 1 wäre die Vereinbarung einer auflösenden Bedingung, nämlich keine testamentarische Berücksichtigung, Voraussetzung gewesen.

b) Nichteintritt des bezweckten Erfolges

Der Kondiktionsanspruch besteht, wenn der bezweckte Erfolg nicht eintritt. 65

***Bsp. 1:** Die Handschenkung kommt nicht zustande, weil B geschäftsunfähig ist. A kann Herausgabe des Fahrrades verlangen.*

***Bsp. 2:** B setzt A nicht zum Erben ein. A kann die geleisteten Geldbeträge zurückverlangen.*

c) Ausschluss

Ausschluss nach § 815

Die Leistungskondiktion wegen Nichteintritts des Erfolges kann nach *§ 815* ausgeschlossen sein; für andere Kondiktionsarten gilt § 815 nicht.[59] Ferner ist auch hier ein Ausschluss nach § 817 S. 2 möglich. 66

d) Konkurrenzen

Zu beachten ist, dass § 812 I S. 2, Alt. 2 nicht eingreift, wenn vertragliche Ansprüche bestehen, d.h. wenn der Zweck durch Vereinbarung einer Bedigung Eingang in einen Vertrag gefunden hat. Für § 812 I S. 2 Alt. 2 ist eine nur tatsächliche Zweckvereinbarung erforderlich. Liegt diese nicht vor, ist an Ansprüche aus *Störung der Geschäftsgrundlage (§ 313)* zu denken (klausurrelevantes Problem!). 67

Ob ein Zweck vertraglich (§ 158) oder tatsächlich (§ 812 I S. 2 Alt. 2) vereinbart wurde, oder ob es nur um Umstände geht, die dem Vertrag zugrundegelegt wurden (§ 313), ist durch Auslegung zu ermitteln. Häufig sind unterschiedliche Ergebnisse dazu vertretbar. Wichtig ist in der Klausur lediglich, dass Ihnen die Abgrenzung bewusst ist und vertretbar argumentiert wird!

59 HEMMER/WÜST/GOLD, Bereicherungsrecht, Rn. 438 ff.

§ 817 S. 1

4. Leistungskondiktion gem. § 817 S. 1[60]

Voraussetzungen:

1. Etwas erlangt
2. Durch Leistung
3. Zweck der Leistung dergestalt, dass der Empfänger durch die Annahme gegen ein gesetzliches Verbot oder die guten Sitten verstößt
4. Positive Kenntnis des Empfängers

a) Anwendungsbereich

Gesetzes- oder Sittenverstoß (⇨ beachte dann §§ 134, 138)

§ 817 S. 1 behandelt den Fall, dass durch die Annahme einer Leistung gegen ein Gesetz oder die guten Sitten verstoßen wird. Die Bedeutung dieser Kondiktion ist aber gering. I.d.R. ist in diesen Fällen das Verpflichtungsgeschäft nach §§ 134, 138 nichtig, so dass die Rückabwicklung der erbrachten Leistungen schon nach § 812 I S. 1, Alt. 1 erfolgt. 68

Anwendungsfälle

Nur in zwei Fällen hat § 817 S. 1 eigenständige Bedeutung:

- Nur der Empfänger verstößt gegen ein Gesetz oder die guten Sitten. Hier ist das Verpflichtungsgeschäft regelmäßig nicht nach §§ 134, 138 nichtig.[61]

- Die Kondiktion nach §§ 812 I S. 1, Alt. 1 ist nach § 814 ausgeschlossen. Auch hier ist § 817 S. 1 anwendbar, dem der § 814 nicht entgegensteht, da dieser nur den Fall des § 812 I S. 1, Alt. 1 erfasst.

b) Verwerflicher Leistungszweck

Leistung ist auch hier jede bewusste, zweckgerichtete Vermögensmehrung. Der Hauptzweck der Leistung muss gegen ein gesetzliches Verbot oder die guten Sitten verstoßen.[62] 69

> **Bsp. 1:** *Der Beamte B nimmt für eine Amtshandlung von A eine wertvolle Vase als Geschenk an. Der Zweck der Leistung verstößt gegen ein gesetzliches Verbot (§ 331 StGB).*

---

60 HEMMER/WÜST/GOLD, Bereicherungsrecht, Rn. 300 ff.

61 PALANDT, § 817, Rn. 10.

62 PALANDT, § 817, Rn. 6.

***Bsp. 2:** B droht dem A, ihn wegen eines kleinen Kaufhausdiebstahls anzuzeigen, wenn B nicht 500 € bekomme. Zahlt A, so verstößt der Zweck seiner Leistung gegen die guten Sitten.*[63]

Die Rechtsprechung verlangt, dass der Empfänger *positive* Kenntnis von dem Gesetzesverstoß bzw. das Bewusstsein hat, sittenwidrig zu handeln.[64]

c) Ausschluss[65]

§ 817 S. 2

Der Bereicherungsanspruch ist nach § 817 S. 2 ausgeschlossen, 70
wenn dem Leistenden gleichfalls ein Verstoß gegen das Gesetz oder die guten Sitten zur Last fällt.

Zwei Punkte muss man sich zum Anwendungsbereich des § 817 S. 2 merken:

Erst-Recht-Schluss

aa) § 817 S. 2 behandelt nur den Fall, dass sowohl dem Leistenden als auch dem Empfänger ein solcher Verstoß vorgeworfen wird. Der Ausschluss muss aber *erst recht* auch dann eingreifen, wenn nur der Leistende verwerflich handelt. Dieser darf dann nicht besser stehen.

***Bsp.:** Kredithai A gibt dem unerfahrenen B ein Darlehen, das mit 250% pro Jahr zu verzinsen ist.*

anwendbar auch auf andere LK

bb) § 817 S. 2 schließt nicht nur die Kondiktion nach § 817 S. 1 aus, sondern gilt für alle Leistungskondiktionen des § 812. Eine weitere Ausdehnung, etwa auf Ansprüche aus dem EBV, wird aber von der Rechtsprechung abgelehnt.[66]

endgültige Vermögensmehrung

cc) Zu beachten ist ferner, dass unter Leistung i.S.d. § 817 S. 2 71
nur das zu verstehen ist, was endgültig in das Vermögen des Leistungsempfängers übergegangen ist.

***Bsp.:** Im Fall eines sittenwidrigen und daher nichtigen Darlehensvertrages[67] könnte ein Rückzahlungsanspruch hinsichtlich der Darlehensvaluta aus § 812 I S. 1, Alt. 1 durch § 817 S. 2 ausgeschlossen sein.*

Leistung i.S.d. § 817 S. 2 ist aber nur das, was endgültig im Vermögen des Leistungsempfängers bleiben sollte, hier also die durch Zinsen abzugeltende Nutzungsmöglichkeit des Kapitals.

---

63 Weitere Beispiele siehe PALANDT, § 817, Rn. 12; § 134 Rn. 14 ff.; § 138, Rn. 78 ff.

64 A.A. z.T. die Lit.; dazu PALANDT, § 817, Rn. 11 a.E.

65 HEMMER/WÜST/GOLD, Bereicherungsrecht, Rn. 444 ff.

66 PALANDT, § 817, Rn. 2; a.A. MEDICUS, Bürgerliches Recht, Rn. 697: Der in § 817 S. 2 niedergelegte Grundsatz gelte auch außerhalb des Bereicherungsrechts als allgemeine Rechtsschutzversagung.

67 HEMMER/WÜST/GOLD, Bereicherungsrecht, Rn. 452 f.; HEMMER/WÜST, BGB AT II, Rn. 131 f., 145 ff.

Der Kreditgeber kann daher Rückzahlung der Darlehensvaluta nach Ablauf der für das Darlehen bestimmten Zeit verlangen. Er kann aber weder den vereinbarten noch den verkehrsüblichen Zins verlangen. Insofern greift der Ausschluss nach § 817 S. 2 ein.[68]

hemmer-Methode: Bereicherungsrechtliche Ausschlussgründe nach §§ 814, 815, 817 S. 2 sind Stolpersteine in der Klausur. Sie dienen der Notendifferenzierung. In den meisten Fällen scheitern die bereicherungsrechtlichen Ansprüche nicht an diesen. Wiederum gilt „Probleme schaffen, nicht wegschaffen!" So wird auch § 817 S. 2 häufig restriktiv ausgelegt. Im Einzelfall kann die Berufung auf § 817 S. 2 gem. § 242 ausgeschlossen sein. Dies wurde z.B. früher von der h.M. im „Schwarzarbeiterfall" (bei beiderseitigem Verstoß) bejaht. Arg.: § 817 S. 2 BGB würde den Schwarzarbeiter, der in der Regel vorleistet, über Gebühr benachteiligen.
Der BGH schränkt neuerdings § 817 S. 2 BGB in diesen Fällen nicht mehr gem. § 242 BGB ein. Die Intention des Gesetzes, Schwarzarbeit zu bekämpfen, verlangt danach, Leistungen nicht noch mit einer berecherungsrechtlichen Zahlnug „zu belohnen."[69]

V. Bereicherung in sonstiger Weise

1. Subsidiarität

Subsidiarität

a) Der wichtigste Grundsatz im Bereicherungsrecht ist die *Subsidiarität* der Eingriffskondiktion, d.h. es muss immer zunächst geprüft werden, ob bereits eine Leistung bezüglich des Bereicherungsgegenstandes vorliegt. Ist das der Fall, so findet die Kondiktion wegen Bereicherung „in sonstiger Weise" keine Anwendung. 72

Dies ist unproblematisch im *Zweipersonenverhältnis:* Dort kann etwas nur entweder durch Leistung oder „in sonstiger Weise" (d.h. eben nicht durch Leistung) erlangt sein.

probl. (nur) im Mehrpersonenverhältnis

Im *Mehrpersonenverhältnis* kann dagegen die Bereicherung durch Leistung gegenüber einer Person zugleich den Tatbestand der Bereicherung „in sonstiger Weise" gegenüber einem Dritten erfüllen.

Fall: *D leiht dem A ein Buch. A verkauft und übereignet nun das Buch an den gutgläubigen B. Hat D gegen B einen Anspruch auf Rückübereignung und Herausgabe des Buches nach Bereicherungsrecht?*

68 PALANDT, § 817, Rn. 23; MEDICUS, Rn. 700 will dagegen einen angemessenen Zinssatz gewähren; dagegen spricht, dass dann die Vereinbarung eines Wucherzinses für den Darlehensgeber risikolos wäre, da jedenfalls der marktübliche Zins zu leisten ist.

69 BGH, Life&Law 2014, 477 ff.; 2015, 643 ff.

Anspruch aus § 812 I S. 1, Alt. 2? B hat Eigentum (§§ 929 S. 1, 932, ein Fall des § 935 liegt nicht vor) und Besitz an dem Buch erlangt. Da D an B nicht geleistet hat, liegt eine Bereicherung auf Kosten des D „in sonstiger Weise" vor. Der Anspruch aus § 812 I S. 1, Alt. 2 könnte demnach bestehen.

Hier greift aber der Grundsatz der Subsidiarität: B hat ja das Eigentum und den Besitz an dem Buch durch eine Leistung (bewusste und zweckgerichtete Mehrung fremden Vermögens) seitens des A erlangt. Wird aber an einen Bereicherungsschuldner etwas geleistet, so findet hinsichtlich desselben Bereicherungsgegenstandes die Nichtleistungskondiktion grundsätzlich keine Anwendung.

Daher hat D gegen B keinen Anspruch auf Rückübereignung und Herausgabe des Buches.

Der Zweck des Subsidiaritätsgrundsatzes ist der Schutz des Empfängers einer Leistung. Er darf darauf vertrauen, dass nur sein Vertragspartner von ihm kondizieren kann.

Wäre er Kondiktionsansprüchen Dritter ausgesetzt, so würde er u.U. Einwendungen verlieren, die ihm gegenüber dem Leistenden zuständen.

Im Fall kommt noch hinzu, dass B das Buch gutgläubig erworben hat. Das Bereicherungsrecht darf aber nicht dazu führen, die Vorschriften über den gutgläubigen Erwerb (§§ 932 ff.) auszuhebeln.

hemmer-Methode: Bereicherungsrecht darf den gutgläubigen Erwerb „nicht aus den Angeln heben". Zeigen Sie, dass Sie auch diese Wertung beherrschen!

Durchbrechungen des Subsidiaritätsgrundsatzes

b) Der Subsidiaritätsgrundsatz wird allerdings dann durchbrochen, wenn die Wertungen anderer Vorschriften (z.B. § 935) dies erfordern.[70] 73

2. Grundfall, § 812 I S. 1, Alt. 2[71]

Dieser Tatbestand wird begrifflich weiter unterteilt in die Eingriffs-, Rückgriffs- und Verwendungskondiktion. 74

Der im Folgenden zu behandelnde Hauptfall ist die *Eingriffskondiktion.* Rückgriffs- (grundsätzlich subsidiär zu anderen Regressformen, wie z.B. § 426 I, II; GoA; § 255) und Verwendungskondiktion (Problem: Verhältnis zum EBV) spielen kaum eine Rolle.[72]

70 Näher Medicus, Rn. 727 ff.; Hemmer/Wüst/Gold, Bereicherungsrecht, Rn. 312 ff., 315 ff.

71 Hemmer/Wüst/Gold, Bereicherungsrecht, Rn. 318 ff.

72 Siehe dazu Medicus, Bürgerliches Recht, Rn. 950 ff.; 892 ff.; Hemmer/Wüst/Gold, Bereicherungsrecht, Rn. 324 ff., 349 ff.

Voraussetzungen:

1. Etwas erlangt
2. In sonstiger Weise; Eingriff in den Zuweisungsgehalt eines Rechtes
3. Auf Kosten eines anderen
4. Ohne Rechtsgrund

a) Etwas erlangt

Es gilt das oben Gesagte (Rn. 56). 75

Problem: Besitzkondiktion bei NLK

Ist allerdings als Vermögensvorteil nur der *Besitz* erlangt worden, so ist eine Eingriffskondiktion nach h.M. nicht möglich, da die §§ 858 ff., insbesondere § 861 (Besitzschutz hat als Voraussetzung „verbotene Eigenmacht") sowie § 1007 als Spezialregelungen vorgehen.[73]

b) In sonstiger Weise

Die Bereicherung muss *in sonstiger Weise*, d.h. nicht durch Leistung entstanden sein. Dies kann in der Weise erfolgen, dass der Bereicherte selbst durch eine Handlung in das Recht eines anderen eingreift und so sein Vermögen vermehrt (z.B. Verbrauch, Nutzung fremder Sachen). 76

Eine Bereicherung „in sonstiger Weise" liegt aber auch dann vor, wenn durch einen Dritten (z.B. Verarbeitung einer fremden Sache durch einen Dritten), durch den Entreicherten selbst (z.B. irrtümliche Verwendung eigener Sachen für fremde Zwecke) oder durch ein Naturereignis (z.B. unbeeinflusstes Verhalten von Tieren: Kühe grasen auf fremder Wiese) ein Eingriff erfolgt.

Zuweisungsgehalt

Erforderlich ist dabei, dass ein Eingriff in den *Zuweisungsgehalt*[74] (= Vermögensmehrung ohne den Willen des Berechtigten) eines dem Bereicherungsgläubiger zustehenden Rechtes vorliegt.

Eingriffsobjekte können alle Rechtspositionen sein, deren wirtschaftliche Verwertung nach der Rechtsordnung dem Gläubiger zugewiesen ist.

> ***Bsp.:*** *B stiehlt das Auto des A und fährt damit. Hier hat B in den Zuweisungsgehalt des Eigentums des A eingegriffen. Der Besitz und die Nutzung einer Sache sind nämlich nach der Rechtsordnung dem Eigentümer zugewiesen, § 904 (Für die Kondiktion des Besitzes s. oben).*

73 PALANDT, § 812, Rn. 19; § 861, Rn. 12.

74 HEMMER/WÜST/GOLD, Bereicherungsrecht, Rn. 325 ff.

c) Auf Kosten eines anderen

Bei der Eingriffskondiktion muss immer geprüft werden, ob der Eingriff „auf Kosten eines anderen“ stattgefunden hat. Dagegen wird bei der Leistungskondiktion dieses Merkmal nicht geprüft! 77

Das heißt nicht notwendig, dass bei dem anderen eine Vermögensminderung eingetreten sein muss. Auf Kosten eines anderen ist die Bereicherung erfolgt, wenn der Vorteil unmittelbar, d.h. durch ein und denselben Vorgang aus der Verwertung einer fremden Rechtsposition hervorgeht.

> ***Bsp.:*** *D baut Ziegelsteine des A in das Haus des B ein. Durch den Einbau ist B Eigentümer der Ziegel geworden (§ 946). Gleichzeitig hat A sein Eigentum an den Ziegelsteinen verloren. Die Bereicherung des B beruht also unmittelbar auf dem Eingriff in das Recht des A.*

d) Ohne Rechtsgrund[75]

Ohne rechtlichen Grund ist die Bereicherung erlangt, wenn der erlangte Vorteil nach der Rechtsordnung einem anderen gebührt. Es darf weder ein vom Gesetz begründetes noch ein vom Berechtigten abgeleitetes Recht (z.B. Einwilligung) zum Eingriff vorliegen. 78

3. Entgeltliche Verfügung eines Nichtberechtigten, § 816 I S. 1[76]

Voraussetzungen: 79

1. Verfügung
2. Eines Nichtberechtigten
3. Wirksamkeit der Verfügung gegenüber Berechtigtem
4. Verfügung entgeltlich

§ 816 ist ein Spezialfall der Eingriffskondiktion und ist daher immer vor § 812 I S. 1, Alt. 2 zu prüfen. Für § 816 gilt aber der Grundsatz der Subsidiarität der Eingriffskondiktion nicht.

a) Verfügung

Def. der Verfügung

Definition: Verfügung ist jedes Rechtsgeschäft, durch das ein Recht übertragen, aufgehoben, belastet oder inhaltlich geändert wird.

75 Zu Spezialproblemen, z.B. § 937, HEMMER/WÜST/GOLD, Bereicherungsrecht, Rn. 339.

76 HEMMER/WÜST/GOLD, Bereicherungsrecht, Rn. 366 ff.

Bsp.: Übertragung von Eigentum, Belastung einer Sache mit einem Pfandrecht.

b) Nichtberechtigter

Nichtberechtigung

Die Verfügung muss von einem Nichtberechtigten vorgenommen worden sein.

Definition: Nichtberechtigter ist, wer weder Inhaber des Rechts, noch zu der Verfügung über das Recht ermächtigt ist (§ 185 I).

hemmer-Methode: Denken (und i.d.R.) sprechen Sie § 185 immer kurz an, bevor Sie auf die Nichtberechtigung eingehen. Gerade beim klausurrelevanten verlängerten Eigentumsvorbehalt liegt eine solche Ermächtigung normalerweise vor!

c) Wirksamkeit der Verfügung gegenüber dem Berechtigten

Wirksamkeit

Die Verfügung ist dem Berechtigten gegenüber wirksam, wenn jemand von dem Nichtberechtigten ein Recht kraft guten Glaubens erwirbt (§§ 932 ff., 892, 1207).

Möglich ist auch, dass eine Verfügung erst durch nachträgliche Genehmigung des Berechtigten wirksam wird (§ 185 II S. 1, Alt. 1). Die Genehmigung kann auch konkludent erfolgen.

Bsp.: Dem A wird das Auto von B gestohlen. Dieser veräußert es an den gutgläubigen C, der aber wegen § 935 kein Eigentum erwerben kann.

A hat hier zwar den Anspruch aus § 985 gegen C, der ihm jedoch wenig nützt, wenn C nicht mehr auffindbar ist. A kann daher nach § 185 II S. 1, Alt. 1 die Verfügung B-C genehmigen und nach § 816 I S. 1 den Verkaufserlös von B herausverlangen. Die Genehmigung kann auch konkludent dadurch erfolgen, dass A von B den Verkaufserlös herausverlangt.

d) Entgeltlichkeit

entgeltlich

Die Verfügung muss entgeltlich sein. Für unentgeltliche Verfügungen gilt § 816 I S. 2.

e) Rechtsfolge

Sind die Voraussetzungen des § 816 I S. 1 erfüllt, so hat der Berechtigte gegen den Nichtberechtigten einen Anspruch auf Herausgabe des Erlangten. 80

Hat also der Nichtberechtigte ein Entgelt erlangt, das geringer als der Wert der Sache ist, so hat er nur dieses Erlangte herauszugeben (einhellige Meinung).

Herausgabe durch Wert begrenzt?

Ist das Entgelt höher als der Wert der veräußerten Sache, so ist strittig, ob auch dieses höhere Entgelt herauszugeben ist oder aber nur der dem Wert der Sache entsprechende Anteil. Der Wortlaut der Bestimmung spricht dafür, dass auch das höhere Entgelt herauszugeben ist.[77]

Fall von Rn. 72: Ansprüche des D gegen A?

Hier kommt ein Anspruch aus § 687 II in Betracht, wenn A positiv weiß, dass er ein Geschäft des D ohne Berechtigung führt. Bei Verschulden besteht auch ein Anspruch aus § 823 I, II.

§ 816 I S. 1? A hat als Nichtberechtigter eine entgeltliche Verfügung getroffen, die dem berechtigten D gegenüber wegen § 932 wirksam ist. Da damit die Voraussetzungen des § 816 I S. 1 erfüllt sind, kann D nach h.M. Herausgabe des gesamten Veräußerungserlöses verlangen, egal, ob dieser höher oder geringer als der Wert des Buches ist.

4. Unentgeltliche Verfügung eines Nichtberechtigten, § 816 I S. 2[78]

Voraussetzungen: 81

1. Verfügung
2. Eines Nichtberechtigten
3. Verfügung wirksam gegenüber Berechtigtem
4. Verfügung unentgeltlich

a) Unentgeltliche Verfügung

Verfügt ein Nichtberechtigter wirksam z.B. gem. §§ 929, 932 an einen Dritten ohne Entgelt, so scheidet ein Anspruch aus § 816 I S. 1 gegen den Nichtberechtigten aus, weil dieser nichts erlangt hat. Eine Eingriffskondiktion nach § 812 I S. 1, Alt. 2 gegen den Dritten greift ebenfalls nicht, weil dieser den Gegenstand durch Leistung des Nichtberechtigten erlangt hat (Grundsatz: Subsidiarität der Eingriffskondiktion).

77 H.M.; a.A. MEDICUS, Bürgerliches Recht, Rn. 723, der als Ansatz wählt: Erlangt sei die Befreiung von einer Verbindlichkeit; da diese Befreiung nicht herausgegeben werden kann, ist dafür gem. § 818 II Wertersatz zu leisten, dieser richte sich nach dem Wert der Sache; vgl. HEMMER/WÜST/GOLD, Bereicherungsrecht, Rn. 382 ff.

78 HEMMER/WÜST/GOLD, Bereicherungsrecht, Rn. 389 ff.

Da der Dritte aber kein Vermögensopfer erlitten hat, kann es ihm zugemutet werden, den erlangten Gegenstand an den Berechtigten herauszugeben. Ausnahmsweise ist ein sog. Durchgriff kraft Gesetzes gestattet. (Wie gewonnen, so zerronnen!)

b) Abgrenzung zu § 822[79]

Abgrenzung § 816 I S. 2 ⇔ § 822

Auch bei § 822 ist ein Dritter, der einen Gegenstand unentgeltlich erlangt hat, einem Bereicherungsanspruch ausgesetzt, da er als unentgeltlicher Erwerber weniger schutzwürdig ist. 82

Der entscheidende Unterschied liegt darin, dass im Falle des § 816 I S. 2 ein Nichtberechtigter verfügt hat, während bei § 822 ein Berechtigter verfügt hat (klausurrelevante Unterscheidung!), gegen den aber ein (irgendein, auch § 822 selbst denkbar) Bereicherungsanspruch wegen Entreicherung (§ 818 III) nicht durchgreift.

***Bsp. 1:** A leiht dem B seinen Rasenmäher. B verschenkt den Rasenmäher an seinen gutgläubigen Freund C.*

Hier hat A gegen C den Anspruch aus § 816 I S. 2, weil B als Nichtberechtigter verfügt hat.

***Bsp. 2:** A veräußert dem B seinen Rasenmäher. B verschenkt den Rasenmäher an seinen Freund C. Später ficht A den Kaufvertrag nach § 119 I wirksam an.*

Der Anspruch des A gegen B aus § 812 I S. 1, Alt. 1 auf Herausgabe oder Wertersatz scheitert an § 818 III, da B entreichert ist. Hier greift § 822: B hat als Berechtigter unentgeltlich an C verfügt, da er Eigentümer des Rasenmähers war (die Übereignung A-B ist von A nicht angefochten worden).

<u>Voraussetzungen des § 822:</u>

1. Der Gläubiger muss gegen den ersten Empfänger einen Bereicherungsanspruch haben.
2. Der Bereicherungsschuldner hat das Erlangte einem Dritten unentgeltlich zugewendet.
3. Wegen dieser Zuwendung ist der Bereicherungsschuldner entreichert (§ 818 III; beachte immer §§ 818 IV, 819 I[80]); die Haftung des Dritten ist subsidiär (Aushilfshaftung!) gegenüber der Haftung des Bereicherungsschuldners.

79 Hemmer/Wüst/Gold, Bereicherungsrecht, Rn. 413 ff.

80 Siehe unten Rn. 91 f.

c) § 816 I S. 2 analog bei entgeltlicher, aber rechtsgrundloser Verfügung?[81]

§ 816 I S. 2 analog bei rechtsgrundloser Verfügung?

Fraglich ist, ob § 816 I S. 2 analog auch auf den Fall angewendet werden kann, dass ein Nichtberechtigter zwar keine unentgeltliche, aber eine rechtsgrundlose Verfügung (z.B. der zugrunde liegende Vertrag ist nichtig) vornimmt (dasselbe Problem stellt sich bei § 988). 83

Fall: *A leiht dem B sein Fahrrad. B veräußert das Fahrrad an den minderjährigen C, dessen Eltern jedoch die Genehmigung für das Geschäft verweigern. Hat A gegen C einen Anspruch auf Herausgabe des Rades?*

§ 816 I S. 2 analog? Hier hat der Nichtberechtigte B wirksam an den C verfügt (die Übereignung ist wegen § 107 wirksam). Die Verfügung war jedoch nicht unentgeltlich. Da der Kaufvertrag B-C aber nichtig ist und C daher im Ergebnis nichts zu zahlen braucht, soll nach einer Ansicht § 816 I S. 2 analog angewendet werden.[82]

Diese Ansicht ist jedoch abzulehnen, da sie die schutzwürdigen Interessen des C vernachlässigt. Hat C etwa den Kaufpreis bereits an B gezahlt, so hätte er dem A gegenüber kein Zurückbehaltungsrecht wegen des zurückzuzahlenden Kaufpreises.

Folgende Lösung ist daher vorzuziehen:

A hat gegen B einen Anspruch aus § 816 I S. 1 auf Herausgabe des Erlangten. Erlangt hat B einen Bereicherungsanspruch gegen C aus § 812 I S. 1. B muss diesen Anspruch an A abtreten (§ 398). Hat C den Kaufpreis bereits gezahlt, so hat er nun nach § 404 auch dem A gegenüber ein Zurückbehaltungsrecht.[83]

5. Leistung an einen Nichtberechtigten, § 816 II

Voraussetzungen: 84

1. Wirksame Leistung
2. An einen Nichtberechtigten

§§ 407, 408

§ 816 II regelt die Fälle, in denen der Schuldner an einen Nichtberechtigten leistet. Grundsätzlich erlischt der Anspruch des Gläubigers dadurch nicht (§ 362 I).

81 Hemmer/Wüst/Gold, Bereicherungsrecht, Rn. 394.
82 Siehe zu dieser Ansicht Palandt, § 816, Rn. 16 ff.
83 Siehe Medicus, Bürgerliches Recht, Rn. 390a.

Etwas anderes gilt aber nach § 407, wenn der Schuldner in Unkenntnis einer Abtretung an den alten Gläubiger leistet. Hier hat der Schuldner wirksam erfüllt, seine Schuld ist erloschen. Der neue Gläubiger hat aber gegen den alten Gläubiger den Anspruch aus § 816 II.

Weitere Fälle, in denen eine wirksame Leistung an einen Nichtberechtigten vorliegt: § 408; Genehmigung des Gläubigers (§ 362 II i.V.m. § 185 II S. 1, Alt. 1).

hemmer-Methode: Sehen Sie, wie wichtig es ist, die Rechtsgebiete im Zusammenhang zu lernen? § 812 I greift oft ein, wenn Nichtigkeitsgründe aus dem AT vorliegen. § 816 I setzt u.U. sachenrechtliche Vorüberlegungen voraus. § 816 II knüpft regelmäßig an Zessionen an. So greift § 816 II auch im Fall des § 409 (lesen!) ein, z.B. bei sittenwidriger Globalzession. Für Fortgeschrittene: § 816 II ist immer für eine Klausur heiß, lesen Sie deswegen Hemmer/Wüst/Gold, Bereicherungsrecht Rn. 397 ff.

VI. Umfang des Bereicherungsanspruches[84]

1. Herausgabe des Erlangten

grds. das Erlangte

a) Nach §§ 812, 816, 817 ist grundsätzlich das Erlangte in natura herauszugeben. Daher ist immer genau zu untersuchen, was erlangt wurde. 85

Bsp.: *Wurde Eigentum an einer Sache erlangt: Anspruch auf Rückübereignung. Wurde nur Besitz erlangt: Anspruch auf Wiedereinräumung der tatsächlichen Sachherrschaft. Wurde eine Forderung erlangt: Anspruch auf Rückabtretung.*

Nutzungen

b) Der Anspruch auf Herausgabe des Erlangten erstreckt sich nach § 818 I auch auf die vom Bereicherten gezogenen Nutzungen (§ 100; Sach-, Rechtsfrüchte, Gebrauchsvorteile).

Bsp.: *Das Kalb einer Kuh. Zinsen für eine Forderung.*

Können die gezogenen Nutzungen nicht (mehr) in Natur herausgegeben werden, so ist gemäß § 818 II Wertersatz zu leisten (siehe unten).

Bsp.: *Die Gebrauchsvorteile aus der unberechtigten Nutzung eines PKW können nicht in Natur herausgegeben werden; daher ist Wertersatz zu leisten.*

84 Hemmer/Wüst/Gold, Bereicherungsrecht, Rn. 457 ff.

Merke: Nutzungsersatz nach Bereicherungsrecht ist grundsätzlich ausgeschlossen, wenn ein EBV vorliegt; die §§ 987 ff. gehen als Sonderregelungen vor, vgl. § 993 I a.E.[85]

Surrogate

c) Herauszugeben sind auch die für einen Gegenstand erlangten Surrogate (§ 818 I).

> ***Bsp.:*** *B erhält aufgrund einer Forderung, die er an A herauszugeben hat, von dem Schuldner 3.000 €. B erlangt für ein beschädigtes Auto, das er an A herausgeben muss, eine Versicherungssumme.*

nicht aber „rechtsgeschäftl. Surrogat“

Merke: Nicht zu den Surrogaten gehört, was durch ein vom Bereicherungsschuldner über den herauszugebenden Gegenstand abgeschlossenes Rechtsgeschäft erlangt wurde.

> ***Bsp.:*** *B hat das Eigentum an einem Bild (Wert 500 €) ohne Rechtsgrund von A erlangt. B veräußert das Bild für 1.000 € an C. Hier muss B an A nicht die 1.000 € herausgeben, da sie kein Surrogat für das Bild sind. B hat nur Wertersatz in Höhe von 500 € zu leisten (§ 818 II; bei § 816 ist allerdings der gesamte Erlös herzugeben).*

Das rechtsgeschäftlich erlangte Surrogat ist aber im Falle der verschärften Haftung geschuldet, §§ 819 I, 818 IV, 285 BGB!

2. Wertersatz

Wertersatz

Ist die Herausgabe des Erlangten, der Nutzungen oder des Surrogates in Natur nicht (mehr) möglich, so ist nach § 818 II Wertersatz zu leisten. Gemeint ist damit der Verkehrswert, nicht ein etwa erlangter Veräußerungserlös (anders bei § 816 I S. 1, s.o.). 86

3. Wegfall der Bereicherung[86]

Zweck der §§ 812 ff. ist es, Vermögensvorteile beim Bereicherten abzuschöpfen. Ein Anspruch auf Herausgabe oder Wertersatz ist daher ausgeschlossen, wenn Vermögensvorteile beim Empfänger nicht mehr vorhanden sind, wenn er also entreichert ist, § 818 III. 87

hemmer-Methode: Der Umfang der Bereicherung und insbesondere § 818 III können auch einmal ein zentrales Problem in der Klausur sein! Gerade hier unterscheidet sich nämlich die Haftung nach §§ 812 ff. von der nach §§ 346 ff., 987 ff. Achten Sie im Sachverhalt darauf, was mit dem herauszugebenden Gegenstand geschieht!

---

85 Str., siehe PALANDT, Einf. vor § 812, Rn. 7; zu den Ausnahmen: § 988, Rn. 6 ff.

86 HEMMER/WÜST/GOLD, Bereicherungsrecht, Rn. 477 ff.

a) Entreicherung

Fallgruppen

Eine Entreicherung liegt in folgenden Fällen vor: 88

aa) Das ursprünglich Erlangte ist nicht mehr vorhanden, weil es untergegangen ist, verbraucht oder verschenkt wurde, und hat auch keinen Vermögensvorteil hinterlassen.

In diesen Fällen muss immer geprüft werden, ob nicht doch noch ein wirtschaftlicher Vorteil beim Empfänger verblieben ist (z.B. auch ersparte Aufwendungen).

> ***Bsp.:*** *Hat B mit rechtsgrundlos erlangtem Geld eine Reise gemacht, so ist er entreichert, wenn er die Reise sonst nicht gemacht hätte (Luxusaufwendung).*

bb) Ist das ursprünglich Erlangte noch vorhanden, so hat der Bereicherte dieses herauszugeben. Er kann aber entreichert sein, weil er sonstige Vermögensnachteile erlitten hat.

Nach der Rechtsprechung sind alle Vermögensnachteile abzugsfähig, die mit dem Erwerb in adäquat ursächlichem Zusammenhang stehen. Dagegen will die h.L. nur solche Vermögensnachteile berücksichtigen, die dem Bereicherten gerade wegen seines Vertrauens auf die Endgültigkeit des Erwerbs entstanden sind.

> ***Bsp.:*** *B hat von A rechtsgrundlos einen Hund übereignet bekommen. Für diesen hat B Fütterungskosten aufgewendet. Außerdem hat der Hund das Sofa zerbissen. Nach der Rechtsprechung muss B den Hund nur Zug um Zug gegen Ersatz der Fütterungskosten und des Schadens am Sofa herausgeben. Nach der h.L. kann B dagegen nur die Fütterungskosten verlangen, da nur diese Aufwendungen im Vertrauen auf die Endgültigkeit des Erwerbs gemacht wurden.*

b) Zweikondiktionentheorie - Saldotheorie[87]

> ***Fall:*** *A verkauft ein Fahrrad (Wert 400 €) für 500 € an B. Das Fahrrad wird ohne Verschulden des B zerstört. Daraufhin stellt sich heraus, dass der Kaufvertrag nichtig ist. Rechtslage?* 89
>
> Anspruch B gegen A aus § 812 I S. 1, Alt. 1 auf 500 €? A hat Eigentum und Besitz an den 500 € ohne Rechtsgrund erlangt. B hat daher gegen A einen Anspruch auf Zahlung von 500 €.
>
> Anspruch A gegen B aus § 812 I S. 1, Alt. 1 auf Wertersatz für das Fahrrad? B hat Eigentum und Besitz an dem Fahrrad ohne Rechtsgrund erlangt. Die Herausgabe des Fahrrads ist dem B infolge der Zerstörung unmöglich geworden.

---

87 HEMMER/WÜST/GOLD, Bereicherungsrecht, Rn. 489 ff.

Hat B keinen Ersatzanspruch wegen der Zerstörung gegen einen Dritten (dann Abtretung des Anspruchs als Surrogat, § 818 I), so ist B entreichert (§ 818 III), und A geht leer aus.

aa) Den eben genannten Lösungsweg geht die streng am Gesetz orientierte *Zweikondiktionentheorie*, nach der jede Leistung unabhängig von der anderen rückabzuwickeln ist.

bb) Wie gesehen führt diese Theorie aber dann zu unbilligen Ergebnissen, wenn eine Partei entreichert ist.

Saldotheorie

Dieses unbillige Ergebnis will die *Saldotheorie* vermeiden. Sie geht davon aus, dass das Synallagma eines Austauschvertrages auch noch bei der Rückabwicklung fortwirkt. Die beiden Bereicherungsansprüche stehen sich nicht unabhängig gegenüber. Es gilt folgendes:

⇨ automatische Verrechnung

Stehen sich zwei gleichartige Bereicherungsansprüche gegenüber, so werden sie ohne Aufrechnungserklärung automatisch saldiert.

> ***Bsp.:*** *Hat B in obigem Fall von einem Dritten 400 € Schadensersatz erhalten, so hat A gegen B einen Anspruch auf diese 400 € (Surrogat, § 818 I), und B hat gegen A einen Anspruch auf 500 €. Als Saldo ergibt sich 100 €, die B von A beanspruchen kann.*

Bei ungleichartigen Ansprüchen, ist das Erlangte jeweils nur Zug um Zug herauszugeben (wie bei der Zweikondiktionentheorie).

Wert der Entreicherung wird zum Abzugsposten

Ist eine Partei entreichert, so wird der Wert der Entreicherung zum Abzugsposten.

> ***Bsp.:*** *Ist B in obigem Fall entreichert, so hätte nur B gegen A einen Anspruch auf Zahlung von 500 €. Nach der Saldotheorie wird aber der Wert der Entreicherung (hier 400 €) zum Abzugsposten. B kann daher von A nur 100 € verlangen.*

hemmer-Methode: Achten Sie bei der Saldotheorie darauf, bei welcher Person sie zu prüfen ist! Merken Sie sich dabei den Medicus-Satz: „Der Wert der Entreicherung wird zum Abzugsposten vom eigenen Bereicherungsanspruch des Entreicherten.“ Dieser Anspruch reduziert sich im Höchstfall bis auf null.

Einschränkungen der Saldotheorie

cc) Eine **Einschränkung** der Saldotheorie[88] ist in bestimmten Fällen aus Wertungsgesichtspunkten erforderlich: 90

88 HEMMER/WÜST/GOLD, Bereicherungsrecht, Rn. 496 ff.; **klausurrelevant!**

nicht zu Ungunsten Mdj.

➲ Derjenige, zu dessen Gunsten sich ein Saldo ergibt (im Fall B), ist minderjährig. Würde auch in diesem Fall die Saldotheorie angewendet, so würde der Minderjährige faktisch an dem Vertrag festgehalten werden. Das widerspricht jedoch den Wertungen der §§ 107 ff. Hier gilt also die Zweikondiktionentheorie.

nicht zu Ungunsten des arglistig Getäuschten

➲ Dasselbe gilt, wenn der Bereicherungsgläubiger (im Fall B) durch Täuschung oder widerrechtliche Drohung zum Vertragsschluss bestimmt wurde. Der Bereicherungsschuldner (im Fall A) ist in diesem Fall nicht schutzwürdig und darf durch die Saldotheorie nicht besser gestellt werden.

4. Verschärfte Haftung

Unter bestimmten Voraussetzungen kann sich der Bereicherte 91
nicht uneingeschränkt auf den Wegfall der Bereicherung nach § 818 III berufen.

§ 818 IV: verklagter Bereicherungsschuldner

a) Ist der Bereicherungsanspruch bereits rechtshängig (vgl. §§ 261, 253 ZPO), so kann sich der Bereicherte nicht mehr auf eine spätere Entreicherung berufen, weil er damit rechnen muss, das Empfangene herauszugeben (§ 818 IV).

§ 819 I: bösgl. Bereicherungsschuldner

b) Dasselbe gilt, wenn der Bereicherte den Mangel des rechtlichen Grundes kennt oder ihn später erfährt (§ 819 I).

Erforderlich ist **positive** Kenntnis; Kennenmüssen genügt nicht!

Sonderproblem: Bei Minderjährigen differenziert die h.M. nach Leistungs- bzw. Nichtleistungskondiktion. Bei der Leistungskondiktion ist auf die Kenntnis des gesetzlichen Vertreters abzustellen (in der Regel die Eltern, §§ 1626, 1629), da es um die Rückabwicklung von fehlgeschlagenen Vertragsbeziehungen geht (dort gelten insbesondere §§ 107 ff.). Bei der deliktsähnlichen Eingriffskondiktion findet dagegen § 828 II entsprechende Anwendung, d.h., es ist auf die Einsichtsfähigkeit des Minderjährigen abzustellen.

hemmer-Methode: Der Minderjährige eignet sich immer gut für Klausuren. Die Minderjährigkeit zieht sich dann durch alle Anspruchsgrundlagen. Es stellt sich immer die Frage, ob er einem Erwachsenen gleichgestellt werden kann. Eine ähnliche Problematik tritt bei der Bösgläubigkeit des Minderjährigen auch im EBV auf!

c) Weitere Fälle sind in §§ 819 II, 820 geregelt.

„Haftung nach den allgemeinen Vorschriften“

d) Die §§ 819 I, II, 820 I verweisen auf § 818 IV, der bestimmt, dass der Bereicherte unter den genannten Voraussetzungen nach den allgemeinen Vorschriften (= Vorschriften des allgemeinen Schuldrechts) haftet:

aa) Bei Verschlechterung, Untergang oder sonstiger Unmöglichkeit der Herausgabe haftet der Bereicherte über § 292 nach § 989 auf Schadensersatz, wenn ihn ein Verschulden trifft. Ist er mit der Herausgabe in Verzug, so haftet er auch ohne Verschulden, § 287 S. 2.

bb) Bei Herausgabe von Geld gilt der Satz „Geld hat man zu haben", welcher in § 276 verankert ist („Beschaffungsrisiko").

cc) Der Bereicherte muss die Geldschuld außerdem nach § 291 verzinsen.

C. Unerlaubte Handlungen

I. Überblick

Überblick

Beim Recht der unerlaubten Handlungen geht es um die Wiedergutmachung eines Schadens, der dadurch entstanden ist, dass in einen fremden Rechtskreis eingegriffen wurde. Die Voraussetzungen für die Schadensersatzpflicht sind in den §§ 823 ff. und in Sondertatbeständen geregelt (wichtig v.a. die §§ 7, 18 StVG[89]). 92

hemmer-Methode: Anders als das Bereicherungsrecht stellt das Deliktsrecht auf die Person des Geschädigten und damit auf den Gläubiger ab. Er ist verletzt, er hat den Schaden, bei ihm kommt Vorteilsanrechung usw. in Betracht. Da das Deliktsrecht häufig zu anderen Rechtsinstituten, insbesondere dem EBV, in Konkurrenz steht, ist zuerst darauf zu achten, ob es überhaupt anwendbar ist.[90]

Man kann vier Gruppen von Tatbeständen unterscheiden:

1. Haftung für nachgewiesenes, eigenes Verschulden (§§ 823 I u. II, 824-826, 830, 839); Beachte: § 829!
2. Haftung für vermutetes, eigenes Verschulden (§§ 831, 832, 833 S. 2, 834, 836-838; § 18 StVG)
3. Gefährdungshaftung (d.h. Haftung ohne Rücksicht darauf, ob Verschulden vorliegt; § 833 S. 1; § 7 I StVG; § 1 I ProdHaftG)
4. Haftung für fremdes Verschulden (Art. 34 GG; § 3 HaftPflG)

Schadensersatzpflicht

Sind die Voraussetzungen einer der genannten Vorschriften erfüllt, so wird dadurch ein gesetzliches Schuldverhältnis begründet, das den Schuldner zum Schadensersatz verpflichtet. 93

89 Zum StVG Hemmer/Wüst, Deliktsrecht II, Rn. 314 ff.

90 Vgl. Hemmer/Wüst, Deliktsrecht I, Rn. 9 ff.

Ansprüche aus Vertrag zuerst prüfen

Neben die deliktische Haftung kann auch eine vertragliche oder vertragsähnliche Haftung treten. Dabei sind Ansprüche aus Vertrag immer zuerst zu prüfen, da vertragliche Regelungen u.U. Einfluss auf die deliktische Haftung haben können (z.B. Verschuldensmaßstab, Verjährungsfristen).

II. Prüfungsschema § 823 I 94

Voraussetzungen:

1. Anwendbarkeit: grds. Vorrang der §§ 987 ff., Argument § 993 I a.E.; vgl. aber § 992
2. Rechtsgutsverletzung
3. Verletzungshandlung: positives Tun oder Unterlassen
4. Kausalität zwischen Handlung und Rechtsgutsverletzung (haftungsbegründende Kausalität)
5. Rechtswidrigkeit
6. Verschulden
7. Schaden
8. Haftungsausfüllende Kausalität zwischen Rechtsgutsverletzung und Schaden
9. evtl. Mitverschulden
10. Verjährung, § 195

Umfang ⇨ §§ 249 ff.

Sind alle diese Voraussetzungen gegeben, so hat der Schädiger dem Geschädigten den aus der Rechtsgutsverletzung entstandenen Schaden zu ersetzen. Der Umfang des Schadensersatzes (Haftungsausfüllung) richtet sich nach den §§ 249 ff.; ergänzt durch die §§ 842 ff.[91]

1. Anwendbarkeit

Anwendungsbereich

a) Erfüllt die Verletzung von Vertragspflichten zugleich den Tatbestand der §§ 823 ff., so greifen auch diese ein. 95

Vertragliche und deliktische Ansprüche sind nach Voraussetzungen und Rechtsfolgen grundsätzlich selbständig zu beurteilen. Wechselwirkungen kann es aber insbesondere beim Verschulden und der Verjährung geben (s. dort).

91 Hierzu HEMMER/WÜST, Basics Zivilrecht I, Rn. 339 ff.

neben EBV (-), § 992

b) Die §§ 823 ff. sind grds. nicht anwendbar, wenn ein Eigentümer-Besitzer-Verhältnis vorliegt, d.h. wenn im Zeitpunkt der Verletzungshandlung die Voraussetzungen des § 985 erfüllt sind. Die §§ 989 ff. gehen als Sonderregelungen vor, § 993 I, 2. Hs. Anwendbar sind die §§ 823 ff. nur, wenn ein Fall des § 992 oder des Fremdbesitzerexzesses vorliegt (s. dazu die Ausführungen zum EBV). § 826 gilt dagegen stets neben dem EBV, weil der vorsätzlich sittenwidrig Schädigende nicht schutzwürdig ist.

2. Rechtsgutsverletzung[92]

Rechtsgutsverletzung notwendig

Ein Anspruch aus § 823 I kommt nur in Betracht, wenn eines der dort genannten Rechtsgüter verletzt wurde. 96

Lebensverletzung

a) Verletzung des Lebens bedeutet Tötung. Relevant insbesondere bei § 844.

Körperverletzung

b) Unter Körperverletzung versteht man einen Eingriff in die körperliche Unversehrtheit (z.B. A schneidet B mit einem Messer das Ohr ab).

Eine Gesundheitsverletzung liegt bei der Störung innerer Lebensvorgänge vor (bei einem von A verschuldeten Unfall erleidet B einen behandlungsbedürftigen Schock).

Regelmäßig wird bei einer Körperverletzung auch eine Gesundheitsverletzung vorliegen.

Die h.M. bejaht einen Anspruch aus §§ 823 ff. auch bei einem nasciturus, d.h. bei einem gezeugten, aber noch nicht geborenen Kind. 97

> ***Bsp.:*** *Durch einen ärztlichen Behandlungsfehler bei Krankheit der Mutter wird das Ungeborene geschädigt. Darüber hinaus erfährt auch das noch nicht gezeugte Leben Schutz: Bei der ärztlichen Behandlung wird die Mutter mit einem Virus infiziert. Das später gezeugte Kind erleidet Körper- und Gesundheitsschäden.*[93]

Verletzung der Freiheit

c) Verletzung der Freiheit bedeutet Entziehung der körperlichen Bewegungsfreiheit oder Nötigung zu einer Handlung durch Drohung, Zwang oder Täuschung. Eine Beeinträchtigung der Entschlussfreiheit oder allgemeinen Handlungsfreiheit genügt nach h.M. nicht.

---

92 Hemmer/Wüst, Deliktsrecht I, Rn. 18 ff.

93 Zum „wrongful life"-Problem Hemmer/Wüst, Deliktsrecht I, Rn. 28; vgl. außerdem zu Ansprüchen der Mutter BVerfGE 88, 203 ff. einerseits = **juris**byhemmer, BGH, NJW 1994, 788 andererseits = **juris**byhemmer.

Eigentumsverletzung

d) Bei Beeinträchtigung der dem Eigentümer durch § 903 gewährten Befugnisse liegt eine Eigentumsverletzung vor (z.B. Zerstörung, Beschädigung, Entziehung, Veräußerung, Belastung einer fremden Sache).[94]

hemmer-Methode: Klausurrelevant ist der sog. „weiterfressende Mangel". Erwirbt jemand eine fehlerhafte Sache und bewirkt dieser Mangel später die Beschädigung oder Zerstörung der ganzen Sache, so liegt nach der Rechtsprechung bezüglich des mangelfreien Resteigentums eine Eigentumsverletzung i.S.d. § 823 I vor, wenn der Mangelunwert nicht „stoffgleich" mit dem Resteigentum ist.
Grund: §§ 823 ff. schützen das Integritätsinteresse, §§ 434 ff. schützen das Äquivalenzinteresse. Zu schwer? Lesen Sie zur Vertiefung Hemmer/Wüst, Deliktsrecht I, Rn. 34 ff.

sonstige Rechte

e) Unter den Begriff „sonstige Rechte" fallen nur solche Rechte, die wie das Eigentum absoluten Schutz gewähren. 98

Als sonstige Rechte sind anerkannt:

- dingliche Rechte: z.B. Pfandrechte, Anwartschaftsrecht (Arg.: Wesensgleiches Minus; Problem: Eigentümer / Anwartschaftsrechtsinhaber § 432 analog), Dienstbarkeiten
- Besitz: jedenfalls der berechtigte (un-/mittelbare) Besitz[95]
- eingerichteter und ausgeübter Gewerbebetrieb (s.u.)
- allgemeines Persönlichkeitsrecht (s.u.)
- Ehe: nach der Rechtsprechung nur der räumlich gegenständliche Bereich der Ehe[96]
- Forderungen fallen nicht unter § 823 I, da sie nur relative Rechte sind. Auch das Vermögen als solches ist kein sonstiges Recht.

3. Verletzungshandlung

Tun o. Unterlassen möglich

Die Verletzungshandlung kann in einem positiven Tun (z.B. A schlägt den B nieder) oder einem Unterlassen bestehen (z.B. A sieht, wie sein Sohn ertrinkt, unternimmt aber nichts, um ihn zu retten). 99

94 Zu den Fällen weiter fressender Mängel HEMMER/WÜST, Deliktsrecht I, Rn. 34 ff., zur Nutzungsbeeinträchtigung (Fleetfälle) Rn. 38 ff.

95 Zu der weiter gehenden Meinung von Medicus siehe MEDICUS, Bürgerliches Recht, Rn. 607 f.

96 Siehe MEDICUS, Bürgerliches Recht, Rn. 616 ff.

Die Abgrenzung, ob positives Tun oder Unterlassen die Verletzungshandlung darstellt, ist oftmals sehr schwierig. Maßgebend ist der Schwerpunkt der Vorwerfbarkeit.[97]

Bsp. 1: Die Mutter nimmt ein Insektengift aus dem Regal und lässt es nach Gebrauch auf dem Boden stehen. Die 2-jährige Tochter isst von dem Gift und muss ins Krankenhaus.

maßgebl. Schwerpunkt der Vorwerfbarkeit

Eine Gesundheitsverletzung liegt vor. Als Verletzungshandlung kommt das Hinstellen des Gifts auf den Boden (positives Tun), aber auch das Nichtwegräumen (Unterlassen) in Betracht.

Ein Vorwurf kann der Mutter jedoch nicht deshalb gemacht werden, weil sie das Gift auf den Boden gestellt hat, sondern nur deshalb, weil sie vergessen hat, das Gift aufzuräumen. Der Schwerpunkt der Vorwerfbarkeit liegt daher auf dem Unterlassen.

Bsp. 2: Bauer B hält sich einen bissigen Hund.

Das Halten eines bissigen Hundes ist nicht vorwerfbar. Legt er ihm aber keinen Maulkorb an, wenn Pensionsgäste zum „Urlaub auf dem Bauernhof" kommen, liegt der Schwerpunkt der Vorwerfbarkeit im Unterlassen.

hemmer-Methode: Die Abgrenzung ist deshalb wichtig, weil ein Unterlassen nur dann rechtserheblich ist, wenn eine Pflicht zum Handeln besteht (Garantenpflicht). Das Unterlassen schafft damit in der Klausur ein Problem mehr! *100*

<u>Eine solche Pflicht kann sich ergeben aus:</u>

- Vertrag
- Gesetz
- Verkehrssicherungspflicht[98]
- Ingerenz (= pflichtwidriges Vorverhalten)

Bsp. 1: B unternimmt eine Klettertour mit dem von ihm angeheuerten Bergführer A. An einer schwierigen Kletterstelle kommt B nicht weiter.

A hat keine Lust mehr und lässt den B hängen, der erst am nächsten Tag gerettet wird und daher schwere Erfrierungen erleidet.

97 HEMMER/WÜST, Deliktsrecht I, Rn. 62.

98 Siehe unten Rn. 122.

Hier hatte A aus dem mit B geschlossenen Vertrag die Pflicht, den B vor Schäden, die aus dessen Unerfahrenheit bei einer Bergbesteigung entstehen können, zu schützen. Aufgrund dieser Garantenpflicht ist das Unterlassen von Hilfsmaßnahmen genauso zu behandeln, als hätte A dem B die Verletzungen durch positives Tun beigebracht.

Bsp. 2: Die Mutter gibt ihrem Kind nichts zu essen. Infolge Unterernährung erleidet das Kind Gesundheitsschäden. Die Mutter ist aus Gesetz (§ 1601) verpflichtet, ihr Kind zu ernähren.

Merke: Eine andere Ansicht prüft die Rechtspflicht zum Handeln erst bei der Rechtswidrigkeit.

hemmer-Methode: Häufig ist die Entscheidung für Unterlassen vom Ersteller der Klausur gewollt! Lesen Sie den Sachverhalt nach dem Echoprinzip. Worte wie „hat vergessen", „nicht an die Leine genommen" sprechen für Unterlassen. Fragen Sie sich immer: Wie schaffe ich mir Problemfelder. Unterlassen ermöglicht dreifaches Punktesammeln: Bei der Verletzungshandlung, bei der Rechtswidrigkeit und beim Verschulden. Lernen Sie frühzeitig, den intellektuellen Rahmen der Klausur auszuschöpfen!

4. Haftungsbegründende Kausalität[99]

haftungsbegründende Kausalität:

Zurechnung erforderlich

Zwischen der Verletzungshandlung und der Rechtsgutsverletzung muss ein kausaler Zusammenhang bestehen. Diese haftungsbegründende Kausalität ist streng zu unterscheiden von der haftungsausfüllenden Kausalität, die die Frage betrifft, welche aus einer Rechtsgutsverletzung erwachsenden Schäden zu ersetzen sind. **101**

Bsp.: Dachdecker A lässt aus Unachtsamkeit einen Dachziegel fallen, der dem B auf den Kopf fällt. B muss daraufhin für 2 Wochen ins Krankenhaus. Während dieser Zeit kann B seinen Gemüsehandel nicht betreiben.

Bei der haftungsbegründenden Kausalität geht es nun um die Frage, ob die Rechtsgutsverletzung (Kopfverletzung) mit der Handlung des A (Fallenlassen des Dachziegels) in einem kausalen Zusammenhang steht. Erst wenn diese Frage bejaht wird, kann man prüfen, ob die aus der Rechtsgutsverletzung entstandenen Schäden (Arztkosten, Krankenhauskosten, Verdienstausfall) zu ersetzen sind. Diese Prüfung erfolgt aber erst unter dem Punkt „haftungsausfüllende Kausalität". **102**

99 HEMMER/WÜST, Deliktsrecht I, Rn. 64 ff.

Die Prüfung der haftungsbegründenden Kausalität erfolgt anhand von drei Stufen:

grds. Äquivalenztheorie

a) Zunächst ist die Kausalität anhand der Äquivalenztheorie zu ermitteln.

Danach ist ein positives Tun dann ursächlich für einen Erfolg, wenn es nicht hinweggedacht werden kann, ohne dass auch der konkrete Erfolg entfiele (conditio sine qua non).

Ein Unterlassen ist dann ursächlich, wenn die unterlassene Handlung nicht hinzugedacht werden kann, ohne dass der Erfolg mit an Sicherheit grenzender Wahrscheinlichkeit entfiele.

Einschränkung: Adäquanz notw.

b) Da die Äquivalenztheorie sehr weit geht und auch völlig un- **103**
wahrscheinliche Kausalverläufe erfasst, muss sie anhand wertender Kriterien eingeschränkt werden. So wird eine unerträgliche Ausweitung der Schadensersatzpflicht verhindert. Dies erfolgt auf der zweiten Stufe mit Hilfe der Adäquanztheorie:

Ausschluss völlig unwahrscheinlicher Geschehensabläufe

Das Verhalten des Handelnden muss die Möglichkeit eines Erfolges der eingetretenen Art generell nicht unerheblich erhöht haben (negative Formulierung) bzw. die Möglichkeit des Schadenseintritts darf nicht völlig außerhalb aller Wahrscheinlichkeit liegen (positive Formulierung).[100]

Mit dieser Theorie werden völlig unwahrscheinliche Geschehensabläufe ausgesondert.

Bsp.: *Für wahrscheinlich hat es die Rechtsprechung noch gehalten, wenn:*

- *ein Passant beim Anblick eines schweren Unfalls einen erheblichen „Schock" erleidet*[101]*,*
- *B nur deshalb an einer von A beigebrachten Schürfwunde stirbt, weil er Bluter ist.*

Dagegen liegt es außerhalb jeglicher Wahrscheinlichkeit, wenn A den B einen Idioten nennt und B daraufhin eine Gehirnblutung erleidet.[102]

Schutzzweck der Norm

c) Schließlich sollen nur solche Rechtsgutsverletzungen dem **104**
Verhalten des Schädigers zugerechnet werden können, die unter den Schutzzweck der Norm fallen, d.h. es muss sich um Nachteile handeln, die aus dem Bereich der Gefahren stammen, zu deren Abwendung die verletzte Norm gerade erlassen wurde.

100 PALANDT, Vorbem. vor § 249, Rn. 58 ff.

101 Aber u.U. Einschränkung auf der dritten Stufe, siehe unten.

102 Weitere Beispiele siehe PALANDT, Vorbem. vor § 249, Rn. 66 ff.

Die eigentliche Bedeutung dieser Theorie liegt bei der haftungsausfüllenden Kausalität. Bei der haftungsbegründenden Kausalität können aber mit Hilfe dieser Theorie solche Rechtsgutsverletzungen ausgeschieden werden, die sich als Verwirklichung eines allgemeinen Lebensrisikos darstellen. § 823 I wurde nämlich nicht zu dem Zweck geschaffen, den Einzelnen vor den Folgen des allgemeinen Lebensrisikos zu schützen.

Bsp.: *Dass man als Passant einen Schock beim Anblick eines Unfalls erleidet, fällt unter das allgemeine Lebensrisiko. Vor solchen Schäden zu schützen ist nicht Aufgabe des § 823 I. Der Passant hätte deshalb keinen Anspruch.*

Anders entscheidet die h.M., wenn die Mutter eines überfahrenen Kindes einen Schock erleidet.[103]

hemmer-Methode: Unterscheiden Sie bei der Kausalität zwischen Tatsachen- und Wertungsebene. Mit der Äquivalenztheorie wird, ähnlich wie bei den Naturwissenschaften, nur der Zusammenhang zwischen Ursache und Erfolg festgestellt (reine Tatsachenseite). Mit der Adäquanztheorie beginnt eine leichte Wertung, nämlich eine Betrachtung unter dem Gesichtspunkt der Wahrscheinlichkeit (Tatsachenseite mit schwachem Filter). Was liegt schon außerhalb der Wahrscheinlichkeit? Nicht einmal ein Lottogewinn, sonst würde niemand spielen! Die eigentliche Wertungsebene beginnt auf der dritten Ebene, dem Schutzbereich der Norm. Trennen Sie in der Klausur diese Ebenen scharf.
Leiten Sie das Problemfeld mit dem Obersatz ein: „Fraglich ist, ob dem Schädiger (hier) der Verletzungserfolg zurechenbar ist.“ Mit dem Wort „zurechenbar“ geben Sie zu erkennen, dass Sie die Problemstellung erfasst haben. Der Korrektor liest außerdem gern den richtigen Obersatz. Achten Sie schon frühzeitig auf gute juristische Sprache. Denken Sie daran, dass der Korrektor viele Klausuren zu korrigieren hat. Erleichtern Sie ihm die Arbeit durch Klarheit in der Darstellung. Bringen Sie den zu erörternden Komplex im Obersatz schon auf den richtigen Begriff „Zurechnung.“

5. Rechtswidrigkeit[104]

Rechtswidrigkeit:
h.M. Erfolgsunrecht

Bei Verletzung eines der in § 823 I genannten Rechtsgüter ist die Rechtswidrigkeit gegeben (Schlagwort: Tatbestandsmäßigkeit indiziert die Rechtswidrigkeit), sofern nicht ausnahmsweise ein Rechtfertigungsgrund vorliegt.[105] **105**

103 Der BGH verlangt für eine Gesundheitsbeeinträchtigung eine pathologisch fassbare körperliche Reaktion, die über das hinausgeht, was Angehörige typischerweise erleiden würden. Bei der haftungsbegründenden ist die Ersatzpflicht auf nahe Angehörige beschränkt und die Beeinträchtigung darf nicht auf einer besonderen Empfindlichkeit des Verletzten basieren, vgl. BGH, Life&Law 2015, 325 ff. Kein Anspruch besteht wiederum dann, wenn Verletzter/Getöteter kein Mensch, sondern „nur“ ein Tier ist, BGH, Life&Law 2012, 464 f.

104 Hemmer/Wüst, Deliktsrecht I, Rn.79 ff.

105 So die h.M.: Lehre vom Erfolgsunrecht (a.A.: Lehre vom Handlungsunrecht) ; Palandt, § 823, Rn. 32 ff.

Einige wichtige Rechtfertigungsgründe sind Notwehr, § 227; defensiver Notstand, § 228; aggressiver Notstand, § 904; Selbsthilfe, §§ 229, 230; berechtigte GoA; Festnahmerecht, § 127 StPO; (mutmaßliche) Einwilligung; sonstige Selbsthilferechte, §§ 561, 859, 962.

Eine Ausnahme von dem Grundsatz, dass die Tatbestandsmäßigkeit die Rechtswidrigkeit indiziert, gilt für die so genannten Rahmenrechte, das Recht am eingerichteten und ausgeübten Gewerbebetrieb und das allgemeine Persönlichkeitsrecht. Hier ist eine umfassende Interessen- und Güterabwägung zur Feststellung der Rechtswidrigkeit nötig (s. dazu unten). **106**

6. Verschulden

a) Verschuldensfähigkeit

Verschulden, § 828 beachten

Zunächst muss immer geprüft werden, ob der Schädiger gemäß den §§ 827, 828 verschuldensfähig ist. Gemäß § 828 III wird die Verschuldensfähigkeit nach vollendetem 7. Lebensjahr vermutet. **107**

b) Billigkeitshaftung

Bei fehlender Verschuldensfähigkeit kann ausnahmsweise die (äußerst selten vorkommende) Billigkeitshaftung nach § 829 eingreifen.[106]

c) Vertretenmüssen

Verschuldensmaßstab § 276

Der Schädiger muss schuldhaft gehandelt haben. Nach § 276 I S. 1 hat er grundsätzlich Vorsatz und grobe Fahrlässigkeit zu vertreten.

aa) Vorsatz bedeutet Wissen und Wollen der Tatbestandsverwirklichung.

bb) Fahrlässig handelt, wer die im Verkehr erforderliche Sorgfalt außer Acht lässt, § 276 II. Dabei ist – anders als im Strafrecht – ein objektiver Sorgfaltsmaßstab anzulegen. Maßstab ist die Sorgfalt, die von einem durchschnittlichen Mitglied der Berufs- oder Altersgruppe des Schädigers erwartet werden kann.

Das Verschulden muss sich auf den gesamten Tatbestand beziehen, also auf Rechtsgutsverletzung, Verletzungshandlung und haftungsbegründende Kausalität (nicht auf die haftungsausfüllende Kausalität).

106 Vgl. bei Interesse exemplarisch zu den Anforderungen BGH, Life&Law 2017, 309 ff.

d) Haftungsmilderungen

vertragl. Haftungsmilderung auch im Deliktsrecht

aa) Vertragliche Haftungsmilderungen können im Deliktsrecht 108
anwendbar sein, wenn andernfalls der Sinn und Zweck der Haftungsmilderung leer laufen würde.[107]

z.B. § 680

bb) Auch bei konkurrierendem Anspruch aus GoA ist § 680 im Deliktsrecht anzuwenden.[108]

„diligentia quam in suis"

cc) Gesetzliche Haftungsmilderungen, die an diesem Prüfungspunkt klausurrelevant werden können, sind v.a. § 708 (Gesellschafter untereinander), § 1359 (Ehegatten untereinander) und § 1664 (Eltern gegenüber Kindern), die jeweils eine Haftung nur für eigenübliche Sorgfalt bestimmen, vgl. § 277.[109]

Zu beachten ist in diesem Zusammenhang zweierlei: 109

im Straßenverkehr kein Raum für individuelle Sorglosigkeit

(1) Die Rechtsprechung und wohl h.M. kommen hier zu keiner Haftungsmilderung, soweit es um den Straßenverkehr geht: hier sei „kein Raum für individuelle Sorglosigkeit".

Sonderproblem: gestörter Gesamtschuldnerausgleich

(2) Soweit der Schaden neben dem privilegierten noch durch einen weiteren Schädiger verursacht wird, stellt sich das Problem des sog. gestörten Gesamtschuldnerausgleichs, bei dem es verkürzt gesagt um die Frage geht, wer in dieser Dreipersonenkonstellation (stärker) belastet werden soll (als er es in Zweipersonenkonstellationen wäre).

hemmer-Methode: Dieses Problem ist für Fortgeschrittene relevant. Wichtig ist auch hier die richtige Einordnung in der Klausur. Zum vertiefenden Nachlesen: Hemmer/Wüst, Schadensersatzrecht III, Rn. 267 ff.

7. Schaden

Vgl. dazu allgemein Basics Zivilrecht I, Rn. 317 ff. 110

8. Haftungsausfüllende Kausalität

Mit der haftungsausfüllenden Kausalität ist der zwischen Rechts- 111
gutsverletzung und Schaden erforderliche Zusammenhang angesprochen. Es gelten insoweit die gleichen Kausalitätsgesichtspunkte wie bei der haftungsbegründenden Kausalität. Es gilt im Wesentlichen das zur haftungsbegründenden Kausalität ausgeführte.

---

107 Siehe etwa für § 521 BGHZ 93, 23 ff.; MEDICUS, Bürgerliches Recht, Rn. 209.

108 Siehe PALANDT, § 680, Rn. 1.

109 Vgl. HEMMER/WÜST, Deliktsrecht I, Rn. 101a ff.; HEMMER/WÜST, Schadensersatzrecht III, Rn. 10 ff.

Doppelte Kausalitätsprüfung i.R.d. § 823 I:

Tatbestandsseite = „ob“	**Rechtsfolgenseite** = „wieviel“
haftungs*begründende* Kausalität	haftungs*ausfüllende* Kausalität
Zusammenhang zwischen Verletzungs*handlung* und *Rechtsguts*verletzung	Zusammenhang zwischen *Rechtsguts*verletzung und eingetretenem *Schaden*

hemmer-Methode: Es gelten deshalb auch die gleichen Ausführungen zur Zurechenbarkeit. Die maßgebliche Frage beim Schutzbereich der Norm ist dann aber: Ist Sinn und Zweck des § 823 I vor solchen Schäden zu schützen. Beispielhaft die „Fangprämie“ der Kaufhäuser. Diese wird in engen Grenzen als erstattungsfähig zugelassen. Gern Prüfungsgegenstand zur haftungsausfüllenden Kausalität sind auch die sog. „Herausforderungsfälle“: Z.B. Eigentümer lässt abschleppen, nachdem seine Garage zugeparkt wurde. Dazu Hemmer/Wüst, Deliktsrecht I, Rn. 104.

III. Recht am eingerichteten und ausgeübten Gewerbebetrieb[110]

1. Subsidiarität

eingerichteter und ausgeübter Gewerbebetrieb

Das Recht am eingerichteten und ausgeübten Gewerbebetrieb ist als sonstiges Recht i.S.d. § 823 I anerkannt. Damit soll eine Lücke im gewerblichen Rechtsschutz geschlossen werden. Daher ist dieses Recht subsidiär gegenüber ausdrücklich geregelten Sondertatbeständen aus dem gewerblichen Rechtsschutz, aber auch gegenüber den in § 823 I ausdrücklich genannten Rechtsgütern sowie gegenüber den §§ 823 II, 824 ff. 112

Ist einer dieser Tatbestände gegeben, darf das Recht am eingerichteten und ausgeübten Gewerbebetrieb nicht mehr geprüft werden (es kann aber kurz auf die Subsidiarität hingewiesen werden).

110 Hemmer/Wüst, Deliktsrecht I, Rn. 54 ff.

2. Begriff

Gesamtheit des wirtschaftl. Werts

Das Recht am eingerichteten und ausgeübten Gewerbebetrieb umfasst alles, was in seiner Gesamtheit den wirtschaftlichen Wert des Betriebs ausmacht, also nicht nur Betriebsräume, Grundstücke und Maschinen, sondern auch Erscheinungsform, Kundenstamm und Tätigkeitskreis. 113

Def.: Gewerbe

Gewerbe ist jede auf Dauer angelegte, mit Gewinnerzielungsabsicht ausgeübte Tätigkeit. Die Tätigkeit der freien Berufe (Arzt, Rechtsanwalt) wird, obwohl sie eigentlich kein Gewerbe ausüben, ebenfalls durch § 823 I geschützt.[111]

3. Betriebsbezogener Eingriff

betriebsbezogener Eingriff

Es muss sich um einen Eingriff handeln, der sich unmittelbar gegen den eingerichteten und ausgeübten Gewerbebetrieb als solchen richtet. Der Eingriff muss betriebsbezogen sein. 114

Bsp. 1: *A schlägt den Arbeitnehmer B krankenhausreif. Arbeitgeber C verlangt von A Schadensersatz nach § 823 I, weil er wegen der Arbeitsunfähigkeit des B einen Produktionsausfall erlitten hat.*

Hier liegt zwar ein Eingriff in die gewerbliche Tätigkeit des C vor, dieser richtet sich aber nicht unmittelbar gegen dessen Gewerbebetrieb, der Eingriff ist nicht betriebsbezogen. Daher kein Anspruch aus § 823 I.

Bsp. 2: *Eine Gruppe von Tierschützern demonstriert vor einem Pelzgeschäft und hindert Kunden am Betreten des Geschäfts.*

Hier liegt ein betriebsbezogener Eingriff in einen eingerichteten und ausgeübten Gewerbebetrieb vor.[112]

kein allgemeiner Vermögensschutz

Grund für dieses Kriterium ist eine Einschränkung der Schadensersatzpflicht, da ansonsten über das Recht am eingerichteten und ausgeübten Gewerbebetrieb ein allgemeiner Vermögensschutz ermöglicht würde. Dies will § 823 I durch die Aufzählung bestimmter Rechtsgüter gerade vermeiden.

---

111 Str., PALANDT, § 823, Rn. 21.

112 Lesen Sie die sog. Stromkabelfälle: BGH, NJW 1959, 479; BGH, NJW 1985, 1620; BGH, NJW 1977, 2208 = **juris**byhemmer; MEDICUS, Bürgerliches Recht, Rn. 612.

4. Rechtswidrigkeit

keine Indizierung der Rw.

Bei einem unmittelbaren Eingriff in das Recht am eingerichteten 115
und ausgeübten Gewerbebetrieb ist die Rechtswidrigkeit in Ausnahme von dem sonst geltenden Grundsatz[113] nicht automatisch gegeben.

Da es sich hier um ein sog. Rahmenrecht handelt, muss die Rechtswidrigkeit positiv durch eine umfassende Interessen- und Güterabwägung festgestellt werden.[114]

Auf Seiten des Verletzten sind insbesondere die Schwere des Eingriffs sowie sein eigenes Verhalten zu berücksichtigen.

Auf Seiten des Schädigers können v.a. der Zweck des Eingriffs, das Recht auf freie Meinungsäußerung (Art. 5 I GG; mittelbare Drittwirkung der Grundrechte) und die Kunstfreiheit (Art. 5 III GG) den Eingriff rechtfertigen. Das Verhalten des Schädigers muss ein angemessenes Mittel zur Erreichung des Zwecks darstellen.

⇨ Abwägung notwendig

In der Klausur kommt es v.a. darauf an, dass die Interessenlage dargestellt und eine vernünftige Abwägung vorgenommen wird. Das Ergebnis der Abwägung ist für die Benotung der Klausur sekundär.

Prüfungsreihenfolge: 116

1. Subsidiarität
2. Eingriff in den eingerichteten und ausgeübten eingerichteten und ausgeübten Gewerbebetrieb
3. Betriebsbezogenheit des Eingriffs
4. Positive Feststellung der Rechtswidrigkeit; Interessen- und Güterabwägung
5. Verschulden
6. Schaden
7. Haftungsausfüllung

IV. Allgemeines Persönlichkeitsrecht

1. Allgemeines

Persönlichkeitsrecht

Der BGH hat das allgemeine Persönlichkeitsrecht aus Art. 1, 2 117
GG abgeleitet[115] und ihm den Schutz der absoluten Rechte zuerkannt (diese Herleitung sollte in der Klausur kurz angesprochen werden).

113 Siehe oben Rn. 105.

114 Palandt, § 823, Rn. 22 ff.; Rn. 184 ff.

115 BGHZ 13, 334 = **juris**byhemmer.

Bestimmte Teilaspekte des Persönlichkeitsrechts werden bereits durch Sondertatbestände geschützt (z.B. § 12; §§ 22 ff. KunstUrhG). Diesen gegenüber ist der Schutz nach § 823 I subsidiär.

ggf. auch §§ 823 II, 826

Einen Schutz gewähren daneben die § 823 II i.V.m. § 185 StGB und § 826, wofür aber jeweils Vorsatz erforderlich ist.

2. Gegenstand[116]

Das allgemeine Persönlichkeitsrecht umfasst das Recht des Einzelnen auf Achtung und Entfaltung seiner Persönlichkeit. 118

drei Bereiche

Es genießt unterschiedlich hohen Schutz, je nachdem in welche Persönlichkeitssphäre eingegriffen wurde. Es lassen sich drei Bereiche unterscheiden:[117]

Individualsphäre

- **Individualsphäre:** Darunter fallen die Beziehungen des Einzelnen zu seiner Umwelt, insbesondere seine berufliche Tätigkeit.

Privatsphäre

- **Privatsphäre:** Sie umfasst den häuslichen und familiären Bereich; die Privatsphäre genießt höheren Schutz als die Individualsphäre.

Intimsphäre

- **Intimsphäre:** Darunter versteht man den Kern der Persönlichkeit, die innere Gedanken- und Gefühlswelt mit ihren äußeren Erscheinungsformen, wie z.B. vertrauliche Briefe, Tagebuchaufzeichnungen[118], etc. Sie genießt absoluten Persönlichkeitsschutz, d.h. ein Eingriff ist immer rechtswidrig.

Bei Beeinträchtigung einer dieser drei Sphären liegt ein Eingriff in das Persönlichkeitsrecht vor, und der objektive Tatbestand des § 823 I ist erfüllt.

Beispiele aus der Rechtsprechung sind heimliche Bild- oder Tonbandaufnahmen,[119] Veröffentlichung von Briefen und Tagebuchaufzeichnungen,[120] Verwendung von Bildern, Namen, etc. zu Werbezwecken[121] und Ehrverletzungen.[122]

auch über Tod hinaus

Der Schutz des Persönlichkeitsrechts wirkt in gewissem Umfang auch noch nach dem Tod einer Person fort.[123] Man spricht dann von dem Schutz des postmortalen Persönlichkeitsrechts.

116 Ausführlich HEMMER/WÜST, Deliktsrecht I, Rn. 49 ff.
117 PALANDT, § 823, Rn. 178.
118 Vgl. dazu auch BGH, NJW 2004, 596 ff. = **juris**byhemmer.
119 BGHZ 27, 284; 24, 200 = **juris**byhemmer.
120 BGHZ 15, 249 (Cosima Wagner) = **juris**byhemmer.
121 BGHZ 26, 349 (Herrenreiter) = **juris**byhemmer; BGHZ 35,363 (Ginsengwurzel) = **juris**byhemmer.
122 BGHZ 39,124 (Fernsehansagerin) = **juris**byhemmer.
123 BGHZ 50, 133 (Mephisto) = **juris**byhemmer; PALANDT, § 823 Rn. 180.

Allerdings ist zu differenzieren zwischen den materiellen und immateriellen Bestandteilen. Letztere sind untrennbar mit der Person des Trägers verbunden und damit weder zu Lebzeiten übertragbar noch vererblich (Namensrecht). Der Schutz beschränkt sich insoweit auf den Schutz der Totenruhe, Verunglimpfung des Andenkens.

Die vermögenswerten Bestandteile des APR gehen jedoch auf den/ die Erben über. So kann der Erbe z.B. wegen Beeinträchtigung von Vermarktungsmöglichkeiten im eigenen Namen klagen.[124]

In der Klausur ist ein Eingriff in das Persönlichkeitsrecht meist problemlos festzustellen; der Schwerpunkt der Klausurbearbeitung wird regelmäßig bei der Rechtswidrigkeit des Eingriffs liegen (vgl. Sie dazu BGH Life&Law 02/2007).[125]

3. Rechtswidrigkeit

positive Feststellung der Rechtswidrigkeit notw.

Da das allgemeine Persönlichkeitsrecht ein Rahmenrecht ist, muss auch hier die Rechtswidrigkeit eines Eingriffs durch eine umfassende Güter- und Interessenabwägung positiv festgestellt werden. Zu den Aspekten, die dabei zu berücksichtigen sind, vgl. oben zum Recht am eingerichteten und ausgeübten Gewerbebetrieb. 119

wichtig: welche Sphäre?

Es ist außerdem zu berücksichtigen, in welche der drei Sphären eingegriffen wurde. So ist z.B. ein Eingriff in die Intimsphäre immer rechtswidrig, während ein Eingriff in die Individualsphäre bei berechtigtem Interesse gerechtfertigt sein kann. Ein Eingriff in die Privatsphäre ist nur zulässig, wenn dieser aus besonderen Gründen der Allgemeinheit erforderlich ist.[126]

Merke: Für die Klausur ist es weniger von Bedeutung, zu welchem Ergebnis der Bearbeiter gelangt, als dass die betroffenen Interessen gegenübergestellt werden und eine sorgfältige Abwägung stattfindet.

4. Ansprüche des Verletzten

Ansprüche des Verletzten

a) Bei einem Vermögensschaden kann der Verletzte Schadensersatz gemäß den §§ 249 ff. verlangen. 120

124 Ausführlich zum postmortalen Persönlichkeitsrecht: BGH, Life&Law 2014, 492 ff. Im konkreten Fall ging es um den Übergang eines Anspruchs auf Ersatz immaterieller Beeinträchtigungen des APR (vgl. Rn. 121), welchen der Erblasser zu Lebzeiten selbst noch erlangt hatte. Der BGH verneint den Übergang, weil sich die immaterielle Beeinträchtigung beim Erben nicht auswirken könne. Die Genugtuungsfunktion, die einem derartigen Anspruch innewohne, könne nur beim Träger des APR selbst erzielt werden.

125 Einen guten Überblick zu der Thematik finden Sie in der Life&Law 2010, 334 ff.

126 Palandt, § 823, Rn. 185.

b) Er kann Beseitigung der Beeinträchtigung verlangen

➲ bei Verschulden nach § 249 I (Naturalrestitution)

➲ ohne Verschulden nach § 1004 analog[127]

c) Ferner kann Unterlassung verlangt werden, § 1004 analog.[128]

d) Da in den Fällen der Verletzung des Persönlichkeitsrechts 121
i.d.R. kein Vermögensschaden entsteht und Beseitigung oder Unterlassen als Genugtuung häufig nicht ausreichen, hat die Rechtsprechung entgegen § 253 I einen Anspruch des Verletzten auf Ersatz des immateriellen Schadens unmittelbar aus Art. 1 I, 2 I GG bejaht, soweit folgende Voraussetzungen gegeben sind:

Voraussetzungen

➲ Es muss sich um einen schwerwiegenden Eingriff handeln

➲ Genugtuung darf nach Art der Verletzung auf andere Weise (Unterlassen, Widerruf) nicht erreichbar sein.

V. Verkehrssicherungspflichten (VSPen)

Verkehrssicherungspflichten

Einordnung: Unterlassen wird dem Tun gleichgestellt, wenn die 122
Pflicht zum Tätigwerden besteht. Diese Pflicht kann sich u.a. aus einer Verkehrssicherungspflicht ergeben. Nach a.A. ist Unterlassen immer dem Tun gleichzustellen, aber nur dann rechtswidrig, wenn die Pflicht zum Tätigwerden bestand. Schließlich sind die VSPen auch Maßstab des Verschuldens bei §§ 276, 278.

1. Inhalt

verschiedene Inhalte

Unter einer VSP versteht man die Pflicht desjenigen, der eine Ge- 123
fahrenquelle schafft oder unterhält, alle notwendigen und zumutbaren Vorkehrungen zu treffen, um Schäden anderer zu vermeiden. Dabei lassen sich unterscheiden:

Verkehrseröffnung

a) VSP aus Verkehrseröffnung: Wer einen Verkehr für Menschen eröffnet, muss dafür sorgen, dass diese nicht geschädigt werden.

> ***Bspe.:*** *Der Gemüsehändler hat dafür zu sorgen, dass seine Kunden nicht durch am Boden herumliegende Salatblätter zu Fall kommen.*
>
> *Der Hauseigentümer hat sein Treppenhaus so zu beleuchten, dass Besucher sich nicht verletzen.*

---

127 Siehe unten Rn. 139.

128 Siehe unten Rn. 139.

Beherrschung der Gefahrenquelle

b) VSP aus Beherrschung einer Gefahrenquelle: Wer gefährliche Gegenstände oder Anlagen gebraucht, muss andere vor Schäden bewahren, die aus dem Gebrauch der Gegenstände oder Anlagen entstehen können.

> ***Bsp.:*** *Bei Bauarbeiten auf einer Straße müssen Warnlampen und Absperrungen aufgestellt werden.*

berufliche Stellung

c) VSP aufgrund beruflicher Stellung: Aus einer gefährlichen beruflichen Tätigkeit kann sich die Pflicht ergeben, Vorsichtsmaßnahmen zur Abwehr von Schäden anderer zu treffen.

> ***Bsp.:*** *Der Zahnarzt hat die Pflicht, seine Patienten vor Infektionen zu schützen.*[129]

Produzentenhaftung

d) Produzentenhaftung: Derjenige, der ein Produkt in Verkehr bringt, muss die nötigen und zumutbaren Vorkehrungen treffen, um die von dem Produkt ausgehenden Gefahren möglichst gering zu halten (dazu unten).

Eine VSP besteht nicht gegenüber Personen, die sich unbefugt in den Gefahrenbereich begeben.[130]

2. Prüfung

Probleme bereitet den meisten Studenten die Frage, an welcher Stelle die VSPen zu prüfen sind. Dazu gibt es unterschiedliche Meinungen.[131] 124

<u>Für die Klausur wird folgende Prüfungsreihenfolge vorgeschlagen:</u>

1. Liegt bei der Verletzungshandlung ein Unterlassen vor, muss man zur Begründung der Garantenstellung die VSPen heranziehen. Die VSPen begründen nämlich eine Pflicht zum Handeln.
2. Die Rechtswidrigkeit ergibt sich nicht erst aus dem Verstoß gegen eine VSP, sondern sie ist gemäß der Grundregel bei Erfüllung des objektiven Tatbestands indiziert. Die VSPen müssen hier also nicht erwähnt werden.
3. Die VSPen sind nochmals bei der Prüfung des Verschuldens heranzuziehen. Die VSPen bilden nämlich einen Maßstab für die anzuwendende Sorgfalt (§ 276 II). Hat man die VSP bereits bei der Verletzungshandlung zur Begründung der Garantenstellung herangezogen, so kann im Wesentlichen nach oben verwiesen werden.

129 PALANDT, § 823, Rn. 78.

130 PALANDT, § 823, Rn. 58.

131 Siehe MEDICUS, Bürgerliches Recht, Rn. 642 f.

Beim Verschulden muss aber zusätzlich noch geprüft werden, ob die Verletzung der VSP vorwerfbar ist.[132]

Im Übrigen bleibt es bei dem Grundschema zu § 823 I.[133]

VI. Produzentenhaftung[134]

1. Allgemeines

Produzentenhaftung

Wie oben dargestellt, ist die Produzentenhaftung im Rahmen des 125
§ 823 I ein Problemfall in Zusammenhang mit den VSPen: Der Produzent soll für die durch ein fehlerhaftes Produkt entstehenden Schäden haftbar gemacht werden.

Unterscheide Herstellerhaftung über:

***Produzenten*haftung**	***Produkt*haftung**
Anspruchsgrundlage: §§ 823 ff. mit Besonderheiten (Rn. 128)	**Anspruchsgrundlage:** Produkthaftungsgesetz (Rn. 132)

Die Produzentenhaftung ist kein eigenes Rechtsinstitut; gemeint sind damit vielmehr alle möglichen Ansprüche eines geschädigten Konsumenten gegen den Produzenten, also sowohl vertragliche als auch gesetzliche Ansprüche. Speziell für § 823 I hat die Rechtsprechung einige wenige Besonderheiten entwickelt.[135]

2. Grundfall

Folgende Konstellation liegt den Fällen der Produzentenhaftung regelmäßig zugrunde: 126

> **Bsp.:** *Der Endverbraucher (Käufer, K) kauft ein Produkt von einem Verkäufer (V), der es seinerseits von dem Produzenten (P) bezogen hat (Skizze anfertigen!).*

132 Z.B. jemand konnte seine VSP wegen plötzlicher Krankheit nicht erfüllen; siehe MEDICUS, Bürgerliches Recht, Rn. 659.

133 Siehe oben Rn. 94.

134 HEMMER/WÜST, Deliktsrecht II, Rn. 377 ff.; lehrreicher einführender Fall sowohl zur Haftung nach BGB als auch nach dem ProdHaftG: ROLLAND, JuS 1993, 568.

135 Grundlegender Fall: BGHZ 51, 91 ff. (Hühnerpest) = jurisbyhemmer.

Wird K nun durch ein fehlerhaftes Produkt geschädigt, greifen Schadensersatzansprüche gegen V dann nicht, wenn diesem ein Verschuldensvorwurf nicht gemacht werden kann, vgl. §§ 437 Nr. 3, 280 I, wobei das Verschulden zwar vermutet, häufig bei neuen Sachen aber die Widerlegung der Vermutung gelingen wird.

Kein Anspruch aus den §§ 280 I, 241 II, weil V nicht die Pflicht hat, eine fabrikneue Ware auf Fehler zu untersuchen; auch ein Verschulden des P muss V sich nicht nach § 278 zurechnen lassen, weil P nicht im Aufgabenkreis des V tätig wird und daher kein Erfüllungsgehilfe des V ist (V schuldet nur Übereignung der Sache, nicht Herstellung).

K ist nun auf Ansprüche gegen P angewiesen.

127

3. Vertragliche und quasivertragliche Ansprüche

Auf diese Ansprüche soll hier nur kurz hingewiesen werden. Anzudenken sind folgende Ansprüche bzw. Rechtsinstitute:

- Garantievertrag mit dem Produzenten,
- §§ 280 I, 241 II des zwischen P und V geschlossenen Vertrags mit Schutzwirkung für Dritte (§ 311 III),
- Drittschadensliquidation,
- Quasivertragliche Ansprüche in Analogie zu § 122 oder § 311 II, ansonsten würde die Grenze zwischen Vertrags- und Deliktsrecht verwischt.

All diese Ansprüche greifen im Ergebnis nicht durch. In der Klausur sollten dennoch, wenn genügend Zeit vorhanden ist, kurze Ausführungen dazu gemacht werden, um zu punkten.

4. Deliktische Ansprüche[136]

a) § 823 I

deliktische Ansprüche

Es muss das Schema von oben durchgeprüft werden, wobei folgende Besonderheiten zu beachten sind: 128

aa) **Rechtsgutsverletzung:** Bei diesem Prüfungspunkt gibt es Probleme, wenn es um die Frage geht, ob die Beschädigung des fehlerhaften Produkts selbst eine Eigentumsverletzung darstellt (Stichwort: weiterfressender Schaden).

136 HEMMER/WÜST, Deliktsrecht II, Rn. 387 ff.

Bsp. 1: B kauft ein neues Auto, bei dem ein Gaszug defekt ist. Aufgrund dieses Fehlers verursacht B einen Unfall, bei dem das Auto Totalschaden erleidet.[137]

Bsp. 2: B kauft eine Reinigungsanlage im Wert von mehreren tausend €. Aufgrund eines defekten Schwimmschalters (Wert: wenige €) kommt es zu einem Brand, bei dem die Anlage zerstört wird.[138]

Problem: Eigentumsverletzung?

Fraglich ist, ob in diesen Fällen eine Eigentumsverletzung möglich ist, weil der Käufer von Anfang an nur minderwertiges Eigentum erhalten hat.

Dennoch hat der BGH in den oben genannten Beispielen eine Eigentumsverletzung angenommen, weil der Mangelunwert und der weitere aus dem Mangel entstandene Schaden nicht stoffgleich seien.[139]

Rspr.: (+), wegen kurzer Verjährungsfrist des § 477 I a.F.

Die Rechtsprechung zum weiterfressenden Mangel hat sich vor allem aufgrund der kurzen Verjährungsfrist des § 477 I a.F. (6 Monate ab Übergabe) herausgebildet. Mangels ausreichender Erkennbarkeit eines kleinen Mangels (wie im Beispiel 2 der defekte Schwimmschalter) war der Käufer über die Gewährleistungsvorschriften nicht ausreichend geschützt.

Da im Zuge der Schuldrechtsreform die Gewährleistungsfristen verlängert wurden, stellt sich die Frage, ob an dieser Auffassung festzuhalten ist. Da jedoch weiterhin Unterschiede bestehen (zwei Jahre ab Übergabe bei Gewährleistung, drei Jahre ab Kenntnis vom Anspruch bei deliktischen Ansprüchen, §§ 195, 199), bleibt abzuwarten, wie sich die Rechtsprechung entwickeln wird. Des Weiteren problematisch ist der Umstand, dass die Weiterfresserschäden im Mängelrecht als Schadensersatz statt der Leistung, und damit nur nach Ablauf einer gesetzten Frist zur Nacherfüllung, ersetzt werden. Insoweit besteht die Gefahr, dass bei gleichzeitiger Anwendung des § 823 I das Fristsetzungserfordernis unterlaufen wird. Dieser Aspekt wird freilich nur dann relevant, wenn sich die deliktische Haftung unmittelbar gegen den Verkäufer richtet, nicht aber wenn Verkäufer und Hersteller personenverschieden sind.

bb) **Verletzungshandlung:** Die Verletzungshandlung ist in dem Inverkehrbringen des Produkts zu sehen, also einem positiven Tun. Auf die VSPen des Produzenten muss daher an dieser Stelle noch nicht eingegangen werden.

cc) **Verschulden:** Bei diesem Punkt ist zu prüfen, ob der Produzent die im Verkehr erforderliche Sorgfalt außer Acht gelassen hat (§ 276 II; Vorsatz wird wohl nie vorliegen). Dies ist der Fall, wenn er seine VSPen verletzt hat.

137 BGHZ 86, 256 ff. (Gaszug) = **juris**byhemmer.

138 BGHZ 67, 359 ff. (Schwimmschalter) = **juris**byhemmer.

139 Siehe näher zum Ganzen: MEDICUS, Bürgerliches Recht, Rn. 650b; PALANDT, § 823, Rn. 212.

Produzentenpflichten hinsichtl. Konstruktion, Fabrikation und Instruktion

Der Produzent hat die Pflicht, *Konstruktion, Fabrikation und Instruktion* nach dem neuesten Stand der Technik auszurichten, d.h. er muss seinen Betrieb so organisieren, dass Konstruktions-, Fabrikations- und Gebrauchsfehler möglichst vermieden werden.[140] Dagegen hat er für nach dem Stand der Technik unvermeidbare Fehler nicht einzustehen.[141] Außerdem trifft ihn nach In-Verkehr-Bringen des Produkts die sog. Produktbeobachtungspflicht. 129

Beweislast

Für die Frage, wer das Verschulden des Produzenten zu beweisen hat, hat der BGH[142] eine Beweislastumkehr statuiert, d.h. nicht der Geschädigte hat ein Verschulden des Produzenten zu beweisen; vielmehr muss umgekehrt der Produzent beweisen, dass ihn an dem Fehler des Produkts kein Verschulden trifft. Kann er nicht darlegen, dass er seinen Betrieb ordnungsgemäß organisiert hat, so gilt der Fehler als verschuldet.

Für den Nachweis von Fehler, Schaden und Ursächlichkeit des Fehlers für den Schaden bleibt es allerdings bei dem Grundsatz, dass der Anspruchssteller (= Geschädigter) die anspruchsbegründenden Tatsachen zu beweisen hat.

Eine Entlastung für Konstruktionsfehler ist praktisch kaum möglich, da diese regelmäßig auf einem Organisationsmangel beruhen. Dagegen kann der Produzent bei Fabrikationsfehlern einwenden, es handele sich um einen „Ausreißer", d.h. der Fehler sei trotz ordnungsgemäßer Organisation entstanden. Nur in diesen Fällen scheidet also eine Haftung des Produzenten aus.

Bei Instruktionsfehlern kann sich der Hersteller dadurch entlasten, dass er beweist, dass er keine Erkenntnismöglichkeit hatte oder sich verschaffen musste, aus denen sich objektive Tatsachen für eine Warnung oder einen Hinweis ergaben.

b) § 823 II i.V.m. Schutzgesetz

auch ggf. § 823 II mögl.

Soweit für die Herstellung von bestimmten Produkten Schutzgesetze bestehen, ist eine Haftung nach § 823 II möglich.[143] 130

c) § 831

ebenfalls § 831 i.d.R. (+)

Für Verrichtungsgehilfen haftet der Produzent nach § 831; er hat jedoch die Möglichkeit des Entlastungsbeweises. 131

140 Organisationspflicht; PALANDT, § 823, Rn. 205 ff.

141 MEDICUS, Bürgerliches Recht, Rn. 650.

142 In BGHZ 51, 91 ff. (Hühnerpest) = **juris**byhemmer.

143 Z.B. ArzneiMG, LebensMG; siehe PALANDT, § 823, Rn. 203.

5. Produkthaftungsgesetz[144]

ProdukthaftungsG

Nach dem Produkthaftungsgesetz (ProdHaftG) haftet der Pro- 132
duzent für durch ein fehlerhaftes Produkt entstandene Schäden auch ohne Verschulden (Gefährdungshaftung); er haftet also auch für Ausreißer, für die er nach § 823 I nicht schadensersatzpflichtig wäre.

neben Delikt (+), § 15 II ProdHaftG

Die zu § 823 I dargelegten Grundsätze der Produzentenhaftung bleiben neben dem ProdHaftG anwendbar (§ 15 II ProdHaftG, wird von vielen übersehen!).

VII. § 823 II i.V.m. Schutzgesetz

Prüfungsreihenfolge: 133

1. Vorliegen eines Schutzgesetzes
2. Verstoß gegen das Schutzgesetz
3. Rechtswidrigkeit
4. Verschulden
5. Schaden
6. Haftungsausfüllende Kausalität

§ 823 II ersetzt auch reine Vermögensschäden

Nach § 823 II ist schadensersatzpflichtig, wer gegen ein den Schutz eines anderen bezweckendes Gesetz verstößt. § 823 II ersetzt - anders als § 823 I - auch *reine* Vermögensschäden.

> ***Bsp.:** A dreht dem B aufgrund einer Täuschung ein schrottreifes Auto für 10.000 € an.*
>
> Hier hat B einen Vermögensschaden erlitten. Ein Anspruch aus § 823 I scheidet jedoch aus, weil das Vermögen kein sonstiges Recht i.S.d. § 823 I ist. Dagegen besteht ein Anspruch aus § 823 II i.V.m. § 263 StGB, weil A gegen ein Schutzgesetz (§ 263 StGB) verstoßen hat.

1. Schutzgesetz

Schutzgesetz

Unter Gesetz ist jede Rechtsnorm im materiellen Sinne zu ver- 134
stehen (Art. 2 EGBGB), also auch Verordnungen und Gemeindesatzungen.

144 Ausführlich HEMMER/WÜST, Deliktsrecht II, Rn. 347 ff.

Ein Schutzgesetz liegt vor, wenn das Gesetz nach dem Willen des Gesetzgebers zumindest auch den Schutz des Einzelnen bezweckt[145] und nicht nur im Interesse der Allgemeinheit erlassen wurde. Nicht ausreichend als Schutzgesetz sind die Verkehrssicherungspflichten.

2. Verstoß gegen das Schutzgesetz

obj. u. subj. Tatbestand

Strafantrag nicht notw.

Der Schädiger muss die objektiven und subjektiven Tatbestandsvoraussetzungen des Schutzgesetzes erfüllt haben. Bei Strafgesetzen müssen Tatbestand, Rechtswidrigkeit und Schuld gegeben sein. Nur auf das Vorliegen eines Strafantrages wird verzichtet. 135

3. Rechtswidrigkeit

Rechtswidrigkeit

Die Rechtswidrigkeit wird meist schon bei dem Verstoß gegen das Schutzgesetz zu prüfen sein. Andernfalls gilt das oben zu Rn. 124 Gesagte. 136

4. Verschulden

Auch das Verschulden wird i.d.R. schon beim Verstoß gegen das Schutzgesetz zu prüfen sein. Verlangt das Schutzgesetz allerdings kein Verschulden, so besteht ein Anspruch aus § 823 II nur, wenn Verschulden vorliegt, § 823 II S. 2. 137

5. Schaden

Es gelten die §§ 249 ff., vgl. hierzu Hemmer/ Wüst, Basics Zivilrecht I, Rn. 339 ff.

6. Haftungsausfüllende Kausalität 138

pers. u. sachl. Schutzbereich der Norm

Es ist hier jedoch besonders darauf zu achten, dass der geltend gemachte Schaden in den Schutzbereich der verletzten Norm fallen muss. Dabei ist zu unterscheiden:

a) Persönlicher Schutzbereich: Der Geschädigte muss zum geschützten Personenkreis gehören.

b) Sachlicher Schutzbereich: Der geltend gemachte Schaden muss in den Bereich der Schäden fallen, zu deren Abwendung das Gesetz erlassen wurde.

145 Z.B. die meisten Strafvorschriften: §§ 123, 164, 223 ff., 242, 263 StGB; weitere Beispiele siehe Palandt, § 823, Rn. 145; strittig ist, ob § 858 ein Schutzgesetz darstellt, siehe Medicus, Bürgerliches Recht, Rn. 621; die VSP sind keine Schutzgesetze, da sie keine Rechtsnormen sind, und außerdem die Haftung zu weit ausgedehnt würde.

Bsp. 1: A benutzt unbefugterweise das Auto des B (Verstoß gegen § 248b StGB). Dabei verletzt er bei einem Unfall den Fußgänger C.

C hat hier keinen Anspruch aus § 823 II i.V.m. § 248b StGB, weil § 248b nur den Gebrauchsberechtigten schützen will, nicht aber andere Verkehrsteilnehmer. C fällt nicht in den persönlichen Schutzbereich des § 248b (natürlich hat C einen Anspruch aus § 823 I und § 823 II i.V.m. § 229 StGB wegen Körperverletzung).

Bsp. 2: A täuscht den B über den Wert seines Autos. Obwohl das Kfz nur 3.000 € wert ist, kauft B es für 8.000 €. Kurz darauf baut B einen alleinverschuldeten Unfall mit Totalschaden.

Hier kann B nach § 823 II i.V.m. § 263 StGB Ersatz der 5.000 € verlangen, die er infolge der Täuschung zuviel gezahlt hat. Er kann jedoch nicht auch die restlichen 3.000 € verlangen, weil das Risiko eines Unfalls nicht durch die Täuschung erhöht wurde. Der Schaden fällt daher nicht mehr in den sachlichen Schutzbereich der Norm.[146]

hemmer-Methode: In der Klausur können auch im Rahmen des § 823 II Schutzbereichsaspekte maßgeblich sein. Wichtigster Fall ist der Betrug beim Gebrauchtwagenkauf mit anschließendem Unfall, vgl. hierzu Hemmer/Wüst, Deliktsrecht I, Rn. 130. Dabei können Sie all das anwenden, was Sie aus der Schutzbereichsprüfung i.R.d. § 823 I, aber auch z.B. aus dem öffentlichen Recht („drittschützende Norm“) an juristischer Technik kennen. Wiederum gilt: Von Extremfällen abgesehen wird das Ergebnis zweitrangig sein! Was zählt, ist das Problembewusstsein.

VIII. § 831

Zur Haftung des Geschäftsherrn für seinen Verrichtungsgehilfen vgl. Hemmer/Wüst, Basics Zivilrecht I, Rn. 447

IX. Unterlassungs- und Beseitigungsanspruch[147]

1. Allgemeines

Gesetzlich geregelt sind Unterlassungsansprüche z.B. in den §§ 12 S. 2, 862 I S. 2, 1004 I S. 2, Beseitigungsansprüche in den §§ 12 S. 1, 862 I S. 1, 1004 I S. 1. 139

146 Siehe Medicus, Bürgerliches Recht, Rn. 230, der allerdings den Anspruch an der Adäquanz scheiten lässt.

147 Zu § 1004 direkt sowie Störerauswahl und Duldungspflichten vgl. Hemmer/Wüst, Sachenrecht I, Rn. 442 ff.

Analogie

Analog dazu wurde auch ein Unterlassungs- und Beseitigungsanspruch für die in §§ 823 ff. geschützten Rechtsgüter entwickelt.

2. Voraussetzungen 140

Voraussetzungen

a) Geschütztes Rechtsgut (i.S.d. §§ 823 ff.)

b) Störung des Rechtsgutes, die:

- für den Unterlassungsanspruch zumindest drohen muss,
- für den Beseitigungsanspruch noch fortdauern muss.

c) Rechtswidrigkeit, v.a. keine Duldungspflichten (vgl. § 1004 II). Bei Rahmenrechten ist wieder eine umfassende Güterabwägung erforderlich.

d) Kein Verschulden erforderlich

e) Gegen den Störer gerichtet[148]

***Bsp.:** Der Eigentümer eines Baumes muss dafür Sorge tragen, dass dessen Wurzeln nicht in das Nachbargrundstück hinüberwachsen; verletzt er diese Pflicht, ist er hinsichtlich der dadurch hervorgerufenen Beeinträchtigungen des Nachbargrundstücks Störer i.S.v. § 1004 I.*[149]

3. Sonderprobleme

erstmalig drohende Störung

a) I.R.d. Unterlassungsanspruchs wird schon die *erstmalige* drohende Störung für ausreichend gehalten, um eine Rechtsbeeinträchtigung gar nicht erst entstehen zu lassen. 141

diff. Beseitigung ⇔ Naturalrestitution

b) I.R.d. Beseitigungsanspruchs ist bei der Rechtsfolge genau zu prüfen, was noch als Beseitigung verlangt werden kann und was bereits eine schadensersatzähnliche Naturalrestitution wäre. Diese ist nämlich aus dem Beseitigungsanspruch nicht zu gewähren, um nicht das Verschuldenserfordernis des § 823 I zu unterlaufen.[150] 142

148 Zum Störerbegriff PALANDT, § 1004, Rn. 16 ff.

149 BGH, NJW 2004, 603 ff. = **juris**byhemmer; im Übrigen kann der gestörte Grundstückseigentümer die Beseitigung selbst vornehmen (§ 910 I) und die Kosten nach Bereicherungsrecht ersetzt verlangen.

150 In den Einzelfällen äußerst str. und unklar; vgl. PALANDT, § 1004, Rn. 28.

§ 2 BESITZRECHT

A. Begriff

Besitz

Nach h.M.[151] ist der im BGB nicht definierte Besitz die vom Verkehr anerkannte tatsächliche Herrschaft einer Person über eine Sache. Der Besitz ist ein rein tatsächliches Verhältnis[152], im Gegensatz zum Eigentum als rechtliche Herrschaft einer Person über eine Sache. Unterscheiden Sie vom Besitz auch den Gewahrsam, die unmittelbare tatsächliche Sachherrschaft. Besitz und Gewahrsam können auseinanderfallen (z.B. §§ 855, 868). Ob Besitz vorliegt, bestimmt sich nach der Verkehrsauffassung.[153] 143

B. Bedeutung/Funktionen des Besitzes

Schutzfunktion

Im Interesse des Rechtsfriedens hat der Besitz Schutzfunktion, vgl. z.B. §§ 858 - 867, 1007.[154] 144

Erhaltungs- bzw. Kontinuitätsfunktion

Seine Erhaltungs- bzw. Kontinuitätsfunktion kommt z.B. in § 986 II (Verstärkung der obligatorischen Stellung des Besitzers), § 268 I S. 2 (Ablösungsrecht des Besitzers) oder § 900 bzw. § 937 (Möglichkeit der Ersitzung) zum Ausdruck.

Publizitätsfunktion

Bei beweglichen Sachen entfaltet der Besitz Publizitätsfunktion, es wird also vom Besitz auf die eigentumsrechtliche Zuordnung geschlossen. Denken Sie etwa an das Erfordernis der Übergabe einer Sache i.R.d. §§ 929 ff., 1205 (Übertragungswirkung), die Vermutungswirkung des § 1006[155] oder die Gutglaubenswirkung, die vom Besitz als Rechtsscheinträger gem. §§ 932 ff. ausgeht.

C. Besitzarten

Es lassen sich aufgrund unterschiedlicher Kriterien verschiedene Arten des Besitzes unterscheiden, die meist in Kombination vorliegen: 145

unmittelbarer, mittelbarer Besitz

Nach der Intensität der Sachbeziehung unterscheidet man unmittelbaren (§ 854 I) und mittelbaren (§§ 868, 871) Besitz. Dabei liegt unmittelbarer Besitz auch bei Einschaltung eines Besitzdieners, § 855, vor.

Allein-, Mit- und Teilbesitz

Nach dem Umfang der Berechtigung unterscheiden sich Allein-, Mit- (§ 866) und Teilbesitz (§ 865).

151 PALANDT, v. § 854, Rn.1; LOPAU, JuS 80, 501.

152 PALANDT, v. § 854, Rn. 1.

153 BGHZ 101, 188 = **juris**byhemmer.

154 Dazu später ausführlich unter Rn. 147 ff.

155 Zur Reichweite des § 1006 vgl. BGH, Life&Law 2015, 411 ff.

Eigen-, Fremdbesitz

Eigenbesitz (§ 872) und Fremdbesitz unterscheiden sich nach der Willensrichtung des Besitzers. Der Fremdbesitzer besitzt in Anerkennung fremden Eigentums.

un-/rechtmäßiger Besitz; nicht-/fehlerhafter Besitz

Schließlich sind nach der Berechtigung des Besitzers rechtmäßiger (§ 986) und unrechtmäßiger Besitz und nach der Art der Besitzerlangung fehlerhafter (§ 858) und nicht fehlerhafter Besitz zu unterscheiden.

D. Erwerb und Verlust des Besitzes

Besitzerwerb

Gem. § 854 I wird der unmittelbare Besitz durch die Erlangung der tatsächlichen Gewalt über die Sache erworben. Dies ist auch durch einen Besitzdiener gem. § 855 möglich. Daneben verlangt die h.M.[156] noch einen sog. Besitzbegründungswillen. § 854 I erfasst die Besitzergreifung und die Besitznachfolge. Zum derivativen Erwerb (Besitznachfolge), für den § 854 II eine Erleichterung bietet, erfahren Sie mehr i.R.d. § 929 S. 1.[157] Die Beendigung des unmittelbaren Besitzes ist in § 856 geregelt. 146

Voraussetzungen, Erwerb und Übertragung des mittelbaren Besitzes i.S.d. § 868 sind i.R.d. §§ 930, 931 dargestellt.[158] Der Verlust des mittelbaren Besitzes tritt ein, wenn eine seiner Voraussetzungen entfällt oder bei Abtretung des Herausgabeanspruchs gem. § 870.

Sonderform: Erbenbesitz

Eine Sonderform des Besitzerwerbs ist der sog. Erbenbesitz gem. § 857. Dadurch wird § 1922 ergänzt, welcher nur Rechte erfasst, nicht den Besitz.[159]

Eine juristische Person kann selbst Besitz erwerben, da ihr der Besitz ihrer Organe unmittelbar zugerechnet wird.[160] Die Organe sind dabei weder Besitzdiener noch Besitzmittler. Dies gilt nach wohl überwiegender Meinung[161] auch für die geschäftsführenden Gesellschafter bei OHG/KG/GbR.

E. Besitzschutz

I. Die Gewaltrechte, § 859

Gem. § 859 darf sich der Besitzer gegenüber verbotener Eigenmacht (§ 858) mit Gewalt wehren. 147

156 BGHZ 27, 362 = **juris**byhemmer; PALANDT, § 854, Rn. 4.
157 Dazu unten Rn. 175 f.
158 Vgl. dazu unten Rn. 184 ff.
159 Ausführlich zu § 857: EBENROTH/FRANK, JuS 96, 795.
160 H.M., vgl. PALANDT, § 854, Rn. 10.
161 PALANDT, § 854, Rn. 12.

Verbotene Eigenmacht i.S.d. § 858 I setzt die Entziehung oder Störung des unmittelbaren[162] Besitzes ohne den Willen des unmittelbaren[163] Besitzers und ohne Gestattung durch das Gesetz (z.B. §§ 227, 229, 859, 904) voraus. Auf ein Recht zum Besitz oder ein Verschulden kommt es nicht an.[164]

Besitzwehr

Gem. § 859 I steht dem Besitzer das Recht zu, bestehenden Besitz zu verteidigen, sog. Besitzwehr. Dies ist eine besondere Form der Notwehr (§ 227), bei der das Erfordernis, dass obrigkeitliche Hilfe nicht rechtzeitig zu erlangen ist, nicht gilt. Die Gewaltanwendung darf jedoch nicht über das zur Abwehr gegenwärtiger, verbotener Eigenmacht gebotene Maß hinausgehen.[165] Bei schuldhaftem Überschreiten dieser Grenze macht sich der Besitzer schadensersatzpflichtig gem. § 823.

Besitzkehr

Die Besitzkehr ist in § 859 II für bewegliche Sachen und in § 859 III für Grundstücke geregelt. Bei Besitzentzug durch verbotene Eigenmacht darf der Besitzer die bewegliche Sache dem auf frischer Tat betroffenen oder verfolgten Täter wieder abnehmen, bzw. der Besitzer eines Grundstücks darf sich dann sofort nach Entziehung des Besitzes durch Entsetzung des Täters des Besitzes wieder bemächtigen.

Die zeitlichen Grenzen sind hier weiter als bei §§ 227, 229, die einen gegenwärtigen Angriff voraussetzen. Bei Überschreitung des Rechts zur Besitzkehr begeht der Besitzer selbst verbotene Eigenmacht, sofern nicht die Voraussetzungen des § 229 gegeben sind.

Gem. § 859 IV bestehen die Gewaltrechte des Besitzers auch gegenüber dem Besitznachfolger i.S.d. § 858 II S. 2.

Der Besitzdiener (§ 855) hat gem. § 860 die Befugnis, die dem Besitzherrn zustehenden Gewaltrechte in dessen Interesse[166] auszuüben. Ob dem mittelbaren Besitzer analog § 869 die Rechte aus § 859 zustehen, ist umstritten.[167] Für den Teilbesitzer vgl. § 865, für den Mitbesitzer § 866.

II. Die possessorischen Besitzschutzansprüche, §§ 861, 862, 867

echte, aus dem Besitz abgeleitete Ansprüche

Im Gegensatz zu den Rechten aus § 859, die eine Art Rechtfertigungsgrund für die Gewaltanwendung darstellen, geben die §§ 861, 862 bei beweglichen und unbeweglichen Sachen im Falle verbotener Eigenmacht sog. possessorische Besitzschutzansprüche, d.h. echte Ansprüche, die aus dem Besitz als solchem (also unabhängig von einem Recht zum Besitz) abgeleitet werden. **148**

162 PALANDT, § 858, Rn. 1.

163 PALANDT, § 858, Rn. 2.

164 PALANDT, § 858, Rn. 1.

165 PALANDT, § 859, Rn. 2.

166 PALANDT, § 860, Rn. 1.

167 Dafür die wohl h.M.: vgl. PALANDT, § 869, Rn. 2.

Petitorische Einwendungen, also solche aus einem Recht zum Besitz, sind gem. § 863 grundsätzlich unzulässig.

Gem. § 861 I, der mit § 859 II, III korrespondiert, kann der Besitzer, dem der Besitz mittels verbotener Eigenmacht entzogen wurde, von dem fehlerhaften Besitzer (§ 858 II S. 1) Wiedereinräumung des Besitzes verlangen, wenn nicht der Anspruch gem. § 861 II ausgeschlossen ist.

§ 862 I gibt dem Besitzer, der durch verbotene Eigenmacht im Besitz gestört wird, einen Anspruch gegen den Störer auf Beseitigung der Störung und auf Unterlassung weiterer zu besorgender Störungen, wenn der Anspruchsausschlussgrund des § 862 II nicht vorliegt. Dieser Anspruch entspricht der Besitzwehr gem. § 859 I.

Erlöschen der Ansprüche

Die Ansprüche nach §§ 861, 862 erlöschen gem. § 864. Sie werden durch den Abholungsanspruch des § 867 ergänzt.

Alle Ansprüche stehen gem. § 869 auch dem mittelbaren Besitzer zu. Auch Teilbesitzer (§ 865) und Mitbesitzer - mit den Einschränkungen des § 866 - können die possessorischen Besitzschutzansprüche geltend machen.

III. Die petitorischen Ansprüche, § 1007[168]

§ 1007 I, II: zwei selbständige Anspruchsgrundlagen

§ 1007 enthält in seinen ersten beiden Absätzen für den früheren Besitzer zwei selbständige Anspruchsgrundlagen auf Herausgabe beweglicher Sachen gegen den jetzigen Besitzer: 149

In Absatz 1 die Herausgabepflicht des bei Besitzerwerb bösgläubigen Besitzers, in Absatz 2 die Herausgabepflicht des gutgläubigen Besitzers, wenn die Sache dem früheren Besitzer abhanden gekommen war. Bösgläubigkeit liegt bei grober Fahrlässigkeit bzw. Vorsatz bzgl. einem fehlenden Recht zum Besitz vor.

Der Anspruchsinhaber muss gegenüber dem gegenwärtigen Besitzer die bessere Besitzposition innehaben[169]: So schließt ein Recht zum Besitz des gegenwärtigen Besitzers gegenüber dem früheren Besitzer gem. §§ 1007 III S. 2, 986 beide Ansprüche aus. Derselbe Gedanke kommt auch im Ausschlussgrund des § 1007 II S. 1, 2. Hs.[170] zum Ausdruck. Unter den Voraussetzungen des § 1007 III S. 1 sind beide Ansprüche ausgeschlossen.

168 Vertiefend d'Alquen, Life&Law 2013, 535 ff.

169 Palandt, § 1007, Rn. 1.

170 Str., ob insbesondere § 1007 II S. 1, 2. Hs., Alt. 2 auch auf § 1007 I angewendet werden kann, vgl. Palandt, § 1007, Rn. 11.

§ 1007 III S. 2 i.V.m. §§ 987 ff.

Aus § 1007 III S. 2 i.V.m. §§ 987 ff. können sich Ansprüche auf Schadensersatz, Herausgabe von Nutzungen oder Ersatz von Verwendungen ergeben.

Als petitorisch kann man die Ansprüche aus § 1007 bezeichnen, da der Beklagte auch sein Recht zum Besitz geltend machen kann und damit eine endgültige Herausgabe, nicht nur eine ggfs. nur vorläufige wie bei § 861, angestrebt wird.

IV. Der Besitzschutz über § 823

berechtigter Besitz als Schutzgut

Jedenfalls der berechtigte Besitz stellt ein Schutzgut des § 823 I dar.[171] Eine etwaige Konkurrenz zu einem Anspruch des Eigentümers aus § 823 I lässt sich über § 986 I S. 2 analog oder gem. § 432 lösen. **150**

Ob über § 823 II i.V.m. § 858 uneingeschränkter Besitzschutz zu gewähren ist, ist umstritten, aber h.M.[172]

V. Der Besitzschutz über § 812

Leistungskondiktion (+)

Uneingeschränkt möglich ist die Leistungskondiktion gem. § 812 I S. 1, Alt. 1 hinsichtlich des Besitzes. **151**

Eingriffskondiktion umstr.

Umstritten ist, ob der Eingriffskondiktion gem. § 812 I S. 1, Alt. 2 hinsichtlich des Besitzes die §§ 861 ff., 1007 als abschließende Regelung entgegenstehen[173] oder ob diese jedenfalls beim berechtigten Besitz möglich ist[174].

171 PALANDT, § 823, Rn. 13. Nach MEDICUS, Bürgerliches Recht, Rn. 607 gilt dies auch für den unberechtigten Besitz, soweit der Besitzer redlich und unverklagt ist.

172 PALANDT, § 858, Rn. 1; BGHZ 114, 305, 314 = **juris**byhemmer, BGH DtZ 1996, 20; BGH, Life&Law 2010, 511 ff.; dagegen MEDICUS, Bürgerliches Recht, Rn. 621.

173 PALANDT, § 861, Rn. 2.

174 LOPAU, JuS 1980, 501, 505.

§ 3 RECHTSGESCHÄFTLICHER ERWERB

A. Einführung

I. Anwendungsbereich

Nach den §§ 929 ff. richtet sich die Übertragung des Eigentums an beweglichen Sachen. Sie gelten analog auch für die Übertragung des Anwartschaftsrechts des Erwerbers beweglicher Sachen.[175] Unbewegliche Sachen werden nach §§ 873, 925 übereignet.[176] Hier ist für Zubehör § 926 zu beachten.[177] Andere Rechte als das Eigentum werden gem. §§ 398 ff., 413 übertragen, soweit keine Sondervorschriften gelten. 152

hemmer-Methode: Das Eigentum an beweglichen Sachen kann auch durch Gesetz erworben werden. Die wichtigsten Fälle sind Ersitzung (§§ 937 - 945), Verbindung (§§ 946 f.), Vermischung (§ 948) und Verarbeitung (§ 950).[178]

Auch die Universalsukzession gem. § 1922 und die Fälle der dinglichen Surrogation (z.B. §§ 2019, 1646) führen zu einem Eigentumserwerb durch Gesetz.

Schließlich gibt es noch den Eigentumserwerb beweglicher Sachen durch Hoheitsakt bei der Versteigerung einer gepfändeten Sache i.R.d. Zwangsvollstreckungsverfahrens. Hier findet der Eigentumswechsel mit der Ablieferung nach § 817 II ZPO statt (bei Geld Ablieferung gem. § 815 I ZPO). Hier gelten die §§ 929 ff. nicht.

Unterscheiden Sie davon die Verurteilung des Beklagten zur Übereignung. Hier vollzieht sich ein rechtsgeschäftlicher Erwerb gem. §§ 929 ff. in der Form der Zwangsvollstreckung. Das rechtskräftige Urteil fingiert gem. § 894 ZPO die Einigungsofferte des Beklagten. Die Übergabe wird nach § 897 ZPO durch die Wegnahme durch den Gerichtsvollzieher ersetzt.

II. Das dingliche Rechtsgeschäft

Eigentumsübergang durch Übereignung

Der Eigentumsübergang wird durch die Übereignung als dinglichem Rechtsgeschäft zwischen Veräußerer und Erwerber bewirkt. Nach dem Trennungsprinzip[179] ist die Übereignung als Erfüllungsgeschäft von einem zugrundeliegenden Verpflichtungsgeschäft, das nur eine Verpflichtung zur Übereignung begründet, zu trennen. 153

175 Vgl. unten zum Anwartschaftsrecht des Vorbehaltskäufers Rn. 252 ff.

176 Vgl. dazu unten Rn. 426 ff.

177 Vgl. dazu unten Rn. 433.

178 Ausführlich dazu HEMMER/WÜST, Sachenrecht II, Rn. 252 ff.

179 Vgl. HEMMER/WÜST, Sachenrecht I, Rn. 27 f.

Nach dem Abstraktionsprinzip[180] bedarf die Übereignung keiner kausalen Zweckbestimmung und ist in ihrer Wirksamkeit von der des Verpflichtungsgeschäftes unabhängig. Bei rechtsgrundlosem Eigentumswechsel sind allerdings die §§ 812 ff. zu prüfen.

Bsp.: *Beim Barkauf sind also das Verpflichtungsgeschäft (Kaufvertrag), die Übereignung der Sache und die Übereignung des Geldes zu trennen. Auch bei unwirksamem Kaufvertrag können die Übereignungen wirksam aber gem. §§ 812 ff. rückabzuwickeln sein.*

hemmer-Methode: Inwieweit das Abstraktionsprinzip durch die Vereinbarung eines Bedingungszusammenhangs (Erfüllungsgeschäft unter der Bedingung der Wirksamkeit des Kausalgeschäfts) durchbrochen werden kann, ist genauso umstritten wie die Anwendbarkeit des § 139.[181]

III. Überblick über die Regelungen

Einigung und Übergabe

Nach § 929 S. 1, der Grundform der Übereignung, sind Einigung und Übergabe erforderlich. 154

bloße Einigung

Für die Übereignung nach § 929 S. 2 genügt die Einigung, da der Erwerber bereits Besitzer der Sache ist. 155

Übergabesurrogate

In den §§ 930, 931 stellt das Gesetz Übergabesurrogate zur Verfügung. Die neben der Einigung (§ 929 S. 1) notwendige Übergabe kann also gem. § 930 durch Vereinbarung eines Besitzmittlungsverhältnisses (§ 868) zwischen Veräußerer und Erwerber oder gem. § 931 durch die Abtretung des Herausgabeanspruchs gegen einen dritten Besitzer ersetzt werden. 156

Erwerb vom Nichtberechtigten

Die §§ 932 ff. ermöglichen unter bestimmten Voraussetzungen den Erwerb vom Nichtberechtigten. 157

Wegerwerb von Rechten Dritter

Gem. § 936 können Rechte Dritter, die auf der Sache lasten, gutgläubig wegerworben werden. 158

IV. Klausuraufbau

I.d.R. historischer Aufbau

Stellt sich in der Klausur die Frage, wer Eigentümer der betreffenden Sache ist, so ist regelmäßig der sog. historische Aufbau zu wählen. Dabei werden ab einem Zeitpunkt, in dem die Eigentumslage sicher feststeht, in der geschehenen Reihenfolge alle Ereignisse geprüft, welche die dingliche Rechtslage geändert haben können. Umgekehrt ist es aber auch möglich, die nach dem Sachverhalt zeitlich letzte dingliche Rechtsänderung zu prüfen und innerhalb dieser inzident alle vorausgehenden (möglichen) Rechtsänderungen bis zu dem Zeitpunkt, in dem das Eigentum feststand. 159

180 Vgl. HEMMER/WÜST, Sachenrecht I, Rn. 29 ff.

181 Vgl. HEMMER/WÜST, Sachenrecht I, Rn. 45 ff.; Palandt, § 139, Rn.7 m.w.N.

Bsp.: Fraglich ist, ob Z Eigentümer geworden ist. Z kann das Eigentum von Y nach § 929 S. 1 erworben haben. Dies ist der Fall (Einigung und Übergabe liegen vor), wenn Y Berechtigter war. Y war Berechtigter, wenn er das Eigentum von X erworben hat.

B. Erwerb vom Berechtigten

hemmer-Methode: Prüfen Sie bei den Erwerbstatbeständen immer zuerst den Erwerb vom Berechtigten gem. §§ 929 - 931. Das ist regelmäßig der in seiner Verfügungsbefugnis unbeschränkte wahre Eigentümer. Ist der Veräußerer nicht Eigentümer, so kann dennoch ein Erwerb vom Berechtigten, nämlich vom Verfügungsberechtigten vorliegen, wenn die Verfügungsbefugnis kraft Gesetzes oder kraft Amtes einem anderen als dem Eigentümer zusteht, z.B. §§ 135 I, 136, 2211 I, 80 I InsO. Die Verfügung eines Nichtberechtigten kann auch gem. § 185 wirksam sein. Erst wenn auch dies verneint wird, kommt ein gutgläubiger Erwerb von Nichtberechtigten in Betracht.

Der Erwerb vom Berechtigten ist in den §§ 929 - 931 geregelt.

I. Die Einigung

1. Die Einigung als Vertrag

Einigung = dinglicher Vertrag aus zwei übereinstimmenden WE

Das dingliche Rechtsgeschäft der Übereignung besteht aus Einigung und - außer im Fall des § 929 S. 2 - Übergabe bzw. Übergabesurrogat. Die Einigung ist ein dinglicher Vertrag, der aus zwei übereinstimmenden Willenserklärungen von Veräußerer und Erwerber hinsichtlich des Eigentumsübergangs besteht. Auf die Einigung sind die Regeln des AT über Rechtsgeschäfte (§§ 104 - 185) grundsätzlich anwendbar. 160

a) Geschäftsfähigkeit, §§ 104 - 115

Anwendbar sind zunächst die §§ 104 - 115: Gem. § 107 kann also ein beschränkt geschäftsfähiger Minderjähriger eine auf Eigentumserwerb gerichtete Einigungserklärung wirksam abgeben, da er durch die Verfügung lediglich einen rechtlichen Vorteil erlangt. Dagegen ist der dingliche Vertrag gem. §§ 107, 108 ohne Zustimmung des gesetzlichen Vertreters schwebend unwirksam, wenn sich seine Willenserklärung auf die Übereignung eigener Sachen richtet. Streitig ist, ob die Übereignung fremder Sachen durch einen Minderjährigen nach dem Rechtsgedanken des § 165 als sog. neutrales Geschäft wirksam ist, da sein eigenes Vermögen nicht berührt wird.[182] 161

182 So die h.M., vgl. PALANDT, § 107, Rn.7; MüKo, § 107, Rn. 20; a.A. MEDICUS, Bürgerliches Recht, Rn. 542, der hier für eine restriktive Auslegung der Gutglaubensvorschriften plädiert.

b) Willensmängel, §§ 116 - 144

Bei der Prüfung der Anfechtbarkeit bzw. Nichtigkeit der Einigung ist zu beachten, dass sich die Anfechtungs- oder Nichtigkeitsgründe gemäß dem Abstraktionsprinzip gerade auf die Übereignung beziehen müssen. 162

hemmer-Methode: Die sog. Lehre vom Doppelmangel bzw. von der Fehleridentität ist davon keine Ausnahme. Hier beeinträchtigt nur der Fehler, der dem Verpflichtungsgeschäft anhaftet, auch die Wirksamkeit des Erfüllungsgeschäftes. Anwendungsfälle sind v.a. §§ 104 ff., 119 II, 123.[183]

c) Form, §§ 125 - 129

Da die Einigung formlos wirksam ist, kann sie auch durch schlüssiges Verhalten (konkludent) erfolgen. 163

d) Willenserklärungen, §§ 145 - 157

Für die Einigung gelten die §§ 145 - 157. 164

e) Bedingung/Befristung, §§ 158 - 163

Nach den §§ 158 - 163 kann die Einigung auch bedingt oder befristet erklärt werden. 165

Bei der Übereignung unter Eigentumsvorbehalt erfolgt die Übereignung unter der aufschiebenden Bedingung der vollständigen Bezahlung des Kaufpreises, § 158 I.

Eine Sicherungsübereignung kann unter der auflösenden Bedingung (§ 158 II) z.B. der Rückzahlung des gewährten Darlehens vereinbart werden. I.d.R. ist die Sicherungsübereignung jedoch als unbedingte Übereignung ausgestaltet, bei der dem Sicherungsgeber nur ein schuldrechtlicher Rückübertragungsanspruch zusteht.

f) Vertretung, §§ 164 - 181

Für die Mitwirkung von Vertretern bei der Einigung gelten die allgemeinen Regeln der §§ 164 - 181. 166

183 Vgl. HEMMER/WÜST, Sachenrecht I, Rn. 34 ff.

hemmer-Methode: Bei Bargeschäften des alltäglichen Lebens ist auch ein Direkterwerb des Hintermannes nach den Grundsätzen über das (verdeckte) Geschäft für den, den es angeht, möglich.
Dabei wird auf die Offenkundigkeit i.S.d. § 164 I verzichtet, da es dem Geschäftsgegner gleichgültig ist, mit wem er kontrahiert, hier also die dingliche Einigung vereinbart.[184]

g) Schuldrecht

Die Regeln des Schuldrechts, insbesondere die §§ 311 ff., sind auf die Einigung als dinglicher Vertrag nicht anwendbar. 167

2. Inhalt der Einigung

a) Bestimmtheitsgrundsatz

genaue Bezeichnung des Erwerbers sowie der Sache erforderlich

Nach dem im Sachenrecht geltenden Bestimmtheitsgrundsatz[185] können dingliche Rechte nur an bestimmten Sachen bestehen und übertragen werden. Daher muss die Einigung den Erwerber sowie die zu übereignende Sache genau bezeichnen. Nur durch die Wahrung des Bestimmtheitsgrundsatzes kann die notwendige Rechtsklarheit erreicht werden. Wenn dingliche Rechte absolut[186] - also gegenüber jedermann - wirken, muss auch immer klar sein, an welcher bestimmten Sache welches dingliche Recht besteht. 168

b) Auslegung

Ermittlung des Eigentumsübertragungswillens durch Auslegung

Ob der erforderliche Wille zur Eigentumsübertragung vorliegt, ist im Wege der Auslegung nach den §§ 133, 157 zu ermitteln. Die Einigung kann konkludent gleichzeitig mit dem Verpflichtungsgeschäft oder auch mit der Übergabe erfolgen. Sie kann aber auch erst nach der Übergabe erfolgen, wenn der Erwerber bei Gattungssachen erst die gelieferte Sache überprüfen will. 169

hemmer-Methode: Wie die Einigung beim Zusenden unbestellter Ware, bei einem Warenautomaten, in Selbstbedienungsläden bzw. an Selbstbedienungstankstellen zustande kommt, können Sie im Skript Hemmer/Wüst Sachenrecht II, Rn. 26 nachlesen. Vielleicht versuchen Sie zunächst selbst mit Hilfe des bereits Gelernten die Lösung dieser Sonderprobleme.

184 Vgl. Hemmer/Wüst, BGB AT I, Rn. 219 ff.
185 Vgl. Hemmer/Wüst, Sachenrecht I, Rn. 52 ff.
186 Zum Absolutheitsprinzip im Sachenrecht vgl. Hemmer/Wüst, Sachenrecht I, Rn. 24.

3. Widerruflichkeit der Einigung

h.M.: Einigung bis Übergabe widerruflich

Gem. § 929 S. 1 müssen sich Veräußerer und Erwerber noch im 170
Zeitpunkt der Übergabe hinsichtlich des Eigentumsübergangs einig sein.

Die ganz h.M.[187] geht also davon aus, dass die Einigung bis zur Übergabe nicht bindend ist und damit jederzeit widerrufen werden kann. Dafür spricht auch § 873 II, der für unbewegliche Sachen vor der Grundbucheintragung nur unter bestimmten Voraussetzungen eine Bindung an die dingliche Einigung vorschreibt.

Beachten Sie aber, dass bei einer erklärten Einigung ihr Fortbe- 171
stehen vermutet wird, bis der Widerruf dem anderen Teil eindeutig erkennbar ist.[188] Ein Einigsein scheitert also noch nicht daran, dass der Veräußerer bei der Übergabe nicht mehr den Willen zur Übereignung besitzt. Schließlich kann ein wirksamer Widerruf als Verstoß gegen den zugrundeliegenden schuldrechtlichen Vertrag Schadensersatzansprüche auslösen.

II. Die Übergabe

1. Die Übergabe nach § 929 S. 1

Voraussetzungen der Übereignung gem. § 929 S. 1 172

1. Einigung über den Eigentumsübergang
2. Übergabe
3. Einigsein im Zeitpunkt der Übergabe
4. Berechtigung und Verfügungsbefugnis des Veräußerers

a) Begriff der Übergabe

Übergabe

Die Übergabe, die gem. § 929 S. 1 neben der Einigung für die 173
Grundform der Übereignung erforderlich ist, dient der Wahrung des Publizitätsprinzips[189]: Durch den Wechsel in der tatsächlichen Sachherrschaft wird der Wechsel in der rechtlichen Zuordnung der Sache zu einer Person offenkundig gemacht, vgl. § 1006. Das dient wiederum der Rechtsklarheit, die beim Eigentum als absolutem, also gegenüber jedermann wirkendem Recht notwendig ist.

187 Vgl. PALANDT, § 929, Rn.9; MEDICUS, Bürgerliches Recht, Rn. 34; BGH, NJW 1978, 696.

188 Vgl. BGH, NJW 1978, 696 = **juris**byhemmer; SCHMITZ, JuS 1975, 449.

189 Dazu HEMMER/WÜST, Sachenrecht I, Rn. 55 f.

Eine Übergabe i.S.d. § 929 S. 1 liegt immer vor, wenn der Besitz vom Veräußerer auf den Erwerber übertragen wird. Sie hat drei Voraussetzungen: 174

1. völlige Besitzaufgabe des Veräußerers (sonst nur §§ 929 S. 1, 930)
2. Besitzerwerb seitens des Erwerbers (unmittelbarer oder mittelbarer Besitz) oder seiner Geheißperson,
3. auf Veranlassung des Veräußerers (bloße vorherige Gestattung der Besitzergreifung genügt nicht).

Der Besitzerwerb richtet sich nach den §§ 854 ff. Die Übergabe ist grundsätzlich ein Realakt, für dessen Vornahme es keiner Geschäftsfähigkeit bedarf[190], also der natürliche Wille genügt. Nur im Fall des § 854 II erfolgt die Übergabe durch rechtsgeschäftliche Erklärungen.

b) Erwerb des unmittelbaren Besitzes nach § 854

Besitzerwerb durch Sachherrschaftserlangung

Der Besitzerwerb gem. § 854 I erfolgt nach h.M.[191] durch Erlangung der tatsächlichen Sachherrschaft, getragen von einem natürlichen Besitzwillen. 175

Bsp.: Bäckermeister B reicht der Kundin das Brot über die Theke.

Oder der Besitzerwerb erfolgt durch Rechtsgeschäft gem. § 854 II unter folgenden Voraussetzungen: 176

1. unmittelbarer Besitz des Veräußerers,
2. Einigung über Besitzübergang,
3. Herrschaftsmöglichkeit des Erwerbers und
4. völlige Besitzaufgabe des Veräußerers.

Gängiges Beispiel für einen Besitzerwerb gem. § 854 II ist die Besitzerlangung an einem Stapel Holz im Wald, sobald der Veräußerer dem Erwerber sagt, wo sich das Holz befindet, das sich der Erwerber dort selbst abholen soll.

hemmer-Methode: Im Fall des § 854 II erfolgt die Übereignung gem. § 929 S. 1 also durch Einigung über den Eigentumsübergang plus Einigung über den Besitzübergang, die in der Regel zeitlich zusammenfallen.

190 SCHMITZ, JuS 1975, 448.
191 BGHZ 27, 362 = jurisbyhemmer; PALANDT, § 854, Rn. 2.

c) Einschaltung von Hilfspersonen

Veräußerer und Erwerber können bei der Übergabe auch Hilfspersonen einsetzen. Vertreter i.S.d. § 164 I können das aber nur im Fall des § 854 II, also des rechtsgeschäftlichen Besitzerwerbs, sein. 177

In den übrigen Fällen des Besitzerwerbs durch Realakt können Besitzdiener, Besitzmittler und Geheißpersonen mitwirken, wobei es sich hier natürlich nicht um verschiedene Personen handeln muss: Der Stellvertreter, der die dingliche Einigungserklärung abgibt, kann bei der Übergabe beispielweise die Funktion eines Besitzmittlers übernehmen.

hemmer-Methode: Beachten Sie, dass die Übergabesurrogate der §§ 930, 931 auch Rechtsgeschäfte sind, bei denen Vertretung gem. § 164 I möglich ist. Wichtig ist in diesem Zusammenhang vor allem, dass Sie auf die richtige Terminologie achten!

aa) Besitzdiener, § 855

unmittelbare Besitzbegründung für GH

Da der Besitzdiener gem. § 855 für den eigentlichen Besitzer die tatsächliche Gewalt ausübt, begründet eine Erwerbshandlung des Besitzdieners unmittelbaren Besitz des Geschäftsherrn.[192] 178

Sowohl Veräußerer als auch Erwerber können Besitzdiener einschalten. Es kann auch der Besitzdiener des Veräußerers Besitzdiener des Erwerbers werden. Dann erfolgt eine Übertragung des unmittelbaren Besitzes in der Weise, dass der Veräußerer seinen Besitzdiener anweist, nunmehr die tatsächliche Gewalt nur noch für den Erwerber auszuüben.

> ***Bsp.:*** *Der Arbeitgeber weist einen Arbeitnehmer im Zuge eines Betriebsübergangs an, die tatsächliche Gewalt an seinen Arbeitsgeräten nun für den Übernehmer auszuüben.*

bb) Besitzmittler, § 868

Voraussetzung: wirksames BMV

Auch unter Einschaltung von Besitzmittlern kann eine Übergabe nach § 929 S. 1 erfolgen, da es dafür insbesondere ausreicht, dass der Erwerber mittelbaren Besitz erwirbt. Auch Besitzmittler können auf beiden Seiten beteiligt werden. Voraussetzung ist stets ein wirksames Besitzmittlungsverhältnis gem. § 868 zwischen Besitzmittler und mittelbarem Besitzer. Auch hier kann ein und dieselbe Hilfsperson für Veräußerer und Erwerber tätig sein: Es ist möglich, dass der Besitzmittler des Veräußerers auf dessen Weisung mit dem Erwerber ein neues Besitzmittlungsverhältnis vereinbart und gleichzeitig das alte Besitzmittlungsverhältnis mit dem Veräußerer beendet wird. 179

192 Vgl. SCHMITZ, JuS 1975, 450.

hemmer-Methode: Unterscheiden Sie von diesem Fall unbedingt den Fall des § 931, bei dem der Herausgabeanspruch des Veräußerers gegenüber dem Besitzmittler an den Erwerber abgetreten wird. Dann kann der Besitzmittler etwaige Einwendungen aus dem Besitzmittlungsverhältnis gem. § 404 dem Erwerber entgegenhalten.

cc) Geheißpersonen[193]

auf Veräußererseite

Auf Seiten des Veräußerers kann eine sog. Geheißperson an der Übergabe mitwirken, wenn der besitzende Dritte auf Geheiß des Veräußerers, der weder unmittelbarer noch mittelbarer Besitzer ist, dem Erwerber Besitz verschafft. 180

auf Erwerberseite

Erlangt der Erwerber nicht selbst Besitz, sondern wird die Sache auf Geheiß des Erwerbers an eine von ihm benannte Geheißperson ausgehändigt, so liegt eine Übergabe i.S.d. § 929 S. 1 unter Beteiligung einer Geheißperson auf Erwerberseite vor. 181

sog. doppelter Geheißerwerb

Auch der sog. doppelte Geheißerwerb, bei dem gleichzeitig auf Veräußerer- und Erwerberseite Geheißpersonen eingeschaltet werden, wird von der h.M.[194] noch als Fall des § 929 S. 1 anerkannt. 182

Beispiel dafür ist folgender Fall: *Einzelhändler K hat bei Großhändler V eine Maschine gekauft, die V direkt an den Kunden D des K liefern soll. Hier erfolgt eine Übereignung von V an K und eine Übereignung von K an D. Die Übergabe von V an K kann nur in der Aushändigung an D liegen. Im Rahmen der Übereignung von V an K ist D also Geheißperson des Erwerbers K. Es reicht auch aus, dass K nur für eine „juristische Sekunde“ Eigentümer ist. Dann erwirbt D Eigentum von K gem. § 185 II S. 1, Alt. 2 durch die Übergabe seitens V, der hier Geheißperson des Veräußerers K ist.*

2. Die Übereignung „kurzer Hand“ nach § 929 S. 2

Voraussetzungen der Übereignung gem. § 929 S. 2: 183

1. Einigung über den Eigentumsübergang
2. Besitz des Erwerbers
3. Berechtigung und Verfügungsbefugnis des Veräußerers

Gem. § 929 S. 2 ist die Übergabe entbehrlich, wenn der Erwerber bereits im Besitz der Sache ist. Dabei genügt jede Art von Besitz, und es ist gleichgültig, von wem der Erwerber den Besitz erlangt hat.

193 Zur Vertiefung mit Beispielen: Tyroller, Life&Law 2012, 522 ff.

194 Vgl. Tiedtke, Jura 1983, 464; Medicus, Bürgerliches Recht, Rn. 565.

Der Veräußerer selbst darf aber keinerlei Besitz mehr zurückbehalten. Hier ist das Publizitätsprinzip gewahrt, da die Besitzlage bereits derjenigen entspricht, welche durch die Übergabe herbeigeführt werden sollte.

3. Das Übergabesurrogat des § 930

a) Voraussetzungen der Übereignung gem. §§ 929 S. 1, 930

Voraussetzungen: 184

1. Einigung über den Eigentumsübergang nach § 929 S. 1
2. Vereinbarung eines konkreten Besitzmittlungsverhältnisses nach §§ 930, 868
3. Berechtigung und Verfügungsbefugnis des Veräußerers

§ 930 ermöglicht es dem Veräußerer, auch nach der Eigentumsübertragung noch Besitzer zu bleiben, indem die Übergabe durch die Vereinbarung eines konkreten Besitzmittlungsverhältnisses gem. § 868 ersetzt werden kann. Aufgrund dieses Besitzmittlungsverhältnisses, muss der Veräußerer dem Erwerber den Besitz mitteln, und es muss ein Herausgabeanspruch des mittelbaren Besitzers gegen den unmittelbaren Besitzer bestehen. 185

Unwirksamkeit des Vertrages unschädlich

Bestehen Besitzmittlungswille und Herausgabeanspruch, so schadet auch die Unwirksamkeit des Vertrages i.S.d. § 868 nicht (vermeintliches Besitzmittlungsverhältnis).[195] 186

gesetzliches BMV genügt

Schließlich genügt i.R.d. § 930 nach ganz überwiegender Meinung[196] auch ein gesetzliches Besitzmittlungsverhältnis, wie z.B. die Ehe gem. § 1353 oder das Eltern-Kind-Verhältnis gem. § 1626. 187

War der Veräußerer zuvor unmittelbarer Eigenbesitzer oder unmittelbarer Eigenmitbesitzer, so bleibt er unmittelbarer Fremdbesitzer. War er hingegen mittelbarer Eigenbesitzer, so bleibt er mittelbarer Fremdbesitzer 1. Grades (§ 871). 188

> ***Bsp.:*** *Autovermieter A hat einen Wagen für zwei Wochen an M vermietet, muss diesen Wagen nun aber seiner Bank B zur Sicherheit übereignen. Dies geschieht gem. §§ 929 S. 1, 930, damit A den Wagen weiter nutzen kann und weil die Bank nicht an einer Aufbewahrung interessiert ist.*

195 PALANDT, § 868, Rn. 6.

196 PALANDT, § 868, Rn. 6; BGHZ 73, 253, 257.

A wird also vom mittelbaren Eigenbesitzer zum mittelbaren Fremdbesitzer 1. Grades. M bleibt unmittelbarer Fremdbesitzer und die Bank B wird mittelbarer Eigenbesitzer 2. Grades.

b) Das vorweggenommene Besitzkonstitut

Von einem vorweggenommenen (auch anti- bzw. antezipierten) Besitzkonstitut spricht man, wenn Einigung und Vereinbarung des Besitzkonstitutes schon erfolgen, bevor der Veräußerer im Besitz der betreffenden Sache ist. Sobald die betreffende Sache in den Besitz des Veräußerers gelangt, wird der Erwerber gem. §§ 929 S. 1, 930 Eigentümer - das Fortbestehen von Einigung, Besitzkonstitut und Besitzmittlungswille vorausgesetzt. Das Fehlen des Besitzmittlungswillens muss der Veräußerer aber bei Erwerb des Besitzes erkennbar zum Ausdruck bringen.[197] Der Veräußerer selbst wird nur für eine „juristische Sekunde" Eigentümer. **189**

str., ob Ausführungshandlung des Veräußerers erforderlich

Strittig ist, ob noch eine Ausführungshandlung des Veräußerers notwendig ist[198], die jedenfalls dann gefordert wird, wenn Einigung und Besitzkonstitut als gestattetes Insichgeschäft gem. § 181 vom Veräußerer vorgenommen werden. **190**

hemmer-Methode: Das antezipierte Besitzkonstitut können Sie vom gestatteten Insichgeschäft durch Auslegung nach den Interessen der Parteien abgrenzen. Für ein Insichgeschäft spricht z.B., wenn der Veräußerer unter vielen bei ihm eingehenden Gegenständen erst diejenigen auswählen soll, die an den Erwerber übereignet werden.

c) Die Sicherungsübereignung

große Relevanz in der Praxis

Die Sicherungsübereignung ist der wichtigste Anwendungsfall der §§ 929 S. 1, 930 in der Praxis. Dadurch wird es dem Sicherungsgeber ermöglicht, anders als beim gesetzlich vorgesehenen Sicherungsmittel, dem Pfandrecht gem. §§ 1204 ff.[199], das Sicherungsgut in seinem Besitz zu behalten und es weiter zu benutzen, während der Sicherungsnehmer durch seine Eigentümerstellung gut abgesichert ist. **191**

keine strenge Akzessorietät

Der zweite wichtige Unterschied zwischen dem vom Gesetzgeber vorgesehenen Faustpfandrecht und der Sicherungsübereignung, die sich in der Praxis durchgesetzt hat, betrifft die Akzessorietät: Das Faustpfandrecht ist streng akzessorisch[200], die Sicherungsübereignung nicht. Der Sicherungsnehmer wird also bei der Sicherungsübereignung auch dann Eigentümer, wenn die zu sichernde Forderung nicht besteht und bleibt es grundsätzlich auch, wenn diese erlischt. **192**

---

197 Vgl. PALANDT, § 868, Rn. 7.
198 Vgl. PALANDT, § 930, Rn. 10.
199 Dazu vgl. unten Rn. 390 ff.
200 Vgl. unten Rn. 391.

Allerdings können die Parteien vereinbaren, dass das Eigentum bei Tilgung der Schuld automatisch an den Sicherungsgeber zurückfallen soll (§ 158 II). Bei einer unbedingten Sicherungsübereignung ergibt sich aus der Sicherungsabrede, die Forderung und Sicherung verknüpft, eine obligatorische Verpflichtung zur Rückübereignung.

Bestimmtheit erforderlich

Insbesondere bei der Sicherungsübereignung von Warenlagern ist darauf zu achten, dass die Einigung genügend bestimmt ist.[201] Möglich ist etwa die Übereignung aller in einem bestimmten Raum befindlichen Waren (Raumsicherungsvertrag) oder von Waren, die mit einer bestimmten Markierung versehen wurden (Markierungsvertrag). 193

konkretes Besitzkonstitut = Sicherungsabrede selbst

Konkretes Besitzkonstitut i.S.d. § 868, das auch hier antezipiert möglich ist, ist die Sicherungsabrede selbst[202]: ein schuldrechtlicher Vertrag, der die Rechte und Pflichten von Sicherungsgeber und Sicherungsnehmer im Innenverhältnis festlegt. 194

Dadurch wird auch die treuhänderische Bindung des Sicherungsnehmers bewirkt, der nach außen hin rechtlich mehr Macht erhält, als nach dem Innenverhältnis an sich erforderlich wäre.[203] 195

hemmer-Methode: Hier wurden nur die wichtigsten Unterschiede zwischen Sicherungsübereignung und Faustpfandrecht und die wichtigsten Besonderheiten der Sicherungsübereignung, die im Zusammenhang mit der Übereignung gem. §§ 929 S. 1, 930 stehen, angesprochen. Weitere Informationen zur Sicherungsübereignung - etwa zur Unwirksamkeit der Sicherungsabrede gem. § 138 I bzw. § 307 I, die i.d.R. auch die Unwirksamkeit der Übereignung selbst nach sich zieht, zur Verwertung des Sicherungsguts und zum Sicherungseigentum in der Zwangsvollstreckung - finden Sie in Hemmer/Wüst, Sachenrecht II, Rn. 231 ff. Eine umfassende Darstellung enthält das Skript Hemmer/Wüst Kreditsicherungsrecht.

4. Das Übergabesurrogat des § 931

<u>Voraussetzungen der Übereignung nach §§ 929 S. 1, 931:</u> 196

1. Einigung über den Eigentumsübergang nach § 929 S. 1
2. Abtretung des Herausgabeanspruchs nach §§ 931, 398
3. Einigsein im Zeitpunkt des Eigentumsübergangs
4. Berechtigung und Verfügungsbefugnis des Veräußerers

201 Vgl. dazu bereits oben Rn. 168.

202 Vgl. BGH, NJW 79, 2308 = jurisbyhemmer; PALANDT, § 930, Rn. 9.

203 PALANDT, § 930, Rn. 13.

Befindet sich die zu übereignende Sache im unmittelbaren oder mittelbaren Besitz eines Dritten, so kann nach § 931 die Übergabe durch die Abtretung des Herausgabeanspruchs des Veräußerers gegen den Dritten nach § 398 ersetzt werden.

Ist der Herausgabeanspruch bei der Abtretung noch nicht fällig, so geht das Eigentum dennoch sofort über, bei Abtretung eines künftigen Anspruches aber erst mit der Anspruchsentstehung.

nicht abtretbar i.S.d. § 931: Anspruch aus § 985

Kein abtretbarer Anspruch i.S.d. § 931 ist der dingliche Herausgabeanspruch nach § 985, denn dieser folgt dem Eigentum, nicht umgekehrt. 197

Ist der Veräußerer mittelbarer Besitzer, so muss er nach einhelliger Ansicht[204] seinen schuldrechtlichen Herausgabeanspruch aus dem Besitzmittlungsverhältnis abtreten (vgl. § 870).

Ist der Veräußerer nicht mittelbarer Besitzer, steht ihm aber ein schuldrechtlicher Herausgabeanspruch aus §§ 812, 823 zu, so ist nach h.M.[205] dieser Anspruch abzutreten.

Hat der Veräußerer keinen Besitz und auch keinen Herausgabeanspruch gegen den Dritten außer dem Anspruch aus § 985, so genügt nach der ganz h.M.[206] die bloße Einigung über den Eigentumsübergang. Nach BGH[207] soll der Eigentümer den Erwerber in diesem Fall noch nach § 185 I entsprechend zur Geltendmachung des Anspruchs aus § 985 im eigenen Namen ermächtigen.

Auch eine Sache, die sich in niemandes Besitz befindet, kann nach h.M.[208] gem. §§ 929 S. 1, 931 durch bloße Einigung über den Eigentumsübergang übereignet werden.

C. Erwerb vom Nichtberechtigten i.V.m. § 185

Ist der Veräußerer weder der in seiner Verfügungsbefugnis unbeschränkte wahre Eigentümer noch eine kraft Gesetzes zur Veräußerung berechtigte Person (z.B. § 2211 I), so ist § 185 zu prüfen. 198

Wirksamkeit der Verfügung eines Nichtberechtigten

Danach kann die Verfügung eines Nichtberechtigten (d.h. hier: nicht Verfügungsbefugten) in vier Fällen wirksam sein. Die Verfügung muss stets im eigenen Namen erfolgt sein, da sonst §§ 164 ff. gelten.

204 BGH, NJW 1959, 1536 f.

205 Vgl. PALANDT, § 931, Rn. 3.

206 Vgl. PALANDT, § 931, Rn. 3;; MEDICUS, Bürgerliches Recht, Rn. 445.

207 BGH, WM 1964, 426.

208 Vgl. PALANDT, § 931, Rn. 2; MEDICUS, Bürgerliches Recht, Rn. 445.

I. § 185 I

Einwilligung

Nach § 185 I ist die Verfügung eines Nichtberechtigten wirksam, wenn sie mit Einwilligung des Berechtigten erfolgt. Einwilligung ist die vorherige Zustimmung i.S.d. §§ 182, 183. Klassischer Anwendungsfall ist die Ermächtigung zur Weiterveräußerung im ordnungsgemäßen Geschäftsverkehr beim verlängerten Eigentumsvorbehalt und der Sicherungsübereignung von Warenbeständen. 199

II. § 185 II S. 1, Alt. 1

Genehmigung

Nach § 185 II S. 1, Alt. 1 wird die Verfügung eines Nichtberechtigten wirksam, wenn der Berechtigte sie genehmigt. Die Genehmigung hat gem. § 184 I Rückwirkung. 200

hemmer-Methode: Diese Genehmigungsmöglichkeit dient dazu, die Rechtsfolgen des § 816 I S. 1 herbeizuführen, der hier im Gegensatz zum Fall des § 185 I eingreift.
Die Genehmigung kann nach h.M.[209] auch stillschweigend dadurch erfolgen, dass der Berechtigte vom Verfügenden die Herausgabe des Erlöses nach § 816 I S. 1 analog verlangt und diesen auch tatsächlich erhält. Die Genehmigung bezieht sich auch nur auf die Rechtsfolgen: Die Verfügung bleibt die eines Nichtberechtigten.

III. § 185 II S. 1, Alt. 2

Erwerb durch Nichtberechtigten

Nach § 185 II S. 1, Alt. 2 wird eine Verfügung ex nunc wirksam, wenn der Nichtberechtigte den Gegenstand erwirbt. 201

§ 185 II S. 1, Alt. 2 findet nach h.M. entsprechende Anwendung, wenn über ein künftiges Recht verfügt wird. Ob dann Direkt- oder Durchgangserwerb stattfindet, ist umstritten.[210]

IV. § 185 II S. 1, Alt. 3

Erbfall

Nach der letzten Alternative des § 185 II S. 1 wird die Verfügung wirksam, wenn der Berechtigte den Nichtberechtigten beerbt (also Erbe des Nichtberechtigten wird - im umgekehrten Fall gilt ja § 185 II S. 1, Alt. 2) und für die Nachlassverbindlichkeiten unbeschränkt haftet. 202

---

209 BGH, NJW 1996, 2106; PALANDT, § 185, Rn. 10.

210 HEMMER/WÜST, Sachenrecht II, Rn. 64.

V. § 185 II S. 2

Prioritätsgrundsatz gilt; maßgeblich: Sicht des ersten Erwerbers

§ 185 II S. 2 ordnet für die Fälle des § 185 II S. 1, Alt. 2 und Alt. 3 die Geltung des Prioritätsgrundsatzes an, wenn über einen Gegenstand von einem Nichtberechtigten mehrere Verfügungen getroffen werden, die nicht in Einklang zu bringen sind. Hierbei ist die Sicht des ersten Erwerbers maßgeblich. 203

Bsp.: *Wird zunächst ein Pfandrecht bestellt und die Sache danach veräußert, liegen keine einander widersprechenden Verfügungen vor, da es dem Pfandrechtsgläubiger i.d.R. egal ist, wem die Sache gehört. Im umgekehrten Fall würde § 185 II S. 2 eingreifen.*

hemmer-Methode: Im Fall von § 185 II S. 1, Alt. 1 kann der Berechtigte nach seinem Belieben eine der Verfügungen genehmigen.

D. Gutgläubiger Erwerb vom Nichtberechtigten

I. Einführung

Vorrang von Sicherheit und Leichtigkeit des Rechtsverkehrs vor den Interessen des alten Eigentümers

Nach den §§ 932 - 935 erlangt der Erwerber das Eigentum auch vom Nichtberechtigten, wenn er hinsichtlich des Eigentums des Veräußerers, der durch den Rechtsschein des Besitzes (§ 1006) legitimiert war, gutgläubig (§ 932 II) und die Sache dem Eigentümer nicht abhanden gekommen war (§ 935). Unter diesen Voraussetzungen räumt das Gesetz der Sicherheit und Leichtigkeit des Rechtsverkehrs Vorrang vor den Interessen des alten Eigentümers ein. 204

Voraussetzung: Rechtsgeschäft i.S.e. Verkehrsgeschäfts

Die §§ 932 - 935 setzen ein Rechtsgeschäft i.S.e. Verkehrsgeschäftes voraus.[211] Ein gutgläubiger Erwerb ist also beim gesetzlichen Erwerb (z.B. § 1922, gleichzustellen ist der rechtsgeschäftliche Erwerb i.R.d. vorweggenommenen Erbfolge[212]) ausgeschlossen. 205

Für ein Verkehrsgeschäft ist Voraussetzung, dass - bei wirtschaftlicher Betrachtungsweise - auf der Erwerberseite mindestens eine Person beteiligt ist, die nicht auf der Veräußererseite beteiligt ist.[213]

Bsp.: *Der einzige Gesellschafter einer GmbH erwirbt von der GmbH einen Pkw - bei wirtschaftlicher Betrachtungsweise kein Verkehrsgeschäft.*

211 Vgl. MEDICUS, Bürgerliches Recht, Rn. 547; TIEDTKE, Jura 1983, 461; Wiegand, JuS 1974, 202.

212 Vgl. MEDICUS, Bürgerliches Recht, Rn. 549.

213 Vgl. MEDICUS, Bürgerliches Recht, Rn. 548; PALANDT, § 892, Rn. 5.

hemmer-Methode: Erkennen Sie die Wertungen, die hinter den Vorschriften stehen! Gutgläubiger Erwerb soll aufgrund des Verkehrsschutzes möglich sein. Aber bei Abhandenkommen sieht das Gesetz den Eigentümer als schutzwürdiger an. Es entsteht ein Eigentümer-Besitzer-Verhältnis[214] zwischen Eigentümer und Erwerber. Bei einem Erwerb kraft Gesetzes wie bei fehlendem Rechtssubjektswechsel fehlt der für einen gutgläubigen Erwerb nötige Vertrauenstatbestand. Beim rechtsgeschäftlichen Erwerb im Rahmen der vorweggenommenen Erbfolge verdient der Erwerber keinen Schutz, da ihm der gesetzliche Erwerb durch Erbgang keine bessere Rechtsposition verschafft hätte.

II. Der gute Glaube, § 932 II

Voraussetzung: guter Glaube

206 Der gute Glaube des Erwerbers gem. § 932 II ist bei allen Erwerbstatbeständen der §§ 932 - 934 Voraussetzung für einen Eigentumserwerb vom Nichtberechtigten. Bei Einschaltung eines Vertreters gilt § 166.

Gegenstand: Eigentum

207 Gegenstand des guten Glaubens ist das Eigentum des Veräußerers. Der gute Glaube des Erwerbers ersetzt darum nur die Berechtigung des Veräußerers. Ausreichend ist auch der gute Glaube an das Eigentum desjenigen, der nach § 185 einer Verfügung zugestimmt hat, sofern in der Person des Zustimmenden ein Rechtsscheintatbestand verwirklicht war. Denn hier ist der zustimmende Dritte der eigentliche Veräußerer.[215]

hemmer-Methode: Nicht ausreichend wäre nach der überwiegenden Meinung[216] der gute Glaube an einen Rechtsscheinsträger, z.B. an eine in Wirklichkeit nicht bestehende Weisung im Fall des Geheißerwerbs. Die Gegenauffassung hat der BGH in einer heftig kritisierten Entscheidung[217] vertreten.

Nicht durch §§ 932 ff. geschützt sind auch der gute Glaube an die Geschäftsfähigkeit, die Vertretungsmacht oder an die Verfügungsbefugnis (vgl. aber § 366 I HGB[218]).

§ 932 II: Maßstab des guten Glaubens

208 Den Maßstab des guten Glaubens enthält § 932 II: Bösgläubig ist der Erwerber, der weiß oder infolge grober Fahrlässigkeit (§ 276 II) nicht weiß, dass der Veräußerer nicht Eigentümer ist.

Bsp.: *Grobe Fahrlässigkeit beim Gebrauchtwagenkauf, wenn Erwerber bei fehlendem bzw. auf andere Person lautendem Kfz-Brief weitere Nachforschungen unterlässt.*[219]

214 Ausführlich dazu HEMMER/WÜST, Sachenrecht I , Rn. 263 ff.

215 PALANDT, § 932, Rn.1, MEDICUS, Bürgerliches Recht, Rn. 566; TIEDTKE, Jura 1983, 461.

216 MEDICUS, Bürgerliches Recht, Rn. 564; PALANDT, § 932 Rn. 4.

217 BGHZ 36, 56, 60; BGH, NJW 1974, 1132 ff. = jurisbyhemmer.

218 Vgl. dazu unten Rn. 234.

219 Vgl. BGH, NJW 1975, 735, 736 = jurisbyhemmer; Life&Law 2007, 89 ff.

Zeitpunkt: Vollendung des Rechtserwerbs

209 Der gute Glaube muss bei Vollendung des Rechtserwerbs vorliegen.[220] Bei bedingter Einigung genügt aber die Gutgläubigkeit bei der bedingten Einigung und der Übergabe.

Aus dem Wortlaut des § 932 I („... es sei denn, dass er ... nicht im guten Glauben ist") folgt, dass der gute Glaube des Erwerbers vermutet wird. Dementsprechend liegt die Beweislast bei demjenigen, der den guten Glauben bestreitet.[221]

III. Ausschluss des gutgläubigen Erwerbs nach § 935

kein gutgläubiger Erwerb bei abhanden gekommener Sache

210 Ein gutgläubiger Erwerb ist gem. § 935 I ausgeschlossen, wenn die betreffende Sache dem Eigentümer abhanden gekommen ist. § 935 I schließt jeden Erwerb aus, nicht nur den des Ersterwerbers, sondern auch alle nachfolgenden in einer Veräußerungskette.

Abhandenkommen

211 Ein Abhandenkommen liegt vor, wenn der unmittelbare Besitzer (vgl. auch § 857) den Besitz ohne seinen Willen verliert.[222] Dementsprechend meint § 935 I S. 1 den Fall, dass der Eigentümer unmittelbarer und § 935 I S. 2 den Fall, dass der Eigentümer mittelbarer Besitzer war. Der Verlust von Mitbesitz reicht für ein Abhandenkommen aus.[223]

h.M.: Einsichtsfähigkeit maßgeblich

212 Für die Freiwilligkeit kommt es nach h.M.[224] entsprechend § 828 III auf die Einsichtsfähigkeit und nicht auf die Geschäftsfähigkeit an. Kein Abhandenkommen liegt grundsätzlich bei Irrtum oder Täuschung des unmittelbaren Besitzers vor, wohl aber bei Drohung (str.).[225]

☑

hemmer-Methode: Bezüglich des Abhandenkommens werden noch verschiedene Problemfälle diskutiert, etwa die Wegnahme einer Sache durch Hoheitsakt, die Weggabe durch den Besitzdiener oder durch Organe einer juristischen Person oder im Zusammenhang mit dem Erbenbesitz[226]. Diese Thematik können Sie mit Hilfe des Skripts Sachenrecht II, Rn. 79 ff., vertiefen.

§ 935 II schließt Anwendbarkeit von § 935 I aus

213 Auf Geld, Inhaberpapiere sowie auf Sachen, die im Wege öffentlicher Versteigerung (§ 383 III) veräußert werden, findet § 935 I keine Anwendung, § 935 II. Die Norm schützt v.a. die Umlauffähigkeit des Geldes.[227]

---

220 Vgl. PALANDT, § 932, Rn. 14; TIEDTKE, Jura 1983, 462.

221 Vgl. PALANDT, § 932, Rn. 15.

222 PALANDT, § 935, Rn. 2.

223 TIEDTKE, Jura 1983, 460, 469.

224 PALANDT, § 935, Rn. 3; TIEDTKE, Jura 1983, 460, 471.

225 Näher dazu HEMMER/WÜST, Sachenrecht II, Rn. 81.

226 Dazu unten Rn. 233

227 Dazu gehören wiederum aber keine Sammlermünzen, selbst wenn sie als Zahlungsmittel eingesetzt werden können. Maßgeblich ist, dass sie typischerweise zu diesem Zweck nicht eingesetzt werden, BGH, Life&Law 2013, 730 ff.

IV. Die einzelnen Erwerbstatbestände, §§ 932 - 934

Jedem Erwerbstatbestand nach §§ 929 - 931 entspricht ein Gutglaubenstatbestand nach §§ 932 - 934. Für den gutgläubigen Erwerb müssen sowohl die Voraussetzungen der §§ 929 - 931 mit Ausnahme der Berechtigung als auch die zusätzlichen Anforderungen der §§ 932 - 934 erfüllt sein, um die fehlende Berechtigung zu überwinden. 214

1. §§ 929 S. 1, 932 I S. 1

Der gutgläubige Erwerb nach §§ 929 S. 1, 932 I S. 1 hat folgende Voraussetzungen: 215

1. Einigung über den Eigentumsübergang
2. Übergabe
3. Einigsein im Zeitpunkt der Übergabe
4. fehlende Berechtigung, kein § 185
5. guter Glaube, § 932 I S. 1, II
6. kein Abhandenkommen, § 935

Anknüpfungspunkt: Besitz

Anknüpfungspunkt für den durch § 932 I geschützten Rechtsschein ist die Besitzlage, die den Veräußerer als Berechtigten ausweist (§ 1006). Denn bei der Übereignung nach § 929 S. 1 ist der Veräußerer regelmäßig unmittelbarer oder mittelbarer Besitzer. Als Rechtsscheintatbestand reicht nach ganz h.M. auch, wenn der Veräußerer selbst keinen Besitz hat, jedoch der Erwerber den Besitz auf Weisung des Veräußerers vom besitzenden Dritten erhält (Geheißerwerb). Nach h.L.[228] muss sich die Geheißperson aber tatsächlich dem Willen des Veräußerers untergeordnet haben. Dagegen soll es nach der Rechtsprechung[229] genügen, dass die Übergabe sich bei objektiver Betrachtungsweise aus der Sicht des Erwerbers als auf einer Weisung des Veräußerers beruhend darstellt (sog. Scheingeheißperson). 216

2. §§ 929 S. 2, 932 I S. 2

Der gutgläubige Erwerb nach §§ 929 S. 2, 932 I S. 2 hat folgende Voraussetzungen: 217

1. Einigung über den Eigentumsübergang
2. Besitz des Erwerbers

228 Vgl. PALANDT, § 932, Rn. 4; TIEDTKE, Jura 1983, 460, 463.

229 BGHZ 36, 56, 60; BGH, NJW 1974, 1132 ff. = jurisbyhemmer.

3. keine Berechtigung, kein § 185
4. Besitz vom Veräußerer erlangt, § 932 I S. 2
5. guter Glaube im Zeitpunkt der Einigung, §§ 932 I 1, II
6. kein Abhandenkommen, § 935

Besitzerlangung des Erwerbers gerade durch Veräußerer erforderlich

Gem. § 932 I S. 2 muss hier - anders als bei der Veräußerung des wahren Berechtigten gem. § 929 S. 2 - der Erwerber den Besitz gerade vom Veräußerer erlangt haben. Denn nur dann besteht der Rechtsschein des Besitzes für den Veräußerer, der das Vertrauen auf das Eigentum und damit den gutgläubigen Erwerb rechtfertigt. 218

3. §§ 929 S. 1, 930, 933

Der gutgläubige Erwerb nach §§ 929 S. 1, 930, 933 hat folgende Voraussetzungen: 219
1. Einigung über den Eigentumsübergang
2. Besitzkonstitut, § 930
3. keine Berechtigung, kein § 185
4. Übergabe durch den Veräußerer, § 933
5. guter Glaube zum Zeitpunkt der Übergabe, §§ 933, 932 II
6. kein Abhandenkommen, § 935

Übergabe erforderlich

Bei der Übereignung gem. §§ 929 S. 1, 930 wird der Erwerber erst dann gutgläubig Eigentümer, wenn der nichtberechtigte Veräußerer die Sache an den Erwerber gem. § 933 übergeben hat. Erst diese Übergabe - der Begriff ist hier identisch mit dem des § 929 S. 1 - stellt den erforderlichen Rechtsscheintatbestand dar. 220

hemmer-Methode: Im Zusammenhang mit der Sicherungsübereignung haben Sie schon gelernt, dass die Form des Besitzkonstitutes gerade gewählt wird, weil eine Übergabe i.S.d. § 929 S. 1 - also der völlige Besitzverlust des Veräußerers - nicht erfolgen soll. Daher sind Fälle des gutgläubigen Erwerbs nach §§ 929 S. 1, 930, 933 selten.

4. §§ 929 S. 1, 931, 934

Im Fall der Veräußerung gem. §§ 929 S. 1, 931 unterscheidet § 934 hinsichtlich des gutgläubigen Erwerbs danach, ob der Veräußerer mittelbarer Besitzer war oder nicht. 221

a) Mittelbarer Besitz, § 934, Alt. 1

Der gutgläubige Erwerb nach <u>§§ 929 S. 1, 931, 934, Alt. 1</u> hat folgende <u>Voraussetzungen</u>: 222

1. Einigung über den Eigentumsübergang
2. Abtretung eines Herausgabeanspruchs nach §§ 931, 398
3. keine Berechtigung, kein § 185
4. guter Glaube zum Zeitpunkt der Abtretung, §§ 934, 932 II
5. kein Abhandenkommen, § 935

Abtretung des Herausgabeanspruchs aus BMV genügt

War der Veräußerer mittelbarer Besitzer, so genügt nach § 934, Alt. 1 die Einigung und die Abtretung des Herausgabeanspruchs aus dem Besitzmittlungsverhältnis, wenn der Erwerber zum Zeitpunkt der Abtretung gutgläubig ist. Die Übertragung des mittelbaren Besitzes (§ 870) ist als Rechtsscheintatbestand ausreichend. 223

Bsp.: *V vermietet eine Maschine an M. M veräußert die Maschine gem. §§ 929 S. 1, 930 zur Sicherheit an die Bank B. B ihrerseits überträgt ihr vermeintliches Eigentum gem. §§ 929 S. 1, 931 an D.*

B wurde hier mangels Übergabe gem. § 933 nicht Eigentümerin der Maschine. B wurde jedoch mittelbare Besitzerin durch das mit M vereinbarte Besitzmittlungsverhältnis. So konnte D gem. §§ 929 S. 1, 931, 934, Alt. 1 gutgläubig Eigentum erwerben. Insbesondere hatte B nach h.M.[230] *nicht nur mittelbaren Nebenbesitz erlangt, welcher nicht für § 934, Alt. 1 ausreichen würde*[231]*. Der Nebenbesitz als der gleichstufige mittelbare Besitz mehrerer Personen ist nach h.M.*[232] *nicht anzuerkennen, da die Regelungen zum Besitz abschließend sind und der Besitzmittler sonst zwei Herausgabeansprüchen ausgesetzt wäre. Durch die Sicherungsübereignung an B hat M zum Ausdruck gebracht, dass er nur noch für B und nicht mehr für V besitzen will. B hat dadurch mittelbaren Alleinbesitz erlangt.*

hemmer-Methode: Vergleicht man die Voraussetzungen des gutgläubigen Erwerbs nach § 933 einerseits und § 934, Alt. 1 andererseits, so scheint ein Wertungswiderspruch vorzuliegen: Der Erwerber wird in beiden Fällen mittelbarer Besitzer, aber nur der Weg über § 934, Alt. 1 führt zum Eigentumserwerb. § 933 erfordert noch die Übergabe der Sache vom Veräußerer. Dieser Unterschied beruht aber darauf, dass sich der Veräußerer bei § 934, Alt. 1 von seinem Besitz vollständig trennt, wohingegen er bei § 930 im Besitz der Sache bleibt. §§ 932 ff. setzen aber in jeder Konstellation voraus, dass der Veräußerer jedwede Besitzposition aufgibt.

230 PALANDT, § 868, Rn. 2; TIEDTKE, Jura 1983, 460, 469.

231 So die Ansicht, die den Nebenbesitz anerkennt: MEDICUS, Bürgerliches Recht, Rn. 558, 561.

232 Vgl. PALANDT, § 868, Rn. 2; TIEDTKE, Jura 1983, 460, 469.

b) Kein mittelbarer Besitz, § 934, Alt. 2

Voraussetzungen des gutgläubigen Erwerbs nach §§ 929 S. 1, 931, 934, Alt. 2: 224

1. Einigung über den Eigentumsübergang
2. Abtretung des (vermeintlichen) Herausgabeanspruchs nach §§ 931, 398
3. keine Berechtigung, kein § 185
4. Erwerb des Besitzes von dem Dritten
5. guter Glaube zum Zeitpunkt der Besitzerlangung, §§ 934, 932 II
6. kein Abhandenkommen, § 935.

Besitzerlangung des Erwerbers vom besitzenden Dritten erforderlich

Ist der Veräußerer nicht mittelbarer Besitzer, so verlangt § 934, Alt. 2 für den gutgläubigen Erwerb die Besitzerlangung des Erwerbers von dem besitzenden Dritten (mittelbarer Besitz des Erwerbers reicht aus, nicht aber nur vermeintlicher). Denn hier wird nur ein behaupteter oder vermeintlicher Herausgabeanspruch abgetreten[233], sofern kein sonstiger Herausgabeanspruch (§§ 812, 823) besteht, der auch dem Nichteigentümer zustehen kann.[234] Dies reicht aber für einen Rechtsscheintatbestand nicht aus.[235] 225

hemmer-Methode: Unterscheiden Sie die beiden Fälle des § 934 sorgfältig! Wird der Erwerber zwischen der Abtretung des (vermeintlichen) Herausgabeanspruchs und der Besitzerlangung bösgläubig, so hat er im Fall der Alt. 1 Eigentum erworben, während der Erwerb nach der Alt. 2 scheitert.

V. Wirkungen des gutgläubigen Erwerbs

Erwerber wird Volleigentümer, früherer Eigentümer verliert Eigentum

Grundsätzlich wird der gutgläubige Erwerber ohne jede Beschränkung Volleigentümer, als wenn er vom Berechtigten erworben hätte. Der frühere Eigentümer verliert sein Eigentum ganz. 226

Der gutgläubige Erwerber kann die Sache auch grundsätzlich als Berechtigter an den früheren Nichtberechtigten wirksam zurückübertragen, so dass dieser Eigentum erwirbt.

233 Vgl. BGH, NJW 1978, 696 = jurisbyhemmer.
234 SCHMITZ, JuS 1974, 720.
235 SCHMITZ, JuS 1974, 720.

Nur in drei Ausnahmefällen wird allgemein ein automatischer Rückerwerb des ursprünglichen Eigentümers angenommen: bei geplanter Hin- und Herübereignung, bei Rückgängigmachung des schuldrechtlichen Grundgeschäftes (z.B. Wandelung, Anfechtung) und wenn die Übereignung von vorneherein nur vorläufiger Natur sein sollte (z.B. Sicherungsübereignung). Die Begründung dieses Ergebnisses bereitet aber insbesondere mit Blick auf das Abstraktionsprinzip Schwierigkeiten.[236]

VI. Gutgläubiger lastenfreier Erwerb

§ 936: gutgläubiger „Wegerwerb" von Rechten Dritter

§ 936 ermöglicht den gutgläubigen „Wegerwerb" von Rechten 227
Dritter, die auf der veräußerten Sache lasten. Neben dem Anwartschaftsrecht fallen auch besitzlose Pfandrechte (z.B. § 559), das Werkunternehmerpfandrecht (§ 647), das Pfändungspfandrecht nach der ZPO und der Nießbrauch (§§ 1030 ff.) unter § 936. Bei Grundpfandrechten gelten die §§ 1120 ff. als Sonderregelungen.[237]

Der <u>gutgläubig lastenfreie Erwerb</u> nach <u>§ 936</u> hat folgende 228
<u>Voraussetzungen</u>:

1. Erwerb des Eigentums, § 936 I S. 1
   - ⇨ vom Berechtigten nach §§ 929 - 931
   - ⇨ vom Nichtberechtigten nach §§ 929 - 931 i.V.m. §§ 932 ff. (kein Abhandenkommen i.S.d. § 935 beim Eigentümer)
2. beim Eigentumserwerb vom Berechtigten:
   - ⇨ Rechtsscheintatbestand wie beim Eigentumserwerb vom Nichtberechtigten, § 936 I S. 2, 3
3. guter Glaube bzgl. Lastenfreiheit, §§ 936 II, 932 II
4. kein Abhandenkommen i.S.d. § 935 beim Inhaber des Rechts

Eigentumserwerb erforderlich

Der lastenfreie Erwerb setzt zunächst den Erwerb des Eigentums 229
voraus, § 936 I S. 1.

Rechtsscheintatbestand auf Veräußererseite notwendig

Beim Erwerb vom Eigentümer tritt Lastenfreiheit aber nur ein, 230
wenn auf Veräußererseite ein Rechtsscheintatbestand vorliegt, aufgrund dessen der Erwerber das Eigentum auch gutgläubig vom Nichtberechtigten hätte erwerben können.[238] Denn hier wird ja die Lastenfreiheit vom Nichtberechtigten erworben.

236 Zu den Begründungsversuchen vgl. HEMMER/WÜST, Sachenrecht II, Rn. 111.

237 Vgl. TIEDTKE, Jura 1983, 472.

238 TIEDTKE, Jura 1983, 460, 472.

Dieser Rechtsscheintatbestand ist beim Erwerb vom Nichtberechtigten bereits zum Eigentumserwerb nötig. Darum ist er beim Erwerb vom Nichtberechtigten bzgl. der Lastenfreiheit nicht nochmals zu prüfen. Wenn schon das Vollrecht gutgläubig erworben werden konnte, dann müssen erst recht weniger starke Rechte wegerworben werden können, die Dritten an der Sache zustehen.

kein Abhandenkommen i.S.d. § 935

§ 935 ist entsprechend in § 936 hineinzulesen, so dass die Sache auch dem Inhaber des Rechtes nicht i.S.d. § 935 abhandengekommen sein darf. § 935 muss also unter Umständen zweimal geprüft werden: einmal hinsichtlich des Eigentümers und einmal hinsichtlich des Inhabers des Rechts. 231

beachte § 936 III

Nach § 936 III erlischt das Recht aber auch dem gutgläubigen Erwerber gegenüber nicht, wenn es dem Dritten zusteht, der bei einer Veräußerung nach § 931 die Sache im Besitz hatte.[239] 232

VII. Sonderfälle des gutgläubigen Erwerbs

1. Erbschein, § 2366

Erwerb vom Scheinerben wird dem Erwerb vom wahren Erben gleichgestellt

Gemäß § 2366 wird der Erwerb vom Scheinerben ebenso beurteilt wie ein Erwerb vom wahren Erben. So wird das Abhandenkommen der Nachlassgegenstände nach §§ 857, 935 I (im Verhältnis wahrer Erbe - Scheinerbe) überwunden. Die Vorschrift hilft aber nicht weiter, wenn der Erblasser selbst Nichtberechtiger war. Doch § 2366 kann mit den §§ 932 - 934 verknüpft werden. Dann besteht die Möglichkeit eines gutgläubigen Erwerbs nachlassfremder Sachen vom Scheinerben (sog. doppelter gutgläubiger Erwerb)[240]. 233

> **Bsp.:** *S, der durch Erbschein fälschlich als Erbe des O ausgewiesen ist, veräußert ein Radio, das sich im Besitz des O befand, an K. In Wirklichkeit gehört es dem E, dem es von O gestohlen worden war.*
>
> Hier wird der Erwerber K zwar gem. § 2366 so gestellt, als hätte er vom wirklichen Erben erworben. So kann auch das Abhandenkommen vom wirklichen Erben gem. §§ 857, 935 I überwunden werden. Jedoch ist hier ein doppelt gutgläubiger Erwerb über §§ 2366, 932 ff. wegen des Abhandenkommens im Verhältnis zum wahren Eigentümer E gem. § 935 I nicht möglich. Dieses wird durch § 2366 nicht überwunden.[241] Hier wäre wegen § 935 I auch ein gutgläubiger Erwerb vom wahren Erben nicht möglich gewesen.

---

239 Vgl. dazu den Beispielsfall zum Anwartschaftsrecht des Vorbehaltskäufers unten Rn. 266.

240 Zum Zusammenspiel der §§ 2366, 2367 mit den allgemeinen Gutglaubensvorschriften ausführlich HEMMER/WÜST, Erbrecht, Rn. 236 ff.

241 MEDICUS, Bürgerliches Recht, Rn. 568; HEMMER/WÜST, Erbrecht, Rn. 236 ff.

2. §§ 366 HGB, 1244

geschützt: guter Glaube an Verfügungsbefugnis des Veräußerers

§§ 366 HGB, 1244 schützen ausdrücklich den guten Glauben an 234
die Verfügungsbefugnis des Veräußerers, wenn der Erwerber zwar weiß, dass der Veräußerer nicht Eigentümer ist, aber glaubt, dass der Berechtigte der Verfügung im eigenen Namen zugestimmt hat (§ 366 HGB) bzw. dass der Veräußerer ein Pfandrecht hat (§ 1244).

Umstritten ist, ob § 366 I HGB analog auf Mängel in der Vertretungsmacht des Veräußerers (also wenn der Veräußerer in fremdem Namen handelt) anwendbar ist.[242] Nach ganz h.M.[243] ist das Eigentum aber jedenfalls gem. §§ 812 ff. kondizierbar, weil § 366 HGB nicht die schuldrechtliche causa zustande bringt.

3. Erwerb in der Zwangsvollstreckung, § 898 ZPO

Wie Sie schon oben i.R.d. Darstellung des Anwendungsbereichs 235
der §§ 929 ff. gelernt haben, findet auch in der Zwangsvollstreckung bei Verurteilung des Verkäufers zur Übereignung rechtsgeschäftlicher Erwerb gem. §§ 929 ff. statt. Es gelten die §§ 894, 897 ZPO. § 898 ZPO stellt klar, dass auch die §§ 932 ff. gelten: Auch ein gutgläubiger Erwerb soll unter diesen Voraussetzungen möglich sein, wenn der Schuldner zur Übereignung einer Sache verurteilt wird, die ihm nicht gehört.

VIII. Schutz des guten Glaubens an die Verfügungsbefugnis des Berechtigten

Die §§ 932 ff. schützen in direkter Anwendung nur den guten 236
Glauben an das Eigentum des Veräußerers.

Ist der Veräußerer zwar Eigentümer, aber dennoch nicht zu Verfügungen über das Eigentum befugt (z.B. gem. §§ 135 I, 136, 2113 I, 2211 I, 80 I InsO), so bestimmen verschiedene Vorschriften eine entsprechende Anwendung der §§ 932 ff., so z.B. §§ 135 II, 136, 2113 III, 2211 II.[244] Die §§ 932 ff. gelten aber nicht entsprechend im Fall der Veräußerung einer beweglichen Sache durch den Gemeinschuldner. Das ergibt sich aus einem Umkehrschluss aus § 81 I S. 2 InsO, der nur die §§ 892, 893 unberührt lässt.

hemmer-Methode: Außerhalb jeglichen Redlichkeitsschutzes stehen die absoluten Verfügungsbeschränkungen i.R.d. gesetzlichen Güterstandes, §§ 1365, 1369.[245]

242 Ausführlicher dazu HEMMER/WÜST, Sachenrecht II, Rn. 124.

243 MEDICUS, Bürgerliches Recht, Rn. 567; TIEDTKE, Jura 1983, 460, 474.

244 Einen Beispielsfall finden Sie in HEMMER/WÜST, Sachenrecht II, Rn. 126.

245 Ausführlich dazu HEMMER/WÜST, Familienrecht, Rn. 141 ff.

§ 4 GESETZLICHER EIGENTUMSERWERB AN BEWEGLICHEN SACHEN

originärer Erwerb

Anders als beim rechtsgeschäftlichen Eigentumserwerb, bei welchem der Erwerb von einem Rechtsvorgänger abgeleitet wird (sog. derivativer Erwerb), kann das Eigentum an beweglichen Sachen auch ohne ein darauf gerichtetes Rechtsgeschäft durch Gesetz erworben werden (sog. originärer Erwerb). 237

Folgende Rechtsinstitute führen einen **Eigentumserwerb durch Gesetz** herbei:

- Ersitzung, §§ 937 – 945
- Verbindung/Vermischung/Verarbeitung, §§ 946 – 951
- Eigentumserwerb an Schuldurkunden, § 952
- Erwerb von Erzeugnissen/Bestandteilen, §§ 953 - 957
- Aneignung, §§ 958 - 964
- Fund, §§ 965 - 984

Daneben führen auch die Universalsukzession gem. § 1922 und die Fälle der dinglichen Surrogation gem. §§ 2019, 1370, 1646, 1048 I S. 2, 582a II S. 2 zu einem Eigentumserwerb durch Gesetz.

Im Rahmen der Basics sollen nur die wichtigsten §§ 937 - 952 kurz besprochen werden. Bitte lesen Sie i.Ü. in der ausführlichen Skriptenreihe nach.[246]

A. Ersitzung, §§ 937 - 945

gutgläubiger Eigenbesitz von zehn Jahren erforderlich

Gem. § 937 erwirbt derjenige das Eigentum an einer beweglichen Sache[247], der sie zehn Jahre lang gutgläubig im Eigenbesitz (§ 872) hat. Gem. § 945 ist auch das Erlöschen von Rechten Dritter möglich. 238

Bedeutung hat die Ersitzung v.a. in den Fällen, in denen trotz guten Glaubens kein Eigentum durch Rechtsgeschäft erworben werden kann (z.B. §§ 105 I, 935 I).[248]

246 Vgl. HEMMER/WÜST, Sachenrecht II, Rn. 252 ff.

247 Die Ersitzung eines Grundstücks richtet sich nach § 900.

248 PALANDT, v. § 937, Rn. 1.

Der bisherige Eigentümer verliert sein Eigentum und es entsteht in der Person des Ersitzenden quasi neu. Zweck der Ersitzung ist es, Rechtssicherheit und Rechtsklarheit hinsichtlich der Eigentumslage zu schaffen. Umstritten ist, ob das verlorene Eigentum aufgrund schuldrechtlicher Beziehungen (Vertrag, Bereicherungsrecht, Delikt) zurückgefordert werden kann.[249]

B. Verbindung/Vermischung/Verarbeitung, §§ 946 - 951

I. Verbindung/Vermischung, §§ 946 - 949

§ 946

Gem. § 946 erstreckt sich das Eigentum an einem Grundstück auf eine bewegliche Sache, die mit einem Grundstück so verbunden wird, dass sie wesentlicher Bestandteil des Grundstücks i.S.d. §§ 93 - 95 wird. Diese Regelung führt den Gedanken des § 93 fort, nach dem wesentliche Bestandteile einer Sache nicht Gegenstand besonderer Rechte sein können. 239

§ 947

Auch wenn mehrere bewegliche Sachen so miteinander verbunden werden, dass sie wesentliche Bestandteile einer einheitlichen Sache werden, kann die alte Eigentumslage nach § 93 nicht fortbestehen. Nach § 947 I entsteht grundsätzlich Miteigentum der früheren Eigentümer der Einzelsachen an der neuen, einheitlichen Sache im Verhältnis des Wertes, den die Sachen im Zeitpunkt der Verbindung hatten. Nach § 947 II entsteht ausnahmsweise Alleineigentum, wenn eine Sache als Hauptsache anzusehen ist. 240

§ 948

Gem. § 948 I gilt § 947 entsprechend, wenn bewegliche Sachen untrennbar miteinander vermischt (Flüssigkeiten oder Gase) oder vermengt (feste Stoffe) werden. Die Untrennbarkeit kann tatsächlicher (Abs. 1) oder wirtschaftlicher (Abs. 2) Art sein. 241

h.M.: gilt auch für Geld

Die h.M.[250] wendet § 948 auch auf Geldstücke und -scheine an, wobei aber streitig ist, ob auch § 947 II - etwa bei außergewöhnlichem zahlenmäßigem Übergewicht oder bei einer Geschäftskasse mit schwankendem Bestand - Anwendung finden kann. 242

☑

hemmer-Methode: Beachten Sie aber, dass es auf den gesetzlichen Eigentumsverlust nur ankommt, wenn das Eigentum nicht schon vorher rechtsgeschäftlich übertragen wurde, v.a. also, wenn Geschäftsunfähige oder beschränkt Geschäftsfähige Geld weggeben.

§§ 946 – 948 zwingend

§§ 946 - 948 sind zwingendes Recht. Sog. Verbindungsklauseln, wonach auch bei Verbindung das Eigentum an den nun wesentlichen Bestandteilen bestehen bleiben soll, führen nur zu einer Rückübereignung (i.d.R. antezipierte Übereignung gem. §§ 929 S. 1, 930). 243

249 Vgl. Palandt, v. § 937, Rn. 2.

250 Vgl. Palandt, § 948, Rn. 4.

§ 949: Rechte Dritter

Das Schicksal von Rechten Dritter in den Fällen der §§ 946 - 948 regelt § 949. 244

II. Verarbeitung, § 950

Voraussetzung: Wert der Verarbeitung nicht erheblich geringer als der des Stoffes

Gem. § 950 I S. 1 erwirbt das Eigentum an einer neuen beweglichen Sache, wer diese durch Verarbeitung oder Umbildung eines oder mehrerer Stoffe herstellt. Allerdings darf der Wert der Verarbeitung oder der Umbildung nicht erheblich geringer sein als der Wert des Stoffes. Wert der Verarbeitung ist dabei die Differenz zwischen dem Wert der neuen Sache und dem Wert des Ausgangsstoffes.[251] 245

Verkehrsanschauung maßgeblich

Ob das Ergebnis der Verarbeitung eine neue bewegliche Sache ist, bestimmt sich nach h.M.[252] nach der Verkehrsanschauung. 246

> ***Bsp.:*** *Bau eines Kfz aus Einzelteilen, nicht aber bloße Reparatur;[253] nicht allein das Bespielen eines zum Aufnehmen bestimmten Tonbandes („Kohl-Protokolle")[254]*

Hersteller

Hersteller i.S.d. § 950 ist derjenige, in dessen Namen und wirtschaftlichem Interesse die Herstellung nach der Verkehrsanschauung erfolgt.[255] 247

> ***Bsp.:*** *Bei Herstellung im Betrieb der Unternehmer, nicht der Arbeiter[256]*

h.M.: § 950 dispositiv

Nach h.M.[257] ist § 950 trotz der Systematik des Gesetzes und der Stellung im Sachenrecht dispositiv. Die Norm wolle den Interessenkonflikt zwischen Hersteller und Eigentümer der verarbeiteten Sachen lösen, wenn keine Vereinbarung vorliegt. Die Rspr.[258] hält zwar am zwingenden Charakter der Norm fest[259], meint aber, wer Hersteller sei, könne durch Parteivereinbarung bestimmt werden. Diese Frage hat Bedeutung v.a. beim verlängerten Eigentumsvorbehalt, wenn eine sog. Verarbeitungsklausel[260] vereinbart ist. Diese hätte bei zwingendem Charakter des § 950 nur die Wirkung einer antezipierten Sicherungsübereignung nach §§ 929 S. 1, 930. 248

§ 950 II: Rechte Dritter

Mit dem Erwerb des Eigentums erlöschen die an dem Stoff bestehenden Rechte Dritter nach § 950 II.[261] 249

---

251 PALANDT, § 950, Rn. 75 BGHZ 18, 226, 228; 56, 88, 90.
252 OTTE, JuS 1970, 154, 157; OLG Köln, NJW 97, 2187.
253 PALANDT, § 950, Rn. 3.
254 BGH, Life & Law 2016, 1 ff.
255 PALANDT, § 950, Rn. 6.
256 PALANDT, § 950, Rn. 7.
257 Dazu PALANDT, § 950, Rn. 1.
258 BGHZ 20, 159, 163.
259 So auch MEDICUS, Bürgerliches Recht, Rn. 529; PALANDT, § 950, Rn. 2.
260 Vgl. dazu unten Rn. 255.
261 Str., ob das auch für das Anwartschaftsrecht des Vorbehaltskäufers gilt, der mit dem Verkäufer eine Verarbeitungsklausel vereinbart hat, vgl. HEMMER/WÜST, Sachenrecht II Rn. 278.

§ 950 geht den §§ 947 - 949 vor, aber § 946 hat Vorrang vor § 950.[262]

hemmer-Methode: Bösgläubigkeit und Abhandenkommen schaden beim gesetzlichen Eigentumserwerb grundsätzlich nicht. Knüpft das Gesetz für den Eigentumserwerb an Realakte an, so ist auch Geschäftsfähigkeit nicht erforderlich und die Willensrichtung unerheblich. Bezüglich der Gutgläubigkeit ist die Ersitzung eine Ausnahme, die darauf beruht, dass hier i.d.R. ein gescheiterter rechtsgeschäftlicher Erwerb vorausgegangen ist.

III. Bereicherungsrechtlicher Ausgleich, § 951

h.M.: Rechtsgrundverweisung auf §§ 812 ff.

§ 951 I S. 1 will den Eigentümer, der sein Eigentum aufgrund der §§ 946 - 950 verloren hat, für seinen Eigentumsverlust entschädigen, ist also Rechtsfortwirkungsanspruch zu § 985. Die Norm ist nach ganz h.M.[263] eine Rechtsgrundverweisung auf die §§ 812 ff. Die Frage, ob nur auf die Eingriffskondiktion des § 812 I S. 1, Alt. 2 verwiesen wird und § 812 I S. 1, Alt. 1 dann direkt gilt[264] oder ob die Verweisung auch die Leistungskondiktion des § 812 I S. 1, Alt. 1 erfasst[265], ist praktisch ohne Bedeutung. 250

hemmer-Methode: Zum Verhältnis § 951 - § 994 lesen Sie bitte Hemmer/Wüst, Sachenrecht I, Rn. 358 ff., und zu den sog. Einbaufällen Hemmer/Wüst/Gold, Bereicherungsrecht, Rn. 316.

C. Eigentumserwerb an Schuldurkunden, § 952

Eigentum an Urkunde folgt dem in ihr verkörperten Recht

Gem. § 952 I S. 1 folgt das Eigentum an bestimmten Schuldurkunden immer dem in der Urkunde verkörperten Recht. Die Schuldurkunde wird also nicht nach §§ 929 ff. übertragen, sondern das Eigentum geht mit der Rechtsübertragung über. Genau umgekehrt verhält es sich bei Wertpapieren wie Wechsel und Scheck: Dort zieht die Eigentumsübertragung am Papier nach §§ 929 ff. das Recht mit. 251

Schuldurkunden i.S.d. § 952 I sind z.B. Schuldscheine, Schuldanerkenntnisse und -versprechen.[266] § 952 II erweitert den Anwendungsbereich v.a. auf Hypotheken- und Grundschuldbriefe sowie auf Papiere des § 808, z.B. Sparkassenbücher.[267] Auf Kfz-Briefe (bei heutiger Zulassung: Teil II der Zulassungsbescheinigung) findet Abs. 2 nach h.M.[268] entsprechende Anwendung.

---

262 PALANDT, § 950, Rn. 1.
263 BGHZ 10, 171, 179; 55, 176, 177 = jurisbyhemmer; PALANDT, § 951, Rn. 2.
264 PALANDT, § 951, Rn. 1; BAUR/STÜRNER, § 53c I 2.
265 BGHZ 40, 272, 276 = jurisbyhemmer.
266 PALANDT, § 952, Rn. 2.
267 PALANDT, § 952, Rn. 3.
268 PALANDT, § 952, Rn. 7; BGHZ 34, 134.

§ 5 DAS ANWARTSCHAFTSRECHT DES VORBEHALTSKÄUFERS

A. Einführung

I. Begriff und Wesen des Anwartschaftsrechts

Anwartschaftsrecht

Ein Anwartschaftsrecht liegt vor, wenn von einem mehrstufigen Entstehungstatbestand eines Rechts schon so viele Erfordernisse erfüllt sind, dass von einer gesicherten Rechtsposition des Erwerbers gesprochen werden kann, die der Veräußerer nicht mehr durch eine einseitige Erklärung bzw. das Unterlassen einer Erklärung zu zerstören vermag.[269] 252

wesensgleiches Minus

Das Anwartschaftsrecht ist eine Vorstufe des Vollrechts und wird als wesensgleiches Minus[270] zum Eigentum betrachtet. 253

hemmer-Methode: Das Anwartschaftsrecht ist eine zusammenfassende Bezeichnung für die Befugnisse, die einer Person bei einem mehrstufigen Erwerbstatbestand ohnehin nach dem Gesetz zustehen. Leiten Sie also nicht Rechtsfolgen aus dem Schlagwort Anwartschaftsrecht her! Vielmehr darf man nur von einem Anwartschaftsrecht sprechen, weil und soweit eine gesicherte Position nach dem Gesetz vorliegt.[271]

II. Erscheinungsformen der Anwartschaften

Examensrelevant sind ausschließlich die dinglichen Anwartschaften[272]: der bedingte Erwerb, der Grundstückserwerb vor Eintragung und der Erwerb von Grundpfandrechten vor Briefübergabe oder Valutierung. Der bedingte Erwerb erscheint zumeist in der Gestalt des Eigentumsvorbehalts. Im Folgenden wird es ausschließlich um diesen gehen, da das Anwartschaftsrecht des Vorbehaltskäufers die größte Klausurrelevanz hat. Seltener ist der bedingte Erwerb bei der Sicherungsübereignung.[273] Die übrigen Fälle der dinglichen Anwartschaften werden im Zusammenhang mit dem Immobiliarsachenrecht kurz dargestellt.[274] 254

269 Vgl. BGH, NJW 1955, 544 = jurisbyhemmer.

270 Vgl. BGHZ 28, 18, 21; BGHZ 35, 85, 89 = jurisbyhemmer.

271 Medicus, Bürgerliches Recht, Rn 487.

272 Neben den dinglichen gibt es noch obligatorische, erbrechtliche (Stellung des Nacherben nach dem Eintritt des Erbfalls) und immaterialgüterrechtliche Anwartschaften.

273 Dazu bereits oben Rn. 191 ff.

274 Siehe unter Rn. 479 ff.

B. Das Anwartschaftsrecht des Vorbehaltskäufers

I. Begründung des Anwartschaftsrechts

Beim Verkauf einer Sache unter Eigentumsvorbehalt wird das Anwartschaftsrecht des Käufers dadurch begründet, dass der Verkäufer dem Käufer die Kaufsache übergibt und beide sich darüber einig sind, dass das Eigentum unter der aufschiebenden Bedingung der vollständigen Kaufpreiszahlung vom Verkäufer auf den Käufer übergeht (§§ 929, 158 I, 449 I). *255*

So behält der Warenlieferant zunächst die starke Eigentümerstellung (vgl. §§ 985, 771 ZPO, 47 S. 2 InsO). Für ihn ist der Eigentumsvorbehalt also ein Sicherungsmittel. Der Vorbehaltskäufer kann die Sache schon vor Bezahlung des vollständigen Kaufpreises nutzen und sogar weiterveräußern. Auch dem Anwartschaftsrecht selbst kommt ein wirtschaftlicher Wert zu, der mit Tilgung der Kaufpreisraten steigt.

hemmer-Methode: Wird vereinbart, dass das Eigentum bei vollständiger Kaufpreiszahlung übergehen soll, liegt ein sog. einfacher Eigentumsvorbehalt vor. Bei zusätzlichen Vereinbarungen spricht man von einem erweiterten Eigentumsvorbehalt. Unterformen sind der verlängerte, der weitergeleitete, der nachgeschaltete Eigentumsvorbehalt, der Kontokorrentvorbehalt und der Konzernvorbehalt.[275] Besonders klausurrelevant ist der verlängerte Eigentumsvorbehalt, bei dem an die Stelle des durch Weiterveräußerung (mit Ermächtigung des Vorbehaltsverkäufers gem. § 185 I) oder Verarbeitung (§ 950) erlöschenden Eigentumsvorbehalts die daraus entstehende Forderung bzw. die neu entstandene Sache als neue Sicherheit tritt.[276]

nachträglicher vertragswidriger Eigentumsvorbehalt

War der Eigentumsvorbehalt im Kaufvertrag noch nicht vereinbart, so kann der Verkäufer bis zur Übergabe noch vertragswidrig erklären, er behalte sich das Eigentum bis zur vollständigen Kaufpreiszahlung vor, sog. nachträglicher vertragswidriger Eigentumsvorbehalt. Dieses bedingte Einigungsangebot wird der Vorbehaltskäufer i.d.R. annehmen - und damit zugleich der Abänderung des Kaufvertrags zustimmen[277] - da er sonst noch nicht einmal das Anwartschaftsrecht erhielte. *256*

Nach einer erfolgten Übergabe kann der Verkäufer einen nachträglichen Eigentumsvorbehalt nicht mehr einseitig durchsetzen.

275 Vgl. zu den Formen des erweiterten Eigentumsvorbehalts HEMMER/WÜST, Sachenrecht II, Rn. 146 ff.

276 Vgl. PALANDT, § 449, Rn. 18.

277 I.E. eine Frage der Auslegung, vgl. PALANDT, § 449, Rn. 21.

Hier ist umstritten, ob dafür zwei Übereignungsvorgänge (gem. §§ 929 S. 1, 930 und nach §§ 929 S. 2, 158 I) erforderlich sind[278] oder nur einer bzgl. des um das Anwartschaftsrecht gekürzten, also auflösend bedingten Eigentums (gem. §§ 929 S. 1, 930, 158 II).[279]

Voraussetzung: Bestehen einer Schuld

Das Anwartschaftsrecht setzt das Bestehen einer Schuld voraus[280], denn nur dann ist ein Bedingungseintritt denkbar, bei dem das Anwartschaftsrecht zum Vollrecht erstarken kann. **257**

Besitzmittlungsverhältnis i.S.d. § 868

Aufgrund der Vereinbarung eines Eigentumsvorbehalts besteht zwischen Vorbehaltsverkäufer und Vorbehaltskäufer ein Besitzmittlungsverhältnis i.S.d. § 868: Bis zum Bedingungseintritt mittelt der Käufer dem Verkäufer den Besitz als unmittelbarer Fremdbesitzer. Herausgabeanspruch ist der potentielle Rückgewähranspruch aus § 346 I, der bei ausbleibender Zahlung und nach erklärtem Rücktritt zugunsten des Vorbehaltsverkäufers entsteht. **258**

Anwendbarkeit der §§ 932 ff.: (+)

Ein Anwartschaftsrecht entsteht durch die Vereinbarung eines Eigentumsvorbehalts auch dann, wenn der Veräußerer nicht Eigentümer der Sache ist, der Erwerber ihn aber gutgläubig dafür hält und die Sache nicht abhanden gekommen ist. **259**

Die §§ 932 ff. sind direkt anwendbar, da die Übertragung des Eigentums gewollt ist. Gutgläubigkeit ist nicht mehr bei Bedingungseintritt nötig, sondern bei § 929 S. 1 regelmäßig bei Übergabe[281], da durch sie das Rechtsgeschäft vollendet wird.

hemmer-Methode: Unterscheiden Sie von diesem sog. Ersterwerb die Frage, ob ein gutgläubiger Erwerb auch bei der Übertragung des Anwartschaftsrechts selbst möglich ist (sog. Zweiterwerb).[282]

II. Übertragung des Anwartschaftsrechts

Übertragung analog §§ 929 ff.

Das Anwartschaftsrecht wird als wesensgleiches Minus wie das Volleigentum nach den §§ 929 ff. analog übertragen, nicht nach §§ 413, 398. Nur so wird auch dem Publizitätserfordernis ausreichend Rechnung getragen. Über das Anwartschaftsrecht kann der Vorbehaltskäufer als Berechtigter verfügen, über das Eigentum aber nur mit Zustimmung des Vorbehaltsverkäufers (§ 185 I) oder als Nichtberechtigter (§§ 932 ff.). **260**

hemmer-Methode: Trennen Sie also in der Fallbearbeitung sauber die Übertragung des Anwartschaftsrechts und die des Eigentums.

278 BGH, NJW 53, 217.

279 Vgl. Raiser, NJW 53, 217; Palandt, § 929, Rn. 30.

280 Palandt, § 929, Rn. 38.

281 Unstreitig, vgl. nur Palandt, § 932, Rn. 14.

282 Dazu sogleich unten, Rn. 261 ff.

III. Erwerb des Anwartschaftsrechts vom Nichtberechtigten

Zweiterwerb umstritten

Hier tritt der Veräußerer nicht mit der Behauptung auf, er sei Eigentümer, wolle aber das Eigentum nur bedingt übertragen[283], 261
sondern er gibt sich als Anwartschaftsberechtigter zu erkennen und will dieses vermeintlich ihm zustehende Anwartschaftsrecht übertragen (Zweiterwerb). In diesem Fall ist der Erwerb des Anwartschaftsrechts umstritten, da der Erwerber das fehlende Eigentum des Veräußerers kennt, es also am Rechtsschein des Besitzes (§ 1006) fehlt, der einen gutgläubigen Erwerb legitimieren könnte.

Zu unterscheiden sind zwei Fälle:

1. Das Anwartschaftsrecht existiert nicht

kein gutgläubiger Erwerb

In diesem Fall ist unstreitig kein gutgläubiger Erwerb möglich. Die 262
§§ 932 ff. sind auch analog nicht anwendbar, wenn ein Anwartschaftsrecht, das eine erfüllbare Schuld voraussetzt, überhaupt nicht vorhanden ist.[284] Hier wird die schuldrechtliche Abhängigkeit des Anwartschaftsrechts deutlich.

2. Das Anwartschaftsrecht existiert

h.M.: §§ 932 ff. analog

Steht das Anwartschaftsrecht zwar nicht dem Veräußerer, aber 263
einem Dritten zu, so wendet die h.M.[285] die §§ 932 ff. analog an, wenn der Erwerber hinsichtlich der Berechtigung des Veräußerers gutgläubig ist.

Geschützt wird aber nur die Gutgläubigkeit bzgl. der Existenz des Anwartschaftsrechts, nicht bzgl. des obligatorischen Teils des Anwartschaftsrechts: Das Anwartschaftsrecht wird nur in der Höhe erworben, in welcher es tatsächlich besteht.[286]

> ***Bsp.:*** *K hat von V ein Fahrrad unter Eigentumsvorbehalt gekauft und vom Kaufpreis i.H.v. 2000 € erst 200 € gezahlt. Er verleiht seinem Freund F das Rad, der es dem D mit der Behauptung verkauft, er habe das Rad unter Eigentumsvorbehalt von V erworben und bereits 1000 € bezahlt. Hier hat D nach h.M. ein Anwartschaftsrecht i.H.v. 200 € erworben.*

283 Dazu bereits oben, Rn. 259.

284 MEDICUS, Bürgerliches Recht, Rn. 475, PALANDT, § 929, Rn. 46.

285 Vgl. PALANDT, § 929, Rn. 46.

286 MEDICUS, Bürgerliches Recht, Rn. 475; PALANDT, § 929, Rn. 46.

a.A.: kein gutgläubiger Erwerb

Die Gegenauffassung verneint auch in diesem Fall einen gut- 264
gläubigen Erwerb des Anwartschaftsrechts[287], v.a. weil der Veräußerer den Rechtsschein des Besitzes zerstört habe und das Vertrauen auf das „Gerede" des Verkäufers nicht schutzwürdig sei.

IV. Schutz des Anwartschaftsrechts

1. Schutz vor Zwischenverfügungen des Vorbehaltsverkäufers

Schutz des Vorbehaltskäufers durch § 161 I S. 1

Überträgt der Vorbehaltsverkäufer vor der vollständigen Zahlung 265
des Kaufpreises durch den Vorbehaltskäufer das Eigentum an einen Dritten, so ist der Vorbehaltskäufer durch § 161 I S. 1 geschützt: In der Schwebezeit getroffene Zwischenverfügungen sind bei Bedingungseintritt insoweit unwirksam, als sie die von der Bedingung abhängige Wirkung vereiteln oder beeinträchtigen würden. Bei Bedingungseintritt wird also der Vorbehaltskäufer Eigentümer.

hemmer-Methode: Im Grundstücksrecht erfüllt die Vormerkung denselben Zweck, jedoch mit unterschiedlicher Durchsetzung (vgl. §§ 883 II, 888), da die Auflassung bedingungsfeindlich ist, § 925 II.[288]

§ 161 III

Zwar ist gem. § 161 III gutgläubiger Erwerb entsprechend 266
§§ 932 ff. möglich, wenn der Dritte gutgläubig hinsichtlich der Tatsache ist, dass über den Gegenstand nicht bedingt verfügt worden ist. Jedoch erlischt das Anwartschaftsrecht gem. §§ 161 III, 936 III nicht, wenn der Vorbehaltskäufer im Besitz der Sache ist, die nach §§ 929 S. 1, 931 veräußert wurde.

> **Bsp.:** *V verkauft an K unter Eigentumsvorbehalt eine Maschine. Dieselbe Maschine veräußert er dann nach §§ 929 S. 1, 931 an X. X erwirbt zunächst Eigentum vom Berechtigten V. Zahlt jetzt K die letzte Kaufpreisrate an V (Bedingungseintritt), so erwirbt K Eigentum und X verliert es gem. § 161 I S. 1. Dass X hinsichtlich des Anwartschaftsrechts gutgläubig war, hilft ihm gem. §§ 161 III, 936 III nichts, da K Besitzer der Maschine war.*

§ 160 I: Schadensersatz

§ 160 I gibt dem Vorbehaltskäufer auch einen Schadensersatz- 267
anspruch.

287 Vgl. WIEGAND, JuS 1974, 211; SCHWERDTNER, Jura 1980, 665; BROX, JuS 1984, 662; MEDICUS, Bürgerliches Recht, Rn. 475.

288 Vgl. dazu unten Rn. 432, 460.

2. Schutz beim Herausgabeverlangen des Vorbehaltsverkäufers

a) Schutz des Vorbehaltskäufers

Recht zum Besitz i.S.d. § 986

Der Vorbehaltskäufer kann dem Anspruch des Vorbehaltsverkäufers aus § 985 ein obligatorisches Recht zum Besitz gem. § 986 I S. 1 aus dem Kaufvertrag entgegenhalten. 268

Dieses wirkt gem. § 986 II ebenfalls gegenüber einem Dritten, der die Sache gem. §§ 929 S. 1, 931 vom Vorbehaltsverkäufer erlangt hat.

> **Bsp.:** *Veräußert V eine Maschine zunächst unter Eigentumsvorbehalt an K und dann noch vor Zahlung der letzten Rate an D gem. §§ 929 S. 1, 931, so kann K dem D gem. § 986 II sein Recht zum Besitz aus dem Kaufvertrag, das grundsätzlich nur gegenüber V wirkt, entgegenhalten.*

hemmer-Methode: Bei der Übereignung gem. §§ 929 S. 1, 931 tritt der Vorbehaltsverkäufer seinen potentiellen Rückgewähranspruch gem. § 346 I i.V.m. § 449 I, II ab.

§ 986 II gilt analog bei einer Veräußerung gem. §§ 929 S. 1, 930.[289]

b) Schutz des Anwartschaftsrechtserwerbers

dingliches Besitzrecht aus Anwartschaftsrecht ?

Erwirbt ein Dritter vom Vorbehaltskäufer das Anwartschaftsrecht, so stellt sich die Frage, ob aus dem Anwartschaftsrecht selbst ein dingliches Besitzrecht folgt, da mangels Rechtsbeziehungen zwischen Drittem und Eigentümer kein schuldrechtliches Besitzrecht im Verhältnis zum Eigentümer besteht. 269

hemmer-Methode: Beachten Sie, dass es auf diese Frage in den Fällen des § 986 II nicht ankommt. Hier greift § 986 II aber nicht ein, da nicht die Eigentümerstellung gewechselt hat, sondern der Inhaber des Anwartschaftsrechts.

h.L.: (+); a.A.: Rspr. und Teile der Lit.

Nach h.L.[290] folgt aus dem Anwartschaftsrecht selbst ein dingliches Besitzrecht. Rspr. und Teile der Lit. verneinen dies.[291] Der BGH wendet aber zur Vermeidung unbilliger Ergebnisse § 242 an (dolo facit, qui petit, quod statim redditurus est), wenn die Zahlung der letzten Rate unmittelbar bevorsteht. 270

289 PALANDT, § 986, Rn. 9.

290 Vgl. PALANDT, § 929, Rn. 41; SCHWERDTNER, Jura 1980, 664.

291 Vgl. BGHZ 10, 69 = **juris**byhemmer; MEDICUS, Bürgerliches Recht, Rn. 465.

Z.T. wird vertreten, dass der Dritte das obligatorische Recht zum Besitz aus dem Kaufvertrag erwirbt, wenn der Vorbehaltskäufer zur Übertragung des Anwartschaftsrechts gegenüber dem Vorbehaltsverkäufer berechtigt war.[292]

3. Schutz des Anwartschaftsrechtserwerbers vor nachträglicher Erweiterung des Eigentumsvorbehalts

Klausurrelevant ist auch die Frage nach dem Schutz des Anwartschaftsrechtserwerbers, wenn Vorbehaltsverkäufer und Vorbehaltskäufer den Eigentumsvorbehalt nach Übertragung des Anwartschaftsrechts erweitern. 271

BGH und h.L. differenzieren:

Nach BGH[293] und wohl h.L.[294] ist zu differenzieren: Jedes dem kausalen Vertrag immanente Risiko (z.B. Anfechtung, Wandelung) hat auch Auswirkungen auf das Anwartschaftsrecht. Vorbehaltsverkäufer und Vorbehaltskäufer können aber nicht mehr willkürlich auf das Grundgeschäft einwirken, da der Vorbehaltskäufer die Rechtszuständigkeit verloren habe. Auch der Rechtsgedanke des § 162 kann herangezogen werden.

> ***Bsp.:*** *V verkauft und übereignet der K Bau-GmbH einen Bagger unter Eigentumsvorbehalt. K überträgt das Anwartschaftsrecht sicherungshalber auf die Bank B. Danach ändern V und K den Kaufvertrag dahingehend, dass der Eigentumsvorbehalt solange gelten soll, bis sämtliche gegenwärtigen und künftigen Forderungen des V gegen die K getilgt sind. Nach der h.M. wäre diese Erweiterung unzulässig, so dass die Bank mit Zahlung der letzten Kaufpreisrate für den Bagger Eigentum an demselben erwerben würde.*

4. Schutz gegenüber Eingriffen Dritter

a) Besitzschutz

§§ 861, 862, 1007: (+)

Der Anwartschaftsrechtsinhaber hat als Besitzer die Ansprüche aus §§ 861, 862, 1007. 272

Als mittelbarer Besitzer kann auch der Vorbehaltsverkäufer diese Ansprüche gem. § 869 S. 1 geltend machen, muss aber gem. § 869 S. 2 grundsätzlich Herausgabe an den Vorbehaltskäufer verlangen.

292 Brox, JuS 1984, 659.

293 BGHZ 75, 221 = jurisbyhemmer.

294 Medicus, Bürgerliches Recht, Rn. 473; Loewenheim, JuS 1981, 721.

b) Deliktsrechtlicher Schutz

Bei Beschädigung einer Vorbehaltssache durch einen Dritten kann nicht nur der Vorbehaltsverkäufer als Eigentümer den Substanzschaden und der Vorbehaltskäufer als Besitzer lediglich den Schaden, der sich aus der Entziehung des Besitzes und der Nutzungen ergibt, nach § 823 I verlangen. 273

h.M.: Anwartschaftsrecht = sonstiges Recht i.S.d. § 823 I

Vielmehr stellt das Anwartschaftsrecht nach ganz h.M.[295] ein sonstiges Recht i.S.d. § 823 I dar, aufgrund dessen der Vorbehaltskäufer auch Ersatz des Substanzschadens verlangen kann.

h.M.: §§ 432, 1281 gelten analog

Verlangen nun Vorbehaltskäufer und -verkäufer Ersatz des Substanzschadens, so wendet die h.M.[296] die §§ 432, 1281 analog an: Der Schädiger hat also an Vorbehaltsverkäufer und -käufer gemeinschaftlich zu leisten.

☑ **hemmer-Methode: Beachten Sie in diesem Zusammenhang auch § 851!**

c) §§ 812 ff.

§§ 812 ff.: (+)

Die §§ 812 ff. schützen auch den Anwartschaftsrechtsinhaber.[297] 274
Auch auf konkurrierende Bereicherungsansprüche von Vorbehaltsverkäufer und -käufer sind die §§ 432, 1281 analog anzuwenden.[298]

d) §§ 985 ff., 1004

§§ 985 ff., 1004: (+)

Nach h.M.[299] werden sowohl der Vorbehaltskäufer als Anwart- 275
schaftsrechtsinhaber als auch der Vorbehaltsverkäufer als Eigentümer über die §§ 985 ff., 1004 geschützt. § 986 I S. 2 vermeidet eine Konkurrenz hinsichtlich des Herausgabeanspruches. Bzgl. der Schadenersatzansprüche gelten §§ 432, 1281 analog.

☑ **hemmer-Methode: Sie haben jetzt die wichtigsten Grundfragen zum Anwartschaftsrecht des Vorbehaltskäufers kennengelernt. Zur Vertiefung können Sie im Skript Hemmer /Wüst Sachenrecht II die Rn. 127 ff. lesen. Dort werden auch das Pfandrecht am Anwartschaftsrecht, Probleme des Anwartschaftsrechts in der Zwangsvollstreckung und die Frage nach dem Anspruch des Vorbehaltverkäufers aus § 985 bei Verjährung der Kaufpreisforderung behandelt.**

---

295 BGHZ 55, 20, 26 = **juris**byhemmer.

296 PALANDT, § 929, Rn. 43; BROX, JuS 1984, 660.

297 Vgl. PALANDT, § 929, Rn. 43.

298 Vgl. PALANDT § 929, Rn. 43.

299 PALANDT, § 929, Rn. 43; a.A. BROX, JuS 1984, 660.

§ 6 EIGENTÜMER-BESITZER-VERHÄLTNIS (EBV)

A. Einführung

hemmer-Methode: Das EBV ist eines der klassischen Klausurthemen. Je eher Sie sich mit den Grundgedanken des EBV vertraut machen, umso leichter verstehen Sie die Systematik von Klausuren. Hat z.B. der Minderjährige ohne Einverständnis der Eltern ein Boot gemietet (vertragliche Ansprüche scheiden damit aus), nutzt dies eine Woche und beschädigt dieses dann, so gelten sowohl für die Nutzungen als auch für den Schadensersatz grundsätzlich die Regeln der §§ 987 ff. Möglicherweise entfallen deswegen deliktische oder bereicherungsrechtliche Ansprüche, vgl. § 993 I, 2. Hs. (lesen!). Das Spannungsverhältnis von §§ 987 ff. zu §§ 823 ff., 812 ff. ist immer gut für Hausarbeit oder Klausur. Erkennen Sie, worauf es uns ankommt: Problembewusstsein schaffen!

I. Überblick über die Regelungen

EBV = Eigentümer-Besitzer-Verhältnis

Die §§ 985-1003 betreffen das Rechtsverhältnis zwischen dem Eigentümer und dem Besitzer einer Sache, wobei Eigentum und Besitz wenigstens in der Vergangenheit bestanden haben müssen. Man spricht dann vom Eigentümer-Besitzer-Verhältnis. 276

§§ 985, 986; 987-993 = HerausgabeAS u. Nebenansprüche des Eigentümers

Hier wird geregelt, ob dem Eigentümer gegen den unrechtmäßigen Besitzer ein dinglicher Herausgabeanspruch zusteht (§§ 985, 986) bzw. Nebenansprüche auf Nutzungsherausgabe und/oder Schadensersatz zur Seite stehen (§§ 987-993).

§§ 994-1003 = Gegenansprüche d. Besitzers

Des Weiteren werden die Gegenansprüche des Besitzers gegen den Eigentümer auf Verwendungsersatz behandelt, §§ 994-1003. 277

II. Hauptregelungszweck

h.M.: Haftungsprivileg des redlichen Besitzers

Die heute h.M.[300] sieht den Grundgedanken dieser Regelung in einem Haftungsprivileg für den unverklagten und redlichen Besitzer, der sich in den Grenzen seines vermeintlichen Besitzrechts gehalten hat. Ansprüche aus den §§ 987 ff. setzen Rechtshängigkeit bzw. Unredlichkeit voraus, und auch andere Ansprüche hinsichtlich Schadensersatz und Nutzungsherausgabe sind durch das EBV grds. verdrängt. 278

300 BGHZ 39, 186; BGHZ 41, 157 = **juris**byhemmer; HÖNN, JA 1988, 529; Nach einer Mindermeinung wird der Eigentümer durch die §§ 987-993 und der Besitzer durch die §§ 994-1003 privilegiert. Eine dritte Ansicht geht schließlich davon aus, dass sich ein einheitlicher Regelungszweck nicht feststellen lässt. Der Normzweck müsse vielmehr für jede Vorschrift gesondert ermittelt werden.

Der Ansatz der h.M., dem hier auch gefolgt wird, wirkt sich v.a. bei Fragen der Konkurrenz zu anderen Vorschriften aus (dazu unten).

III. Grundvoraussetzung

Vindikationslage notw.

Die §§ 987 ff. setzen voraus, dass z.Zt. des anspruchsbegrün- 279
denden Ereignisses (z.B. Verletzungshandlung) ein Herausgabeanspruch gemäß §§ 985, 986 gegen den Besitzer bestanden hat (sog. Vindikationslage). Ist also vom „Besitzer" die Rede, ist stets der nichtberechtigte gemeint.

IV. Entsprechende Anwendung

Verweisungen

Kraft Verweisung finden die §§ 985 ff. entsprechende Anwendung auf den Erbbauberechtigten (§ 1017 II), den Nießbraucher (§ 1065), den Pfandgläubiger (§ 1227) und über § 804 II ZPO, § 1227 auch auf den Pfändungspfandgläubiger.

analoge Anwendung mögl.

Auf die §§ 987 ff. wird außerdem verwiesen in § 292 (v.a. an- 280
wendbar über §§ 818 IV, 819 I). Zumindest die §§ 994 ff. werden analog angewandt auf den Buchberechtigten bei § 894 (Anspruch auf Grundbuchberichtigung) und den Dritterwerber bei § 888 (Vormerkung; auch über § 1098 beim dinglichen Vorkaufsrecht).

B. Herausgabeanspruch aus § 985

I. Voraussetzungen

Der Eigentümer einer beweglichen oder unbeweglichen Sache 281
kann die Herausgabe dieser Sache von dem Besitzer verlangen, der ihm gegenüber kein Recht zum Besitz hat. Die §§ 985, 986 sind immer zusammen zu lesen.

Folgende drei Voraussetzungen müssen also gegeben sein: 282

1. Anspruchsberechtigter ist (Mit-) Eigentümer
2. Anspruchsgegner ist unmittelbarer oder mittelbarer Besitzer
3. Besitzer hat kein Recht zum Besitz, *§ 986*

hemmer-Methode: Wenn sich keine Probleme ergeben, diese Prüfungspunkte nur knapp erwähnen! Besonders das mangelnde Besitzrecht wird in der Klausur oft „unterschlagen".

1. Anspruchsberechtigter

a) Eigentümer

Eigentümer

Anspruchsberechtigter ist der Eigentümer der Sache im Zeitpunkt 283
des Herausgabeverlangens, unabhängig davon, ob Allein- oder Miteigentum besteht.

ges. Vermutung des § 1006

Ist die tatsächliche Rechtslage hinsichtlich des Eigentums unklar 284
und kann sie auch nicht mit Hilfe zulässiger angebotener Beweismittel geklärt werden, hilft bei beweglichen Sachen die Eigentumsvermutung des § 1006 (bei unbeweglichen Sachen § 891). § 1006 vermutet, dass der Besitzer beim Eigenbesitzerwerb auch das Eigentum erworben hat.[301]

§ 1006 I, II

Dabei nützt § 1006 I (Eigentumsvermutung des gegenwärtigen 285
Besitzers) i.R.d. § 985 i.d.R. dem Anspruchsgegner als aktuellem Besitzer, § 1006 II (Vermutung zugunsten des früheren Besitzers) u.U. dem Anspruchssteller.

b) Dritter

keine Abtretung, aber Einziehungsermächtigung bzgl. § 985 mögl.

Als dinglicher Anspruch ist § 985 nach h.M.[302] nicht abtretbar. Die 286
Stellung als Eigentümer und der Herausgabeanspruch aus § 985 sollen nicht auseinander fallen.

c) Anwartschaftsberechtigter

Der Anspruch aus § 985 kann grundsätzlich auch dem Anwart- 287
schaftsberechtigten zustehen.[303]

hemmer-Methode: Gerade in EBV-Klausuren spielt die Frage eine wichtige Rolle, wer zu welcher Zeit Eigentümer der Sache war. Hier empfiehlt sich im Rahmen des jeweiligen Anspruchs (z.B. bei § 985) regelmäßig der sog. historische Aufbau, z.B.: „Ursprünglicher Eigentümer ist A. A könnte sein Eigentum aber an Z verloren haben" etc. Wegen des Erzählstils nach dem Motto „es war einmal ein Eigentümer" wird dieser Aufbau auch gerne „Märchenaufbau" genannt.

301 BGH, NJW 1984, 1456 = **juris**byhemmer; BGH, NJW 1967, 2008 = **juris**byhemmer.

302 BGH, NJW 1983, 112 = **juris**byhemmer; MEDICUS, Bürgerliches Recht, Rn. 445.

303 Vgl. dazu PALANDT, § 929, Rn. 43.

2. Anspruchsgegner

Anspruchsgegner kann sowohl der unmittelbare als auch der mittelbare Besitzer sowie der Teil- oder Mitbesitzer sein, unabhängig davon, ob Eigen- oder Fremdbesitz vorliegt,[304] nicht dagegen der Besitzdiener, der nach § 855 gerade keinen Besitz hat. 288

3. Recht zum Besitz[305]

RzB nach § 986

Ein Anspruch auf Herausgabe nach § 985 besteht nur, wenn der Besitzer kein Recht zum Besitz i.S.d. § 986 hat. 289

Einwendung

Die h.M.[306] betrachtet das Recht zum Besitz entgegen dem Wortlaut des § 986 als Einwendung, d.h. es ist im Gegensatz zur Einrede von Amts wegen vom Gericht im Prozess zu prüfen und muss nicht geltend gemacht werden. 290

hemmer-Methode: Die Abgrenzung Einrede - Einwendung, kann auch beim Versäumnisurteil gegen den Beklagten gem. § 331 ZPO eine Rolle spielen: Einwendungen können demnach berücksichtigt werden, wenn die entsprechenden Tatsachen vorgetragen sind, Einreden nur, wenn ihre Geltendmachung durch den Beklagten vom Kläger vorgetragen wird.

eigenes/abgeleitetes RzB

§ 986 I unterscheidet zwischen dem eigenen Besitzrecht nach § 986 I S. 1, 1. Hs. und dem von einem Dritten abgeleiteten Besitzrecht nach § 986 I S. 1, 2. Hs. 291

a) Eigenes Besitzrecht nach § 986 I S. 1, 1.Hs.

Das Besitzrecht muss gegenüber dem Eigentümer bestehen und kann sich aus unterschiedlichen Tatsachen ergeben. 292

dingliche Rechte (+)

Dingliche Rechte, z.B. Pfandrechte nach § 1205, geben als absolute Rechte ihrem Inhaber gegenüber jedermann ein Recht zum Besitz. 293

Anwartschaftsrecht (-)

Das Anwartschaftsrecht gibt nach vorzugswürdiger Ansicht[307] kein eigenes Recht zum Besitz (gegenüber dem Eigentümer), in Extremfällen gilt jedoch die dolo-facit-Einrede.[308] 294

schuldrechtl. Vertrag (+)

Schuldrechtliche Rechtsbeziehungen, z.B. aus einem Miet-, Leih, aber auch Kaufvertrag wirken nur relativ, d.h. nur wenn der Vertrag zwischen Eigentümer und Besitzer besteht. 295

---

304 Vgl. auch unten.

305 Ausführlich HEMMER/WÜST, Sachenrecht I, Rn. 291 ff.

306 BGHZ 82, 13 (18) = jurisbyhemmer; PALANDT, § 986, Rn. 1.

307 BGHZ 10, 69 = jurisbyhemmer; MEDICUS, Bürgerliches Recht, Rn. 465.

308 MEDICUS, Bürgerliches Recht, Rn. 465; HEMMER/WÜST, Sachenrecht I, Rn. 294.

Bsp.: D stiehlt dem E das Fahrrad. Anschließend leiht D dem B das Rad. Hat E gegen B einen Anspruch aus § 985?

E ist Eigentümer und B unmittelbarer Besitzer des Rades. B könnte jedoch aus dem Leihvertrag ein Besitzrecht haben. Da der Leihvertrag nur gegenüber D wirkt, hat B kein Recht zum Besitz gegenüber E. Der Anspruch aus § 985 ist gegeben. 296

Zurückbehaltungsrechte (-)

Ein Zurückbehaltungsrecht nach §§ 273, 1000 gibt nach h.M.[309] kein Besitzrecht, weil es den Herausgabeanspruch nicht ausschließt: Eine Herausgabeklage wird nicht abgewiesen, es erfolgt lediglich eine Verurteilung zur Herausgabe Zug um Zug gegen Ersatz der Verwendungen, § 274. 297

b) Abgeleitetes Besitzrecht nach § 986 I S. 1, 2. Hs.

Ein Recht zum Besitz kann sich auch aus einem Rechtsverhältnis zwischen dem Eigentümer und einem Dritten (= mittelbarer Besitzer) ergeben, von dem der jetzige Besitzer sein Besitzrecht ableitet, soweit der Dritte zur Besitzweitergabe befugt war. 298

Bsp.: E hat sein Fahrrad an D verliehen. D leiht es dem B. E verlangt nun von B das Rad nach § 985 heraus. Ist dies möglich?

Voraussetzungen des § 986 I S. 1, 2. Hs.: 299

1. Besitz vom mittelbaren Besitzer erworben
2. Besitzrecht des mittelbaren Besitzers gegenüber Eigentümer
3. Befugnis des mittelbaren Besitzers zur Weitergabe des Besitzes, § 986 I S. 2

Über den engeren Wortlaut des § 986 I S. 1, Alt. 2 hinaus soll nach verbreiteter Ansicht kein Besitzmittlungsverhältnis zwischen Eigentümer und Besitzer erforderlich sein, ausreichend ist z.B. auch ein Kettenverkauf.[310] 300

Herausgabe an den Dritten, § 986 I S. 2

Besteht kein abgeleitetes Recht zum Besitz, weil der mittelbare Besitzer nicht zur Weitergabe befugt war, kann der Eigentümer nach § 986 I S. 2 nur Herausgabe an den mittelbaren Besitzer verlangen. Herausgabe an sich selbst kann er nur fordern, wenn der mittelbare Besitzer nicht bereit ist, den Besitz zu übernehmen. 301

309 PALANDT, § 986, Rn. 5; im Ergebnis wenig abweichend, aber gleichwohl a.A., nämlich die Zurückbehaltungsrechte als Besitzrecht behandelnd BGHZ 64, 122 (125) ; BGH, WM 1985, 1420 (1421 f.) ; BGH, NJW-RR 1986, 282; **alle Entscheidungen = juris**byhemmer; BAUR, § 11A II 1.

310 Vgl. PALANDT, § 986, Rn. 7.

Im Fall besteht der Anspruch aus § 985 nicht, wenn D zur Wei- 302
tergabe befugt war, und der Leihvertrag zwischen E und D noch besteht. Dann hat B ein abgeleitetes Besitzrecht gegenüber E aus § 986 I S. 1, 2. Hs. War D nicht zur Weitergabe befugt, so hat B kein Besitzrecht. Nach § 986 I S. 2 kann E aber nur Herausgabe an D verlangen, sofern dieser den Besitz übernehmen will. Ist eines der beiden Besitzmittlungsverhältnisse E-D/D-B unwirksam, so hat B ebenfalls kein Recht zum Besitz und E kann Herausgabe nach § 985 verlangen, im ersten Fall an sich selbst, im zweiten entsprechend § 986 I S. 2 an D.

c) Sonderregelung des § 986 II

§ 986 II

Bei beweglichen Sachen (da nur bei diesen eine Übereignung 303
nach § 931 möglich ist) wirkt das obligatorische Besitzrecht, welches gegenüber dem früheren Eigentümer bestand, auch gegenüber seinem Rechtsnachfolger, wenn die Veräußerung über § 931 erfolgt ist. § 986 II ist analog anwendbar, wenn eine Veräußerung nach § 930 durch den mittelbaren Besitzer stattfand.[311]

Bsp.: *Veräußert E sein Boot, das er tags zuvor für 5 Monate* 304
an A vermietet hatte, an den B, so wirkt zwar der Mietvertrag mit E nur relativ und kann dem A gegenüber dem Herausgabeanspruch des B nicht helfen. Auch ein abgeleitetes Besitzrecht des A besteht nicht, da E selbst dem B gegenüber nicht mehr zum Besitz berechtigt ist. Hier hilft jedoch § 986 II, der das obligatorische Besitzrecht des A gegen E insoweit erweitert, als es auch gegenüber dem B wirkt.

II. Anspruchsinhalt[312]

1. Herausgabe

Besitzverschaffung bei bewegl. u. unbewegl. Sachen

Der Anspruch aus § 985 geht auf Herausgabe der beweglichen 305
oder unbeweglichen Sache, also Verschaffung des unmittelbaren Besitzes. Bei Miteigentümern zielt der Anspruch auf Verschaffung von Mitbesitz.

str. bzgl. mittelbarem Besitz

Streitig ist, ob vom mittelbaren Besitzer außer Verschaffung des 306
mittelbaren Besitzes durch Abtretung des Herausgabeanspruchs aus dem Besitzmittlungsverhältnis auch Herausgabe verlangt werden kann.

---

311 PALANDT, § 986, Rn. 9.

312 Ausführlich HEMMER/WÜST, Sachenrecht I, Rn. 284 ff.; zum Herausgabeort siehe HEMMER/WÜST, Sachenrecht I, Rn. 317.

Die h.M.[313] bejaht einen solchen Anspruch aus vollstreckungsrechtlichen Überlegungen. Der Eigentümer kann mit diesem Titel nämlich je nach Bedarf nach § 886 ZPO oder § 883 ZPO vollstrecken und ist in der Vollstreckung somit nicht beeinträchtigt, wenn der unmittelbare Besitzer die Sache dem (bisherigen) mittelbaren zurückgibt.[314] 307

2. Gegenstand der Herausgabe

auch Grundstücke

§ 985 bezieht sich auf die Herausgabe von beweglichen und unbeweglichen Sachen. Auch der Besitz an einem Grundstück kann herausgegeben werden, so dass § 985 neben dem Grundbuchberichtigungsanspruch aus § 894 eine eigenständige Bedeutung hat. 309

hemmer-Methode: Nach dem Wortlaut des § 90 sind Sachen i.d.S. körperliche Gegenstände (= alles, was Objekt von Rechten sein kann). Dazu gehören dann natürlich genauso bewegliche wie auch unbewegliche Gegenstände.

Geldwertvindikation (-), da Vermischung

Wird die Herausgabe von Geld verlangt, welches inzwischen beim Empfänger in die Kasse oder Geldbörse gelangt ist, so stellt sich im Anschluss an die Feststellung, dass das Eigentum am Geld nach §§ 948 II, 947 II auf den Empfänger übergegangen ist, die Frage, ob nicht der Geldwert nach § 985 herauszugeben ist (früher vertreten von Westermann: Geldwertvindikation). Diese Ansicht ist jedoch mit der h.M.[315] abzulehnen, da hier das Geldeigentum gegenüber dem Sacheigentum insbesondere im Insolvenzverfahren (§ 47 InsO) und in der Zwangsvollstreckung (§ 771 ZPO) unangemessen privilegiert wäre.

Ein Herausgabeanspruch besteht somit nur solange, als das Geld noch individualisierbar beim Besitzer vorhanden ist, nicht mehr, wenn es gewechselt, auf ein Konto eingezahlt oder gesetzlich Eigentum erworben wurde. Es bleiben nur Ansprüche aus §§ 989, 990 und 812 ff. (i.V.m. § 951). 310

III. Anwendbarkeit der Vorschriften des allgemeinen Schuldrechts

str., inwieweit allgemeine Regeln anwendbar

Die Anwendbarkeit der Vorschriften des allgemeinen Schuldrechts auf den Herausgabeanspruch nach § 985 ist im Einzelnen sehr umstritten.[316] 311

313 Vgl. BGHZ 53, 29 = **juris**byhemmer; BGHZ 12, 380 (397) = **juris**byhemmer; Palandt, § 985, Rn. 3.

314 Vgl. Medicus, Bürgerliches Recht, Rn. 448.

315 Palandt, § 985 Rn. 8; Medicus, JuS 1983, 897 m.w.N.

316 Vgl. dazu Medicus, Bürgerliches Recht, Rn. 447 ff.

Zu beachten ist, dass spezielle sachenrechtliche Regelungen und Prinzipien des Sachenrechts nicht umgangen werden dürfen.

§ 242 (+)

1. Der Grundsatz von Treu und Glauben nach § 242 gilt auch für den Anspruch aus § 985.

§§ 275, 280 ff. (-), da EBV

2. Die Funktion der schuldrechtlichen §§ 275, 280 ff. wird durch die §§ 989 ff. übernommen.

§ 285 (-)

3. Auch § 285 ist nach h.M. nicht anwendbar, so dass ein Anspruch auf das durch die Unmöglichkeit u.U. erlangte Surrogat nicht besteht.[317]

4. Zur Frage der Anwendung der Verzugsvorschriften i.V.m. § 990 II vgl. Rn. 352 f.

IV. Konkurrenzen

neben § 985 noch §§ 861, 1007, 812 ff., 823

1. § 985 steht zu den dinglichen Herausgabeansprüchen des Besitzers aus §§ 861, 1007 in echter Anspruchskonkurrenz, ebenso zu Bereicherungsansprüchen aus §§ 812 ff. und Schadensersatzansprüchen aus §§ 823 ff. i.V.m. § 249 (Naturalrestitution). **312**

auch aus Vertrag mögl.

2. Auch bei vertraglichen Ansprüchen geht die h.M.[318] von einer echten Anspruchskonkurrenz aus, so dass § 985 neben vertraglichen Rückgabeansprüchen anwendbar bleibt (z.B. §§ 546, 604). Der jeweilige Vertrag wird aber i.d.R. ein Recht zum Besitz gewähren, so dass die Voraussetzungen des vertraglichen Herausgabeanspruchs erfüllt sein müssen, damit auch der Anspruch aus § 985 greift. **313**

V. Verjährung

Verjährung in 30 Jahren

Wenn auch das Eigentum selbst nicht verjähren kann, so verjährt doch der Anspruch aus § 985 gemäß §§ 197 I Nr. 2, 200, 198 in 30 Jahren. Damit können Eigentum und Besitz auf Dauer auseinander fallen, wenn der Besitzer die Sache im Zeitpunkt des Herausgabeverlangens mehr als 30 Jahre in Besitz hatte (nicht zu verwechseln mit der Ersitzung der §§ 937, 900!).[319] **314**

317 Ausführlich HEMMER/WÜST, Sachenrecht I, Rn. 309 f.

318 MEDICUS, Bürgerliches Recht, Rn. 590, 593; PALANDT, Einf. vor § 985, Rn. 1

319 Vgl. RGZ 138, 296 ff.

C. Haftungssystem (Nebenansprüche) des EBV

Nebenansprüche bzgl. Beschädigung und Nutzungen

§ 985 regelt nur die Herausgabe der Sache selbst. Inwieweit daneben noch Schadensersatz- und Nutzungsherausgabeansprüche des Eigentümers bzw. umgekehrt Verwendungsersatzansprüche des Besitzers bestehen, ergibt sich aus den §§ 987 ff. 315

I. Sinn und Zweck der §§ 987 ff.

Privilegierung ⇨ abschließende Regelung

Um die durch die §§ 987 ff. beabsichtigte Privilegierung des redlichen Besitzers (vgl. o.) zu erreichen, muss von einer grundsätzlich abschließenden Regelung der §§ 987 ff. ausgegangen werden. 316

Ansprüche aus §§ 823 ff., §§ 812 ff. finden daher hinsichtlich Schadensersatz und Nutzungen neben den §§ 987 ff. keine Anwendung.[320] Argument ist § 993 I a.E.

II. Anwendbarkeitsvoraussetzungen

Vindikationslage notw.

Voraussetzung für die Anwendbarkeit der §§ 987 ff. ist immer das Vorliegen einer Vindikationslage (vgl. o.) zum Zeitpunkt des schädigenden Ereignisses bzw. der Nutzungsziehung bzw. der Verwendung.

In der Klausur empfiehlt sich daher als Obersatz: 318

„Ein Anspruch aus §§ 990 I, 989 (bzw. §§ 990 I, 987 bzw. §§ 994, 996) setzt voraus, dass im Zeitpunkt des schädigenden Ereignisses (bzw. der Nutzungsziehung bzw. der Verwendung) ein Eigentümer-Besitzer-Verhältnis (Vindikationslage) vorgelegen hat."

hemmer-Methode: Maßgeblich ist der Zeitpunkt der Verletzungshandlung. Wieder gilt: Diese Formulierung sucht der Korrektor!

Nicht erheblich ist es, wenn der Eigentümer sein Eigentum z.B. durch Untergang der Sache verliert, nachdem der Anspruch aus §§ 987 ff. entstanden ist.

Sind die Voraussetzungen des § 985 nicht gegeben, weil der Besitzer im maßgebenden Zeitpunkt zum Besitz berechtigt war, so gelten nur die gesetzlichen und vertraglichen Sonderregelungen.[321]

---

320 Einzelheiten siehe unten.

321 Vgl. PALANDT, Vorbem. vor § 987, Rn. 3.

Hierzu seien folgende Problemfelder kurz angesprochen:

1. Nicht-so-berechtigter Besitzer

Nicht-so-Berechtigter: nach h.M. kein EBV; Vertrag ausreichend

In der Literatur wird teilweise die Figur des nicht-so-berechtigten Besitzers verwendet, wenn der eigentlich berechtigte Besitzer sein Besitzrecht überschreitet (z.B. Untermietfall: Mieter vermietet ohne Einwilligung des Vermieters unter; Mieter beschädigt die gemietete Sache). Dafür sollen die §§ 987 ff. zur Anwendung kommen (im Fall des Mieters: Anspruch des Vermieters aus §§ 990 I, 989 auf Schadensersatz neben § 280 I und § 823 I). Für diese Figur besteht nach der h.M.[322] jedoch kein Bedürfnis, da die vertraglichen und gesetzlichen Haftungsansprüche ausreichen. 319

2. Nicht-mehr-berechtigter Besitzer

Nicht-mehr-Berechtigter

Im Falle des nicht-mehr-berechtigten Besitzers besteht im eigentlich maßgeblichen Zeitpunkt gerade ein - i.d.R. abgeleitetes - Recht zum Besitz, und damit keine Vindikationslage.[323] 320

Hier ist zu unterscheiden zwischen Nutzungsersatz und Verwendungsersatz:

Für den Fall einer „Nicht-mehr-Berechtigung“ durch Vertragsablauf (z.B. Mieter nach Ablauf des Mietvertrages) stellt sich die Frage, inwieweit überhaupt ein Bedürfnis für die Anwendbarkeit des EBV im Hinblick auf den **Ersatz von Nutzungen** besteht, denn mit § 546a BGB sieht der Gesetzgeber bereits eine Forthaftung des Mieters vor.

Bei Untermiete str.

Im Falle der Untervermietung sieht dies jedoch anders aus: Erzielt der Mieter vom Untermieter eine Miete, die oberhalb der vereinbarten bzw. ortsüblichen liegt, stellt sich die Frage, ob der Vermieter vom Mieter nach Beendigung des Mietverhältnisses auf diese erhöhte Miete zugreifen kann. Gem. §§ 987, 990 BGB wäre dies möglich, weil es sich bei der bezogenen Untermiete um eine mittelbare Sachfrucht gem. §§ 99 III BGB handelt. Dann müsste das EBV aber anwendbar sein. Dies ist umstritten. Der BGH hat diesen Fall nur für den Zeitraum entschieden, in dem der Herausgabeanspruch gem. § 546 I BGB bereits rechtshängig war. Hier ergibt sich die Anwendbarkeit des EBV bereits aus § 292 II BGB.[324]

ggf. §§ 994 ff.

Dagegen lässt der BGH[325] gegen den Eigentümer **Verwendungsersatzansprüche** eines Werkunternehmers zu, mit dem der Vorbehaltskäufer einen Werkvertrag geschlossen hat, bevor der Eigentümer wegen Zahlungsverzug zurückgetreten ist. 321

---

322 Vgl. MEDICUS, Bürgerliches Recht, Rn. 582 m.w.N.

323 Ausführlich HEMMER/WÜST, Sachenrecht I, Rn. 325 ff.

324 BGH, Life&Law 2010, 80 ff.

325 BGHZ 34, 122 ff.; kritisch dazu MEDICUS, Bürgerliches Recht, Rn. 587, 594.

Im Zeitpunkt der Verwendung hatte der Werkunternehmer ein über den Vorbehaltskäufer abgeleitetes Besitzrecht gegenüber dem Eigentümer, § 986 I S. 1, Alt. 2; gleichwohl soll er nicht schlechter stehen, als wenn er schon als anfänglich Nichtberechtigter Verwendungen gemacht hätte.

3. Aufschwingen vom Fremd- zum Eigenbesitzer

Umwandlung von Fremd- in Eigenbesitz

Problematisch ist schließlich der Fall, in welchem sich der berechtigte Fremdbesitzer zum unberechtigten Eigenbesitzer aufschwingt. 322

Bsp.: *B veräußert ein von E geliehenes Radio an D.*

Lit.: kein EBV; nach BGH EBV aber (+)

Die überwiegende Ansicht in der Literatur[326] steht auf dem Standpunkt, dass die Änderung des Besitzwillens keine Auswirkungen auf die Rechtmäßigkeit des Besitzes habe und somit kein EBV entstehe. 323

In obigem Beispiel bestehen daher Ansprüche des E gegen B nur aus §§ 604, 280 I, 283 und §§ 823 ff., nicht aber aus §§ 990 I S. 1, 989.

hemmer-Methode: Verwechseln Sie diese Situation nicht mit der folgenden. Hat der Besitzer als Fremdbesitzer kein Recht zum Besitz, ist aber bei Besitzerlangung gutgläubig, kann er nachträglich nur dann bösgläubig werden, wenn er positive Kenntnis vom fehlenden Besitzrecht erlangt, § 990 I S. 2 BGB. Begründet der Besitzer nun grob fahrlässig Eigenbesitz („Aufschwingen“), würde dies nicht genügen. Nach BGH wird das Aufschwingen allerdings als Fall eines erneuten Besitzerwerbs angesehen, so dass § 990 I S. 1 BGB zur Anwendung kommt und die grobe Fahrlässigkeit für die Bösgläubigkeit genügt.[327] Begründet wird dies mit der Wesensverschiedenheit von Fremd- und Eigenbesitz.

III. Bösgläubigkeit

1. Unredlicher Besitzer

Wie bereits dargestellt, unterscheidet das Haftungssystem der §§ 987 ff. zwischen redlichem und unredlichem Besitzer. Maßgebliches Kriterium für die Haftung des Besitzers ist somit seine Gut- bzw. Bösgläubigkeit hinsichtlich seines Rechts zum Besitz gegenüber dem Eigentümer. 324

326 PALANDT, Vorbem. vor § 987, Rn. 9.

327 BGHZ 31, 129 = jurisbyhemmer.

Bösgläubigkeit, § 990 I S. 1, 2

Bösgläubig ist der Besitzer nach § 990 I S. 1 i.V.m. § 932 II ent- 325
sprechend, wenn er bei Erwerb des Besitzes sein fehlendes Besitzrecht kennt oder infolge grober Fahrlässigkeit nicht kennt bzw. nach § 990 I S. 2, wenn er bei Besitzerwerb zwar gutgläubig war, aber später positive Kenntnis von seinem fehlenden Besitzrecht erlangt.

2. Bösgläubigkeit bei Einschaltung Dritter

bei Dritten problematisch

Werden Dritte/Gehilfen beim Besitzerwerb eingeschaltet, stellt 326
sich die Frage, auf wessen Kenntnis hinsichtlich der Bösgläubigkeit abzustellen ist.

bzgl. Geschäftsherr schädl.

Unstreitig schadet dem Geschäftsherrn immer die eigene Bös- 327
gläubigkeit, wenn er beim Besitzerwerb einen Besitzdiener (§ 855) einschaltet.

str. bei Besitzdiener

Umstritten ist die Frage, ob und wie sich der Geschäftsherr den 328
bösen Glauben seines Besitzdieners zurechnen lassen muss.[328]

> **Bsp.:** *Der Angestellte V erwirbt für B bei D einen Computer. V weiß, dass D den Computer von E geliehen hat. B ist gutgläubig. Als V den Computer zu B bringen will, lässt er ihn schuldhaft fallen. Kann E von B Schadensersatz nach §§ 990 I, 989 verlangen?*

Hier ist immer genau zu unterscheiden: 329

Eigentumserwerb

a) Soweit es um die Gutgläubigkeit beim Eigentumserwerb nach §§ 932 ff. geht, ist § 166 direkt anwendbar.

> B wurde also nicht gutgläubig Eigentümer.

Besitzerwerb

b) Hinsichtlich der Zurechnung der Bösgläubigkeit bezüglich des fehlenden Besitzrechts beim Besitzerwerb ist man sich zwar weitgehend einig, dass diese erfolgen muss, umstritten ist freilich der Weg:

§ 278 (-)

aa) § 278 scheidet jedenfalls aus, da es nicht um ein Verschulden geht, außerdem besteht vor der Besitzbegründung ja gerade noch keine Sonderverbindung.

h.M.: § 166 I analog

bb) Während eine Ansicht wegen der Deliktsähnlichkeit der §§ 987 ff. den § 831 analog anwenden will,[329] geht die h.M. vom insoweit strengeren (weil keine Exkulpation zulassenden) § 166 I analog aus. Dies dürfte zumindest dann vorzugswürdig sein, wenn der Besitzdiener bei Besitzbegründung vertreterähnlich (d.h. relativ selbständig und eigenverantwortlich) auftritt.[330]

---

328 Ausführlich auch HEMMER/WÜST, Sachenrecht I, Rn. 339 ff.; KIEFNER, JA 1984, 189, 195.

329 wohl auch MEDICUS, Bürgerliches Recht, Rn. 581.

330 Für eine Anwendung von § 166 oder § 831 je nachdem, wie der Besitzdiener auftritt, HÖNN, JA 1988, 537.

Wenn V hier also „vertretergleich“ auftrat, ist seine Bösgläubigkeit dem B zuzurechnen.

c) Bei der Frage des Verschuldens i.S.d. § 989 schließlich ist § 278 anwendbar, da das jetzt begründete EBV insoweit ein gesetzliches Schuldverhältnis darstellt.

Der B muss sich also nach § 278 auch das schuldhafte Fallenlassen des Computers durch V zurechnen lassen, so dass er dem D im Ergebnis aus §§ 989, 990 I haftet.

hemmer-Methode: Sie haben den Dritten schon in vielen Varianten als klausurtypisch kennen gelernt. Er darf auch im EBV nicht fehlen. Wiederum heißt das Zauberwort „Zurechnung“: Wem kann was wie zugerechnet werden? Stellen Sie in Ihrer Lösung fest, dass keine der in Betracht kommenden Zurechnungsnormen auf das EBV zugeschnitten ist. Vieles spricht für die analoge Anwendung des § 166 beim Vertreter: Wenn man schon über den gutgläubigen Vertreter Eigentum erwerben kann, so muss auch dessen böser Glaube im EBV maßgeblich sein. Für den Vertreterähnlichen gilt dann nichts anderes. Sie sehen, wie wichtig diese Fragen werden können!

3. Bösgläubigkeit bei Minderjährigen

bei Minderjährigen str.

Auch beim Handeln von beschränkt Geschäftsfähigen ist umstritten, auf wessen Kenntnis hinsichtlich der Bösgläubigkeit abzustellen ist. Eine direkte Anwendung des § 166 scheidet aus denselben Gründen wie oben beim Besitzdiener aus. Diskutiert wird hier, ob analog § 828 III BGB auf den Minderjährigen abgestellt wird oder analog § 166 I BGB auf die Eltern. 330

§ 166 oder § 828?

Nach h.M. wird nach der Art der Besitzerlangung differenziert, weil es auf diese gem. § 990 I S. 1 BGB ankommt. Hat der Minderjährige Besitz auf Basis eines unwirksamen Vertrages erlangt, stellt am wegen der Vertragsähnlichkeit auf die Eltern ab, § 166 I BGB analog. Andernfalls bestünde die Gefahr, dass trotz fehlender Zustimmung der Eltern eine quasivertragliche Haftung auf Schadensersatz (§§ 989, 990) bzw. Nutzungsersatz (§§ 987, 990) droht.[331]

Diff. nach Art der Besitzerlangung

Hat der Minderjährige sich den Besitz jedoch durch Eingriff verschafft, liegt ein deliktsähnlicher Tatbestand vor, so dass gem. § 828 III BGB auf die Einsichtsfähigkeit des Minderjährigen abgestellt wird. 331

331 Medicus, BR, Rn. 601 f.

4. Erbenbesitz, § 857

fiktiver Besitz nach Erbschaft, § 857

I.R.d. § 857 „erbt“ der Erbe nach h.M.[332] mit dem fiktiven Erben- 332
besitz auch eine eventuelle Bösgläubigkeit. Diese kann aber „geheilt“ werden, wenn er gutgläubig tatsächlich Besitz ergreift i.S.d. § 854.

hemmer-Methode: Der Erbenbesitz darf nicht mit der Problematik des „Erbschaftsbesitzers“ verwechselt werden. Dies ist jemand, der aufgrund eines vermeintlichen Erbrechts Gegenstände aus der Erbschaft besitzt. Er haftet gem. § 2018 dem wahren Erben auf Herausgabe der Erbschaft (sog. Gesamtanspruch). Dies hat mit § 857 nichts zu tun.

5. Prozessbesitzer

Prozessbesitzer

Dem bösgläubigen Besitzer gleichgestellt ist der Prozessbesitzer 333
(vgl. §§ 987, 989, 996), d.h. derjenige, welcher die Sache nach Eintritt der Rechtshängigkeit (vgl. §§ 253, 261 ZPO) in Besitz hat. Ab dem Zeitpunkt der Zustellung der Klage muss der Besitzer damit rechnen, dass er die Sache herauszugeben hat.

IV. Konkurrenzen

Die §§ 987 ff. stellen grundsätzlich eine abschließende Regelung dar, soweit es um Schadensersatz, Nutzungen sowie Verwendungen geht.

1. Veräußerung/Verbrauch

Unberührt bleiben daher Ansprüche wegen Veräußerung der Sa- 334
che (§ 816) und deren Verbrauch (§ 812 I S. 1 Alt. 2). Auch die § 687 II und § 826 sind uneingeschränkt anwendbar.

2. §§ 823 ff.

§§ 823 ff. von EBV verdrängt

Nach h.M.[333] sind die §§ 823 ff. – mit Ausnahme des § 826 – im- 335
mer dann ausgeschlossen, wenn während des schadensbegründenden Ereignisses ein EBV bestand. Dies ergibt sich aus § 993 I und § 992. Von diesem Grundsatz gibt es jedoch auch nach h.M. zwei Ausnahmen:

- Ausnahmen: § 992

§ 992 erklärt die §§ 823 ff. neben dem EBV für anwendbar, wenn 337
sich der Besitzer die Sache durch verbotene Eigenmacht, *§ 858,* oder durch eine strafbare Handlung verschafft hat, wobei nach h.M. die verbotene Eigenmacht schuldhaft gewesen sein muss.

---

332 PALANDT, § 857, Rn. 2.

333 BGHZ 56, 73 = **juris**byhemmer.

- Fremdbesitzerexzess

Ferner werden §§ 823 ff. nach der h.M.[334] auch im Falle des Fremdbesitzerexzesses angewandt.

Bsp.: *Der unerkannt geisteskranke E vermietet sein Auto an den redlichen B. Der Mietvertrag ist nach §§ 104 Nr. 2, 105 I nichtig. Ein EBV liegt damit vor. Nun bekommt B einen Wutanfall und zertrümmert das Auto. Ein Schadensersatzanspruch aus §§ 990 I, 989 scheidet aus, weil B redlich ist. B haftet wegen § 993 I a.E. an sich auch nicht aus § 823 I. Dies erscheint unbillig. Wäre der Mietvertrag wirksam, so hätte E gegen B einen Anspruch aus § 280 I und § 823 I gehabt. Der rechtmäßige Besitzer stünde also schlechter als der unrechtmäßige. Daher wird in diesen Fällen § 823 I trotz § 993 I a.E. angewandt. E hat somit gegen B einen Anspruch aus § 823 I.* 338

hemmer-Methode: Eine gesetzliche Regelung des Fremdbesitzerexzesses fehlt nur im Zwei-Personen-Verhältnis. Im Drei-Personen-Verhältnis kommt § 991 II zur Anwendung.

- bei rechtmäßigem Besitzer

Daneben haftet natürlich auch der rechtmäßige Besitzer aus §§ 823 ff., da hier mangels EBV gar keine Konkurrenz vorliegt. 339

3. §§ 812 ff.

§§ 812 ff.

Hier ist zwischen Nutzungsersatz und Verwendungsersatz zu differenzieren.

§§ 987 ff. bei Nutzungen abschl.

Soweit es um Nutzungsersatz geht, werden die §§ 812 ff. von den §§ 987 ff. als abschließende Regelung verdrängt. 340

§§ 994 ff. ebenfalls abschließend

Nach Rspr. und h.M. in der Lit.[335] bilden die §§ 994 ff. eine abschließende Sonderregelung für das Verhältnis zwischen nichtbesitzendem Eigentümer und nichtberechtigtem Besitzer auch insoweit, als sich Verwendungsersatzansprüche über Bereicherungsrecht und insbesondere über §§ 951, 812 herleiten lassen. 341

Dies gilt auch dann, wenn die Verwendung nicht mehr unter den engen Verwendungsbegriff der Rspr. fällt (insbesondere beim Bau eines Hauses auf fremdem Grundstück).

Teile der Lit.[336] vertreten dagegen die Auffassung, dass Bereicherungsansprüche nicht ausgeschlossen sind. Der erforderliche Schutz des Eigentümers ließe sich über die Grundsätze der aufgedrängten Bereicherung gewährleisten. Der Ausschluss von Bereicherungsansprüchen stelle eine ungerechtfertigte Schlechterstellung des besitzenden gegenüber dem nichtbesitzenden Verwender dar. 342

334 PALANDT, Vorbem. vor § 987, Rn. 19.

335 BGHZ 41, 157 (159) = **juris**byhemmer; HÖNN, JA 1988, 534 f.

336 MEDICUS, Bürgerliches Recht, Rn. 895 ff.

4. Geschäftsführung ohne Auftrag

berechtigte GoA = RzB, deshalb EBV (-)

Auch gegenüber der GoA stellen die §§ 987 ff. Sonderregelungen dar. Liegt aber in der Inbesitznahme eine berechtigte GoA, so gibt diese dem Besitzer ein Recht zum Besitz, mit der Folge, dass kein EBV vorliegt. 343

5. Vertragliche Rückabwicklungsverhältnisse

Vertrag spezieller

Gegenüber dem vertraglich berechtigten Besitzer hat der Eigentümer schon wegen § 986 keine Ansprüche nach den §§ 987 ff. auf Nutzungsherausgabe oder Verwendungsersatz. 344

Die Abwicklungsvorschriften des allgemeinen und besonderen Schuldrechts gehen als speziellere Regelungen dem EBV vor.[337]

D. Schadensersatz, §§ 989 ff.

I. Redlicher/unverklagter Besitzer

bei redlichem Besitzer grds. EBV (-)

Der redliche, unverklagte, aber unrechtmäßige Besitzer haftet grundsätzlich nicht aus §§ 989 ff. wegen Verlustes oder Verschlechterung der Sache, § 993 I a.E. Es besteht also auch keine Haftung aus §§ 823 ff., da die Voraussetzungen des § 992 nicht vorliegen und das EBV hinsichtlich Schadensersatzansprüchen abschließend ist. 345

Von diesem Grundsatz gibt es zwei Ausnahmen:

1. § 991 II

Ausnahme: § 991 II

§ 991 II stellt einen Fall des gesetzlich geregelten Fremdbesitzerexzesses dar. 346

> ***Bsp.:*** *V hat dem E das Auto gestohlen. V vermietet das Auto an den redlichen B. B beschädigt das Auto fahrlässig. Kann E von B Schadensersatz verlangen?*
>
> E ist Eigentümer des Autos und B hat gegenüber E kein Recht zum Besitz. Im Zeitpunkt der Schädigung lag also ein EBV vor. §§ 990 I, 989 greifen aber nicht ein, da B redlich und unverklagt ist. Wegen § 993 I a.E. besteht auch kein Anspruch aus § 823 I. Hier greift nun § 991 II: Zwischen B und V bestand ein Besitzmittlungsverhältnis (§ 868), aus dem er normalerweise dem V haften würde. 347

337 Vgl. für das Verhältnis von § 546a und §§ 987, 990 BGH, Life&Law 2010, 80 ff.; s.o., Rn. 320.

B ist hier insoweit nicht gegenüber E schutzwürdig. Der Haftungsmaßstab bestimmt sich nach dem Vertrag zwischen V und B. Wurde z.B. zwischen B und V vereinbart, dass B nur für grobe Fahrlässigkeit haften soll, so gilt dies auch gegenüber E. Damit hat E gegen B einen Anspruch aus §§ 991 II, 989.

2. Fremdbesitzerexzess

Ausnahme: Fremdbesitzerexzess

Daneben haftet der redliche/unverklagte, unrechtmäßige Besitzer 348
trotz § 993 I a.E auch dann aus §§ 823 ff., wenn ein Fremdbesitzerexzess im Zwei-Personen-Verhältnis vorliegt (vgl. o. Rn. 338).

II. Unredlicher/verklagter Besitzer

bei unredlichem Besitzer Verschulden notw.

Der unredliche Besitzer haftet auf Schadensersatz nach §§ 990 I, 349
989, wenn ihn ein Verschulden trifft. Der verklagte Besitzer haftet bei Verschulden ab Eintritt der Rechtshängigkeit nach § 989.

<u>Voraussetzungen der §§ 990 I, 989 sind also:</u> 350

1. EBV im Zeitpunkt der Verletzungshandlung
2. verklagter (§ 989*)* oder bösgläubiger (§ 990 I*)* Besitzer
3. Verschulden (§ 989*)*

Verschulden

Der Besitzer muss die Sache schuldhaft beschädigt haben. § 276 351
findet Anwendung.

Beim Minderjährigen gelten die §§ 827, 828.

ohne Verschulden nur bei Verzug, §§ 990 II, 284 ff.

Ohne Verschulden haftet der unredliche Besitzer nur, wenn er in 352
Verzug ist, §§ 990 II, 287 S. 2. Diese Haftungsverschärfung gilt nur für den bösgläubigen Besitzer. § 990 II findet auf den verklagten, aber gutgläubigen Besitzer keine Anwendung.

Umfang der Haftung, §§ 249 ff.

Der Umfang des Schadensersatzanspruchs ergibt sich aus den 353
§§ 249 ff. Es ist nach §§ 990, 989 der Schaden zu ersetzen, der dadurch entsteht, dass infolge Verschuldens die Sache verschlechtert wird, untergeht oder aus einem anderen Grunde nicht mehr herausgegeben werden kann (sog. Substanzschaden). Dazu gehört auch der entgangene Gewinn.

Nicht ersetzt wird der sog. Vorenthaltungsschaden,[338] der dadurch entsteht, dass dem Eigentümer die Sache für eine bestimmte Zeit durch den Besitzer vorenthalten wird. Im Falle des Verzuges kann über §§ 990 II, 280 II, 286 jedoch auch der Vorenthaltungsschaden ersetzt werden (z.B. RA-Kosten).

---

338 Vgl. Palandt, § 989, Rn. 6.

Problematisch ist, ob gegen den verklagten bzw. bösgläubigen Besitzer § 281 analog angewendet werden kann. Im Schutzsystem des EBV ist das Ersatzinteresse „anstatt“ der Leistung nur für den Fall der Beeinträchtigung der Sachsubstanz geregelt, § 989. Bleibt die Sache unversehrt, wird sie aber nicht herausgegeben, kann nur unter den Voraussetzungen der §§ 990 II, 280 I, II, 286 Begleitschadensersatz begehrt werden (s.o.).

Der BGH hat die analoge Anwendung des § 281 auf den Anspruch aus § 985 bejaht, wenn der Besitzer bösgläubig ist oder ihm gegenüber die Rechtshängigkeit eingetreten ist. Auch der Eigentümer müsse die Möglichkeit haben, nach Ablauf einer zur Herausgabe gesetzten Frist Dispositionen zu treffen und auf das Herausgabeinteresse „zu verzichten“. Es ist nicht einleuchtend, warum der schuldrechtliche Herausgabegläubiger besser stehen soll als der dingliche.[339]

III. Deliktischer Besitzer, § 992

deliktischer Besitzer

Derjenige, der sich eine Sache durch (schuldhaft) verbotene Eigenmacht oder eine gegen das Eigentum gerichtete Straftat (z.B. §§ 242, 249, 253, 263 StGB; str. für § 246 StGB[340]) verschafft hat (deliktischer Besitzer), soll nicht nur nach §§ 990, 989 haften, sondern gem. § 992 darüber hinaus auch nach den §§ 823 ff. Insbesondere gilt dann auch die verschärfte Haftung nach § 848. Zudem sind die sog. Vorenthaltungsschäden auch von §§ 823 ff. BGB erfasst. 354

hemmer-Methode: Nur wenn es um Zufallshaftung und Ersatz von Vorenthaltungsschäden geht, kann die Anwendbarkeit des Deliktsrechts neben dem EBV fallentscheidend sein. Denn diese Vorteile des Deliktsrechts stehen dem Eigentümer im EBV grundsätzlich nicht zur Verfügung. Ausnahme: § 990 II. 355

E. Nutzungsherausgabe, §§ 987 ff.

Nutzungen, § 100

Nutzungen sind nach der Legaldefinition des § 100 Früchte (*§ 99*) einer Sache oder eines Rechts sowie die Vorteile, welche der Gebrauch einer Sache oder eines Rechts gewährt. 356

Verbrauch/Veräußerung sind keine Nutzungen

Eine Nutzung ist nur möglich, solange die „Muttersache“ erhalten bleibt. Keine Nutzung ist daher der Veräußerungserlös und der Verbrauch der Muttersache.[341] 357

339 BGH, Life&Law 2016, 753 ff.; vgl. auch die ausführliche Problemdarstellung bei Bäumer, Life&Law 2017, 578 ff.

340 Vgl. Palandt, § 992, Rn. 3.

341 Vgl. Palandt, § 100, Rn. 1.

Herausgabe/Übereignung

Die §§ 987 ff. regeln die Herausgabe der während einer beste- 358
henden Vindikationslage gezogenen Nutzungen. Herausgabe bedeutet in diesem Zusammenhang auch die Übereignung, wenn der Besitzer der Muttersache z.B. über § 955 Eigentum an dem Erzeugnis erlangt hat, das er aber nach den §§ 987 ff. nicht behalten darf.

I. Redlicher/unverklagter Besitzer

1. Regelung des § 993 I

redlicher Besitzer haftet nur für das sog. Übernahmeverschulden

Der redliche und unverklagte Besitzer haftet wegen § 993 I 359
grundsätzlich nicht. Er hat jedoch nach § 993 I die gezogenen Übermaßfrüchte nach Bereicherungsrecht herauszugeben, soweit er noch bereichert ist (§ 818 III!).

Übermaßfrüchte sind nach § 993 I diejenigen Früchte, die im Rahmen einer ordnungsgemäßen Wirtschaft nicht als Ertrag einer Sache anzusehen sind (z.B. Kahlschlag eines Waldes).

Im Übrigen werden die §§ 812 ff. hinsichtlich Nutzungsersatz nach h.M.[342] von den §§ 987 ff. verdrängt.

2. Unentgeltlicher Besitzer, § 988

unentgeltlicher Besitzer ist nicht schutzwürdig

Etwas anderes gilt dann, wenn der Besitzer den Besitz unentgelt- 360
lich erlangt hat. Nach § 988 hat er alle Nutzungen herauszugeben, soweit er noch bereichert ist (Rechtsfolgeverweisung auf § 818). Derjenige, der den Besitz ohne Gegenleistung erhielt, verdient geringeren Schutz als derjenige, der ein Vermögensopfer dafür erbracht hat. Der Schutz des Eigentümers geht hier ähnlich wie bei § 816 I S. 2 vor.

nach Wortlaut v. § 988 nur Eigenbesitz;
nach Rspr. auch Fremdbesitz

Nach dem Wortlaut gilt § 988 nur für den Eigenbesitzer („als ihm 361
gehörig besitzt") und den Fremdbesitzer, der die Sache aufgrund eines vermeintlichen dinglichen Nutzungsrechts (z.B. Nießbrauch/Pfandrecht) besitzt. Entgegen dem Wortlaut hat die Rspr.[343] die Vorschrift auch auf den Fremdbesitzer ausgedehnt, der aufgrund eines vermeintlichen schuldrechtlichen Nutzungsrechts die Sache besitzt (z.B. Leihe).

> ***Bsp.:*** *D stiehlt dem E das Auto und verleiht es an den redlichen B. Nach § 993 I hätte B keine Nutzungen herauszugeben. Weil B aber aufgrund der Leihe (schuldrechtliches Nutzungsrecht) unentgeltlicher Fremdbesitzer war, hat B die Nutzungen nach § 988 zu ersetzen.*

---

342 PALANDT, Vorbem. vor § 987, Rn. 15.

343 Vgl. BGHZ 71, 216 (225) = **juris**byhemmer.

3. Rechtsgrundloser Erwerb, § 988 analog

§ 988 analog

Umstritten ist, ob i.R.d. § 988 der rechtsgrundlose dem unentgeltlichen Besitzerwerb gleichzustellen ist. 362

Bsp.: *Der unerkannt geisteskranke E verkauft sein Auto an B für 10.000 €. Später verlangt der Betreuer des E in dessen Namen das Auto nach § 985 heraus.*

Dieser Anspruch ist begründet, da die Übereignung nichtig ist (§§ 104 Nr. 2, 105 I) und der Besitzer B kein Besitzrecht hat. Muss B auch die Nutzungen herausgeben? 363

Rspr.: unentgeltlich = rechtsgrundlos, deshalb § 988 analog (+)

Nach ständiger Rspr.[344] ist der rechtsgrundlose Erwerb dem unentgeltlichen Erwerb gleichzustellen und daher § 988 analog anzuwenden. 364

Wäre nur der schuldrechtliche Vertrag, nicht aber die Übereignung nichtig, müsste der rechtsgrundlose Eigentümer die Nutzungen über §§ 812 I S. 1, Alt. 1, 818 II herausgeben.

Ist aber auch die Übereignung nichtig, dürfte der Besitzer die Nutzungen behalten. Dadurch würde der Eigentümer schlechter stehen als wenn er sein Eigentum verloren hätte. Dieses Ergebnis wäre unbillig. Will man am abschließenden Charakter der §§ 987 ff. streng festhalten, ist die Analogie zu § 988 konsequent.

nach Literatur gelten dagegen §§ 812 ff.

Nach der Literatur[345] erfasst die Ausschlussvorschrift des § 993 I a.E. nur die Fälle der Nichtleistungskondiktion. Die Anwendung der Leistungskondiktion sei auch neben dem EBV möglich. Hierfür spricht zum einen, dass die §§ 812 ff. gerade auch der Abwicklung fehlgeschlagener Vertragsverhältnisse dienen. Außerdem droht dem Besitzer nach der Lösung der Rechtsprechung im Dreipersonenverhältnis (z.B. nichtiger Mietvertrag zwischen Dieb und gutgläubigem Dritten über Sache des Bestohlenen) der Verlust von Einwendungen.[346]

II. Unredlicher/verklagter Besitzer, §§ 987, 990

unredlicher Besitzer

Der unredliche Besitzer haftet nach §§ 990, 987, der Prozessbesitzer nach § 987 dem Eigentümer auf Nutzungsersatz. 365

---

344 Vgl. RGZ 163, 348 ff.; BGHZ 10, 350; BGH, NJW 1983, 164 = **juris**byhemmer.

345 MEDICUS, Bürgerliches Recht, Rn. 600.

346 Vgl. zum Ganzen MEDICUS, Bürgerliches Recht, Rn. 600, und HEMMER/WÜST, Sachenrecht I, Rn. 382 ff.

Voraussetzungen des § 987 I: 366

1. EBV im Zeitpunkt der Nutzungsziehung
2. verklagter oder unredlicher (§ 990 I) Besitzer
3. tatsächlich gezogene Nutzung

Nach §§ 987 I, 990 I hat der unredliche/verklagte Besitzer alle gezogenen Nutzungen herauszugeben.

Voraussetzungen des § 987 II: 367

1. EBV im Zeitpunkt der Nutzungsziehung
2. verklagter oder unredlicher (§ 990 I) Besitzer
3. schuldhaft nicht gezogene Nutzung

Nach §§ 987 II, 990 I sind auch alle schuldhaft nicht gezogenen Nutzungen, die der Besitzer im Rahmen einer ordnungsgemäßen Wirtschaft hätte ziehen können, herauszugeben. Zudem ist ein Anspruch auf Schadensersatz nach §§ 990 II, 280 II, 286 möglich.

§ 991 I

Der unredliche Fremdbesitzer, der für einen Dritten besitzt, haftet ausnahmsweise nicht, wenn sein Oberbesitzer gutgläubig und unverklagt ist, § 991 I. 368

§ 991 I will den redlichen mittelbaren Besitzer schützen,[347] der bei einer Herausgabepflicht seines Besitzmittlers in Regress genommen werden könnte, und findet nach seinem Sinn und Zweck keine Anwendung, wenn der unmittelbare Besitzer den Mangel im Besitzrecht positiv kennt, da in diesem Fall keine Regressansprüche gegen den Oberbesitzer entstehen können.

III. Deliktischer Besitzer, § 992

deliktischer Besitzer
⇨ §§ 992, 823

Derjenige, der sich eine Sache durch (schuldhaft) verbotene Eigenmacht oder eine gegen das Eigentum gerichtete Straftat verschafft hat (deliktischer Besitzer), haftet über § 992 zusätzlich nach den §§ 823 ff. Im Hinblick auf die Rechtsfolge „Nutzungsersatz“ ist diese Haftung von nur untergeordneter Bedeutung, weil die entgangene Nutzungsmöglichkeit bereits dadurch ausgeglichen wird, dass die gezogenen Nutzungen nach EBV geschuldet sind. Hier kann es sogar sein, dass ein deliktischer Anspruch gar nicht besteht, wenn der Eigentümer die Nutzungen selbst nicht gezogen hätte. Dann fehlt es am Schaden. 369

347 Vgl. MEDICUS, Bürgerliches Recht, Rn. 584.

Ein Ersatzanspruch kann sich daher insbesondere ergeben, wenn der Besitzer Nutzungen nicht gezogen hat, die der Eigentümer aber gezogen hätte (dann ist ein Schaden gegeben). Die Beschränkungen des § 987 II BGB gelten für den deliktischen Anspruch dann nicht.

dann ggf. Haftung für Zufall, § 848

Die Haftung ist nach § 848 verschärft, so dass der Besitzer auch für Zufall haftet. Der Umfang der Haftung richtet sich nach den §§ 249 ff. 370

F. Verwendungsersatz, §§ 994 ff.

I. Verwendung - Begriff/Arten

Zweck

Die §§ 994 ff. lösen den Konflikt zwischen dem Interesse des Besitzers, Ersatz für die von ihm auf die Sache gemachten Aufwendungen zu erhalten, und dem Interesse des Eigentümers, keine für ihn sinnlosen Zahlungen leisten zu müssen. 371

Bei der Haftung wird zum einen nach der Schutzwürdigkeit des Besitzers, zum anderen nach der *Art der Verwendung* differenziert. Hierbei sind die notwendigen (§ 994), nützlichen (§ 996) und Luxusverwendungen voneinander abzugrenzen.

Begriff

Der Begriff der Verwendung ist im Gesetz nicht legaldefiniert. Verwendungen sind willentliche Vermögensaufwendungen, die (zumindest auch) der Sache zugute kommen sollen (weiter Verwendungsbegriff der h.L.[348]). 372

Nach dem engen Verwendungsbegriff des BGH[349] kann von einer Verwendung nur dann gesprochen werden, wenn die Sache als solche erhalten bleibt. Grundlegende Veränderungen (z.B. Bau eines Hauses auf unbebautem Grundstück) fallen daher nicht mehr unter den Verwendungsbegriff.[350]

Folgende Arten der Verwendungen lassen sich unterscheiden:

notwendige Verwendungen

➲ Notwendige Verwendungen,[351] § 994, sind solche, die objektiv - bei vernünftiger wirtschaftlicher Betrachtungsweise - zur Erhaltung oder ordnungsgemäßen Bewirtschaftung der Sache erforderlich sind, die also auch der Eigentümer selbst vernünftigerweise hätte vornehmen müssen (z.B. Reparatur einer Sache). 373

348 SCHMIDT, JuS 1988, 292.

349 Vgl. BGHZ 41, 157 (160); 41, 341 (346) = **juris**byhemmer.

350 BGH NJW 1996, 52 ff. = **juris**byhemmer.

351 PALANDT, § 994, Rn. 1.

nützliche Verwendungen

➲ Nützliche Verwendungen,[352] § 996, sind solche, die zwar nicht notwendig sind, aber den Wert der Sache objektiv erhöhen oder ihre Gebrauchsfähigkeit steigern (z.B. Einbau eines Autoradios). 374

Luxusverwendungen

➲ Luxusverwendungen sind solche Verwendungen, die den Wert der Sache objektiv nicht erhöhen oder für den Eigentümer nicht von Nutzen sind. 375

II. Redlicher/unverklagter Besitzer

1. Notwendige Verwendungen

Voraussetzungen des § 994 I: 376

1. EBV im Zeitpunkt der Verwendung

2. unverklagter oder redlicher (§ 990 I) Besitzer

3. notwendige Verwendung

notwendige Verwendungen

Der unverklagte und der redliche (§ 990 I) Besitzer können nach § 994 I S. 1 Ersatz aller notwendigen Verwendungen verlangen. 377

Erhaltungskosten/Lasten

Die gewöhnlichen Erhaltungskosten (z.B. Fütterungskosten, Inspektionskosten) kann der Besitzer nach *§ 994 I S. 2* jedoch nur verlangen, wenn er nicht die Nutzungen behalten darf, also regelmäßig nur in den Fällen des § 988. 378

Zeitpunkt

Grundsätzlich ist maßgeblicher Zeitpunkt für das Vorliegen des EBV der Zeitpunkt der Verwendung. Im Fall des nicht-mehr-berechtigten Besitzers[353] (vgl. oben Rn. 320 f.) genügt nach der Rspr. das Vorliegen eines EBV im Zeitpunkt des Herausgabeverlangens. 379

Verwenderbegriff

Verwender ist grundsätzlich derjenige, der den Verwendungsvorgang steuert.[354] Im Fall des nicht-mehr-berechtigten Besitzers wäre dies an sich derjenige, der die Sache reparieren lässt. Der Unternehmer dagegen erfüllt nur seine Pflicht aus dem Werkvertrag, weshalb die h.L.[355] eine Anwendung der §§ 994 ff. auf den Unternehmer ablehnt.

352 PALANDT, § 996, Rn. 2.
353 Vgl. HEMMER/WÜST, Sachenrecht I, Rn. 325.
354 Vgl. MEDICUS, Bürgerliches Recht, Rn. 591.
355 Vgl. MEDICUS, Bürgerliches Recht, Rn. 591.

2. Nützliche Verwendungen

Voraussetzungen des § 996: 380

1. EBV im Zeitpunkt der Verwendung
2. unverklagter oder redlicher (§ 990 I) Besitzer
3. nützliche Verwendung

nützliche Verwendungen

381 Nach § 996 kann der redliche (§ 990 I) und der unverklagte Besitzer auch Ersatz der nützlichen Verwendungen verlangen. Verwendungsersatz ist hier jedoch nur bis zur Höhe der bei Wiedererlangung noch gegeben Wertsteigerung möglich; außerdem nicht über den Wert der tatsächlichen Aufwendungen hinaus.[356]

3. Luxusverwendungen

Luxusverwendungen

382 Für Luxusverwendungen ist hingegen der redliche/unverklagte Besitzer auf das Wegnahmerecht nach § 997 beschränkt, wenn er eine eigene mit der fremden Sache zu deren wesentlichem Bestandteil verbunden hat (gilt auch für Zubehör i.S.v. § 97).

Bei Verbindung als wesentlicher Bestandteil (§ 93) erwirbt der Eigentümer der Hauptsache die Sache gem. §§ 946, 947 II. Der Besitzer kann dann entweder Vergütung nach § 951 I S. 1 verlangen (wenn es sich nicht um eine Verwendung handelt) oder Ersatz verlangen, wenn die Voraussetzungen der §§ 994, 996 vorliegen. Im Übrigen gilt § 997 II.

4. Rechtsnachfolge, § 999

§ 999 II

383 Veräußert der Eigentümer die Sache (insbesondere nach § 931), so haftet der neue Eigentümer auch für Verwendungen, die vor seinem Eigentumserwerb entstanden sind, § 999 II.

§ 999 I

384 Nach § 999 I kann auch der Besitzer für Verwendungen, die sein Vorbesitzer getätigt hat, in demselben Umfang Ersatz verlangen wie sein Vorbesitzer.

Grund dafür ist, dass der jetzige Besitzer die von dem Vorbesitzer gemachten Verwendungen regelmäßig mit dem an diesen gezahlten Kaufpreis abgegolten hat.

356 BGH, NJW 1980, 835.

III. Unredlicher/verklagter Besitzer

1. Notwendige Verwendungen

Voraussetzungen des § 994 II 385

1. EBV im Zeitpunkt der Verwendung
2. verklagter oder unredlicher (§ 990 I) Besitzer
3. notwendige Verwendung
4. Voraussetzungen der §§ 683, 670 oder der §§ 684, (818):

notwendige Verwendungen

Der verklagte bzw. der unredliche (§ 990 I) Besitzer kann Ersatz für notwendige Verwendungen nur verlangen, wenn die Voraussetzungen der GoA gegeben sind. § 994 II verweist auf §§ 683, 684. Entspricht die Verwendung dem Interesse und dem wirklichen oder mutmaßlichen Willen des Eigentümers, so besteht ein Anspruch auf Verwendungsersatz aus §§ 994 II, 683, 670. Andernfalls wird auf das Bereicherungsrecht verwiesen, §§ 994 II, 684, 818 (Rechtsfolgenverweisung; beachte § 818 III!). 386

2. Nützliche Verwendungen/Luxusverwendungen

Hinsichtlich nützlicher Verwendungen und Luxusverwendungen ist der unredliche/verklagte Besitzer auf das Wegnahmerecht nach § 997 beschränkt. 387

3. Rechtsnachfolge, § 999

§ 999

Hinsichtlich der Haftung bei Rechtsnachfolge gilt für den verklagten/unredlichen Besitzer ebenfalls § 999.[357] 388

hemmer-Methode: In den Abgrenzungen von Berechtigung und Bös-/ Gutgläubigkeit des Besitzers tauchen die gleichen Probleme auf wie bei den Schadensersatz- und Nutzungsherausgabeansprüchen. Deshalb wurde diese Grundsystematik vorne auch ausführlich dargestellt!

357 Vgl. HEMMER/WÜST, Sachenrecht I, Rn. 407.

IV. Geltendmachung des Verwendungsersatzanspruchs

§§ 1000, 1001

Hat der Besitzer einen Verwendungsersatzanspruch nach den §§ 994 ff., so hat er gegenüber dem Herausgabeanspruch des Eigentümers (zunächst nur) ein Zurückbehaltungsrecht nach § 1000, das nach § 1003 als Befriedigungsrecht ausgestaltet ist. Die Sonderregelung des § 1000 neben § 273 war erforderlich, da der Verwendungsersatzanspruch erst unter den Voraussetzungen des § 1001 fällig i.S.d. § 273 wird. Für die Fälligkeit ist nämlich erforderlich, dass der Eigentümer die Verwendung genehmigt oder die Sache wiedererlangt. Vorher kann der Besitzer also nicht erfolgreich auf Zahlung klagen! **389**

§ 7 DAS PFANDRECHT AN BEWEGLICHEN SACHEN UND RECHTEN

A. Das vertragliche Pfandrecht an beweglichen Sachen

I. Begriff/Wesen des Pfandrechts

§ 1204

Nach § 1204 kann eine bewegliche Sache zur Sicherung einer Forderung in der Weise belastet werden, dass der Gläubiger das Recht hat, die Befriedigung aus der Sache zu suchen. 390

Der Verpfänder muss also bei Fälligkeit der zu sichernden Forderung (vgl. § 1228 II) den Verkauf der Pfandsache nach den §§ 1233 ff. dulden. Er ist als solcher nicht verpflichtet, den Gläubiger im Wege der Zahlung zu befriedigen.

hemmer-Methode: Unterscheiden Sie bei den Ansprüchen des Gläubigers stets die gesicherte Forderung und den Anspruch auf Duldung der Verwertung des Pfandrechts.

Akzessorietät des Pfandrechts

Die Akzessorietät des Pfandrechts kommt durch die Formulierung „zur Sicherung einer Forderung“ zum Ausdruck. 391

hemmer-Methode: Die Sicherungsübereignung, die das Faustpfandrecht in der Praxis verdrängt hat, ist gerade nicht akzessorisch.[358]

dingliches Recht zum Besitz

Das Pfandrecht gewährt seinem Inhaber ein gegenüber jedermann wirkendes, dingliches Recht zum Besitz. 392

II. Entstehung

<u>Voraussetzungen einer Pfandrechtsbestellung:</u> 393

1. Einigung, § 1205 I S. 1
2. Übergabe, § 1205 I S. 1 (bei § 1205 I S. 2 entbehrlich, bei §§ 1205 II, 1206 durch Surrogat)
3. zu sichernde Forderung
4. Berechtigung und Verfügungsbefugnis des Bestellers (ansonsten ggf. § 1207)

358 Vgl. zur Sicherungsübereignung oben Rn. 191 f.

hemmer-Methode: Den Vorschriften über die Pfandrechtsbestellung liegt dieselbe Konzeption zugrunde wie den §§ 929 ff. Die Ausführungen dazu gelten hier also entsprechend. Im Folgenden werden nur die wichtigsten Abweichungen dargestellt.

Einigung i.S.d. § 1205 I S. 1

Die Einigung i.S.d. § 1205 I S. 1 bezieht sich darauf, dass dem Gläubiger an der Sache ein Pfandrecht zustehen soll. Dem Pfandgläubiger wird also ein Teil der Eigentümerbefugnisse, das Verwertungsrecht, übertragen. Deshalb spricht man auch von Teilveräußerung. 394

Übergabe und ihre Surrogate

Die zur Wahrung des sachenrechtlichen Publizitätsgrundsatzes nötige Übergabe und ihre Surrogate sind bei den §§ 1205 f. auch parallel zu den Übereignungstatbeständen konstruiert. Jedoch ist eine Verpfändung durch Vereinbarung eines Besitzkonstituts nicht vorgesehen. Die Publizität ist hier strenger als bei der Übereignung. 395

hemmer-Methode: Gerade deshalb wird in der Praxis die Sicherungsübereignung dem Faustpfandrecht vorgezogen.

§ 1205 II, der konstruktiv § 931 entspricht, verlangt eine Verpfändungsanzeige an den Besitzer (wieder strengere Publizität als bei der Übereignung). Zudem wird hier mittelbarer Besitz des Verpfänders verlangt.

Gem. § 1206 genügt für die Pfandrechtsbestellung die Einräumung von qualifiziertem Mitbesitz.

zu sichernde Forderung

Die zu sichernde Forderung muss ein Zahlungsanspruch sein oder zumindest in einen solchen übergehen können, § 1228 II S. 2. Nach § 1204 II kann ein Pfandrecht auch für eine künftige oder bedingte Forderung bestellt werden. Es entsteht schon mit der Bestellung, nicht erst mit Entstehung der Forderung. Denn ein Pfandrecht an der eigenen Sache wie §§ 1163 I S. 1, 1177 I S. 1 kennen die §§ 1204 ff. nicht. 396

keine Identität erforderlich

Der Verpfänder muss nicht identisch mit dem persönlichen Schuldner sein, sondern kann seine Sache auch zur Sicherung einer fremden Schuld verpfänden. 397

§ 1207, wenn Verpfänder weder berechtigt noch verfügungsbefugt

Ist der Verpfänder weder Eigentümer der Sache, noch gem. § 185 I ermächtigt, noch § 185 II gegeben, so hilft dem Erwerber nur noch seine Gutgläubigkeit, § 1207. §§ 932, 934 und 935 gelten danach entsprechend. §§ 933 und 934, Alt. 2 sind von der Verweisung nicht erfasst. Das ergibt sich aus den oben genannten Unterschieden des § 1205 gegenüber den §§ 929 ff. Da der gutgläubige Pfandrechtsgläubiger schon ausreichend geschützt ist, wenn sein Pfandrecht den Vorrang genießt (gutgläubiger Erwerb des Vorrangs gem. § 1208 möglich), war eine Verweisung auf § 936 nicht nötig. 398

hemmer-Methode: Neben dem Faustpfandrecht, das durch rechtsgeschäftliche Bestellung (Verpfändung) entsteht, gibt es noch das gesetzliche Pfandrecht, das durch Einbringung (z.B. § 562) bzw. aufgrund von Besitz (z.B. § 647) entsteht, und das Pfändungspfandrecht, das bei beweglichen Sachen aufgrund der Pfändung durch den Gerichtsvollzieher nach den §§ 803 ff. ZPO entsteht.[359] Ist das gesetzliche bzw. Pfändungspfandrecht einmal entstanden, so gelten aufgrund § 1257 bzw. § 804 II ZPO weitgehend die Regeln über das vertragliche Pfandrecht. Die Verweisung bezieht sich ausweislich des Wortlautes auf die Vorschriften, die für ein *bereits entstandenes* Pfandrecht gelten. Trotzdem ist umstritten, ob der Ausschluss der Bestellungsvorschriften auch bedeutet, dass der gutgläubige Erwerb eines gesetzlichen Pfandrechts generell ausgeschlossen ist.[360]

III. Übertragung des Pfandrechts

automatischer Übergang bei Forderungsabtretung

Das Pfandrecht ist - wie alle akzessorischen Sicherheiten - nie selbst Gegenstand der Übertragung, sondern geht automatisch mit über, wenn die Forderung, für die es besteht, abgetreten wird, §§ 1250 I, 401 I. Die Abtretung der Forderung ist gem. § 398 formlos möglich. Der Abtretungsempfänger kann als neuer Pfandgläubiger gem. § 1251 I Herausgabe der Sache verlangen. 399

§ 1250 II

Wird bei Abtretung der Forderung der Übergang des Pfandrechts ausgeschlossen, so erlischt es gem. § 1250 II. 400

Besteht die abgetretene Forderung nicht, so erwirbt der Zessionar mangels einer § 1138 entsprechenden Regelung kein Pfandrecht. War die Pfandrechtsbestellung unwirksam, so ist ein gutgläubiger Zweiterwerb auch nicht möglich, da ein entsprechender Rechtsschein wegen der formlosen Abtretung nicht vorliegt. 401

hemmer-Methode: Dies ist wegen § 1154 bei der Hypothek anders!

IV. Einwendungen/Einreden

System entspricht dem der Hypothek

Das System der möglichen Einwendungen/Einreden des persönlichen Schuldners bzw. des von diesem verschiedenen Eigentümers, der sich zur Verpfändung seiner Sache bereit erklärt hat, gegen die Inanspruchnahme aus der Forderung bzw. dem Pfandrecht entspricht dem bei der Hypothek.[361] Insbesondere entspricht § 1211 dem § 1137. 403

359 Hierzu HEMMER/WÜST, ZPO II, Rn. 130 ff.

360 Vgl. dazu HEMMER/WÜST, Sachenrecht II, Rn. 222 ff. z.T. wird ein gutgläubiger Werkunternehmerpfandrechtserwerb zum Schutze des Werkunternehmers bejaht (anders BGH).

361 Dazu unten Rn. 501 f.

hemmer-Methode: Machen Sie sich das System der akzessorischen Sicherheiten anhand der Hypothek klar. Dann können Sie die Fälle des Faustpfandrechts parallel lösen!

V. Zahlung und Regress

In diesem Bereich gibt es einige Abweichungen von der Hypothek:[362] 404

Pfandrecht erlischt mit Forderung, § 1252

Zum einen erlischt das Pfandrecht gem. § 1252 stets mit dem Erlöschen der Forderung, also wenn der persönliche Schuldner den Gläubiger befriedigt - unabhängig davon, ob er im Verhältnis zum Eigentümer zahlen muss. Es gibt hier kein Eigentümerpfandrecht wie bei §§ 1163 I S. 2, 1177 I S. 1 und auch keine dem § 1164 entsprechende Regelung. Der Verpfänder kann die Sache dann gem. § 1223 I herausverlangen. 405

Forderungsübergang

Befriedigt der Verpfänder, der nicht der persönliche Schuldner ist, den Gläubiger, so geht die Forderung des Gläubigers gem. § 1225 S. 1 auf ihn über. Gem. § 1225 S. 2, 774 I S. 3 bleiben dem Schuldner Einwendungen aus dem Verhältnis zum Verpfänder auch gegenüber dem übergegangenen Anspruch erhalten. Eine cessio legis sieht auch § 1249 vor, wenn ein Ablösungsberechtigter den Pfandgläubiger befriedigt. Nach §§ 1250 I S. 1, 412, 401 I geht das Pfandrecht mit der Forderung über. Allerdings führt gem. § 1256 die Vereinigung von Eigentum und Pfandrecht i.d.R. zum Erlöschen des Pfandrechts. Das beruht wiederum darauf, dass die §§ 1204 ff. kein Eigentümerpfandrecht kennen. 406

B. Das vertragliche Pfandrecht an Rechten

Gegenstand des Pfandrechts: Recht

Gem. § 1273 I kann Gegenstand eines Pfandrechts auch ein Recht sein. Über § 1273 II gelten dann die Vorschriften über das Pfandrecht an beweglichen Sachen, sofern die §§ 1274 ff. keine Sondervorschriften enthalten. 407

Bestellung

Die Bestellung eines Pfandrechts an einem Recht erfolgt gem. § 1274 I entsprechend der Übertragung des Rechts. Für die Verpfändung einer Forderung ist jedoch gem. §§ 1279, 1280 neben der formlosen dinglichen Einigung über die Verpfändung entsprechend §§ 1274 I, 398 die Anzeige an den Schuldner erforderlich. 408

hemmer-Methode: Aus diesem Grund wird in der Praxis die Sicherungszession der Verpfändung von Forderungen vorgezogen.

gutgläubiger Erwerb

Ein gutgläubiger Erwerb ist bei der Bestellung des Pfandrechts an einem Recht nur möglich, wenn das belastete Recht selbst gutgläubig erworben werden kann. 409

362 Zu Zahlung und Regress bei der Hypothek vgl. unten Rn. 514 ff.

Bsp.: *Gutgläubiger Erwerb einer Forderung ist grds. nicht möglich, also auch kein gutgläubiger Erwerb eines Pfandrechts an einer Forderung. Anders bei Grundpfandrechten: Diese können selbst gutgläubig erworben werden (§§ 892, 1138, 1155)[363], also ist auch gutgläubiger Erwerb eines Pfandrechts an einem Grundpfandrecht möglich.*

Übertragung

Die Übertragung eines Pfandrechts an einem Recht erfolgt gem. §§ 1273 II, 1250 automatisch mit der Übertragung der gesicherten Forderung. 410

Bsp.: *S schuldet G 100.000 €. Der einzige Vermögenswert des S ist ein Anspruch gegen D aus § 433 I auf Übereignung eines Luxusautos im Wert von 500.000 €. Bestellen S und D dem G ein Pfandrecht an der Forderung des S gegen D, so geht dieses Pfandrecht gem. §§ 1273 II, 1250 I S. 1 mit über, wenn G seine Forderung gegen S an Zessionar Z abtritt.*

Verwertung

Die Verwertung eines Pfandrechts an einem Recht, das keine Forderung darstellt (z.B. dingliche Rechte, Anwartschaftsrecht, Gesellschaftsanteil, Miterbenanteil), richtet sich nach § 1277, die Verwertung eines Pfandrechts an einer Forderung nach §§ 1281 f. 411

Bsp. *(wie eben, aber ohne Zession): Nach Pfandreife gem. § 1228 II, also nach Fälligkeit der Forderung des G gegen S, ist G berechtigt, die Forderung des S gegen D allein einzuziehen, § 1282. Leistet nun D an G (der hier als gesetzlicher Vertreter des S bei der dinglichen Einigung handelt und an den das Auto zu übergeben ist), so greift die dingliche Surrogation des § 1287 ein: S erwirbt das Auto, G ein Pfandrecht am Auto. Dieses tritt an die Stelle des erloschenen Pfandrechts an der Forderung gem. § 433 I S. 1.*

363 Vgl. dazu unten Rn. 492 f., 507 ff.

§ 8 GRUNDSTÜCKSRECHT

Rechtsänderungen an Grundstücken: §§ 873 ff.

Für Rechtsänderungen an Grundstücken, also für die Begründung, Übertragung, Inhaltsänderung und Aufhebung von Grundstücksrechten, gelten die allgemeinen Vorschriften der §§ 873 ff. Diese werden für einzelne Grundstücksrechte durch besondere Vorschriften ergänzt oder modifiziert. 412

A. Begründung und Übertragung von Grundstücksrechten, § 873 I

§ 873 I

§ 873 I ist Grundtatbestand für die Übertragung des Grundstückseigentums, die Belastung des Grundstücks mit einem beschränkten dinglichen Recht (also die Begründung eines solchen Rechts), die Übertragung von beschränkten dinglichen Rechten an einem Grundstück und die Belastung eines beschränkten dinglichen Rechts an einem Grundstück. 413

§ 873 I gilt nur für die rechtsgeschäftliche Begründung und Übertragung von Grundstücksrechten und setzt stets den Wechsel des Rechtsträgers voraus.[364] 414

Einigung über Eintritt d. Rechtsänderung u. Eintragung im Grundbuch erforderl.

Die Begründung und die Übertragung von Grundstücksrechten erfolgt gem. § 873 I grundsätzlich durch die Einigung über den Eintritt einer Rechtsänderung und die Eintragung der Rechtsänderung im Grundbuch. 415

Vorschriften d. Allg. Teils des BGB über Verträge u. Rechtsgeschäfte gelten

Auf die dingliche Einigung i.S.d. § 873 I sind die Vorschriften des Allgemeinen Teils des BGB über Verträge und Rechtsgeschäfte anwendbar. Auch die allgemeinen sachenrechtlichen Grundsätze, etwa der Bestimmtheitsgrundsatz sowie auch Trennungs- und Abstraktionsprinzip gelten.[365] 416

freie Widerrufbarkeit der dingl. Einigung

Die dingliche Einigung des § 873 I ist grundsätzlich frei widerruflich.[366] Das ergibt sich aus einem Umkehrschluss aus § 873 II, der nur in bestimmten Fällen vor der Eintragung eine Bindung an die dingliche Einigung des § 873 I anordnet. 417

Rechtsänderung erst mit Eintragung

Die Rechtsänderung tritt erst mit ihrer Eintragung, die der Einigung inhaltlich entsprechen muss[367], ein. Fallen Einigung und Eintragung auseinander, ist die Verfügung grundsätzlich unwirksam. Bei Teilunwirksamkeit entsteht gem. § 139 bei entsprechendem Parteiwillen das Recht im Umfang der Übereinstimmung.[368] 418

364 Vgl. PALANDT, § 873, Rn. 5.
365 Vgl. dazu schon die Ausführungen zur dinglichen Einigung im Mobiliarsachenrecht, vgl. oben Rn. 160 ff.
366 Zur Widerruflichkeit der dinglichen Einigung vgl. schon oben Rn. 170 f.
367 PALANDT, § 873, Rn. 13.
368 Nach a.A. gilt hier § 140 analog, vgl. PALANDT, § 873, Rn. 12.

Bsp.: *Wird die Bestellung einer Hypothek i.H.v. 10.000 € vereinbart, aber eine von 100.000 € eingetragen, so ist nur eine i.H.v. 10.000 € entstanden.*

419 Die Wirksamkeit der materiellen Rechtsänderung setzt nicht voraus, dass auch die formellen Vorschriften des Grundbuchrechts (v.a. §§ 13, 19, 20, 29, 39 GBO) eingehalten werden.[369]

zeitliche Reihenfolge unerheblich

420 Eine zeitliche Reihenfolge von Einigung und Eintragung ist in § 873 I nicht vorgeschrieben. Beide müssen nur tatsächlich nebeneinander vorliegen.

Voraussetzung: Berechtigung und Verfügungsbefugnis des Veräußerers bzw. Rechtsinhabers

421 Der Veräußerer oder Inhaber des zu belastenden Rechts muss bis zum Zeitpunkt der Vollendung des Rechtserwerbs nach § 873 I berechtigt und verfügungsbefugt sein.[370] Fehlt dem zwar Berechtigten die Verfügungsbefugnis, so ist ein Erwerb unter den Voraussetzungen des § 185 oder § 878 oder § 892 I S. 2 möglich. Fehlt dem Verfügenden die Berechtigung, so ist der Erwerb gem. § 185 oder gem. § 892 I S. 1 möglich.[371]

B. Aufhebung von Grundstücksrechten, § 875

§ 875 I

422 Gem. § 875 I ist zur Aufhebung eines Rechtes an einem Grundstück grundsätzlich die Erklärung des Berechtigten, dass er das Recht aufgebe, gegenüber dem Grundbuchamt oder dem Begünstigten und die Löschung des Rechtes im Grundbuch erforderlich.[372]

§ 876

423 Ist das fragliche Recht mit dem Recht eines Dritten belastet, ist gem. § 876 zudem die Zustimmung des Dritten nötig.

§ 928 lex specialis

424 § 928 ist lex specialis für die Aufgabe des Grundstückseigentums.

C. Inhaltsänderung von Grundstücksrechten, § 877

§ 877

425 Inhaltsänderungen an Grundstücksrechten erfolgen gem. § 877 auch nach §§ 873, 874, 876.

Inhaltsänderung

Eine Inhaltsänderung i.S.d. § 877 liegt in jeder Änderung der Befugnisse, die nicht Übertragung oder Belastung (§ 873), Aufhebung (§ 875) oder Rangänderung (§ 880) ist, also etwa der Ausschluss der Übertragbarkeit (etwa der isolierten Übertragbarkeit der Grundschuld unabhängig von der Forderung) oder die Änderung einer Kündigungsvereinbarung.[373]

---

369 PALANDT, § 873, Rn. 13.

370 PALANDT, § 873, Rn. 11.

371 Dazu ausführlich unten Rn. 434 ff.

372 Zu beachten sind §§ 13, 19, 46 I GBO.

373 PALANDT, § 877, Rn. 3.

Darunter fällt nicht die Umwandlung eines Grundstücksrechts in ein anderes (z.B. beschränkte persönliche Dienstbarkeit in Grunddienstbarkeit – Aufhebung und Neubestellung erforderlich)[374] oder Änderungen des Rechtsumfangs (z.B. Erhöhung des Gundpfandrechtskapitals).[375]

D. Die Übereignung von Grundstücken

§§ 873 ff. und §§ 925 ff.

Die Übereignung von Grundstücken richtet sich nach den allge- 426
meinen Vorschriften über Rechtsänderungen an Grundstücken (§§ 873 ff.) und den speziellen Vorschriften über Erwerb und Verlust des Eigentums an Grundstücken (§§ 925 ff.).

Einigung über Eigentumsübergang und Eintragung im GB erforderlich

Demnach erfordert auch die Übereignung von Grundstücken 427
gem. § 873 I die Einigung über den Eigentumsübergang sowie die Eintragung des Eigentumsübergangs in das Grundbuch.[376]

Sondervorschriften: §§ 925, 926

Sondervorschriften für die Grundstücksübereignung enthalten 428
§ 925 bzgl. Form und Inhalt der nach § 873 I notwendigen Einigung und § 926 bzgl. weiterer Wirkungen der Übereignung. Zudem ist die Übereignung von Grundstücken verschiedentlich von einer staatlichen Genehmigung abhängig.[377]

hemmer-Methode: Nachfolgend werden nur noch die über § 873 hinausgehenden Besonderheiten der Grundstücksübereignung dargestellt. Im Übrigen gelten die Ausführungen zu § 873.

I. Die Auflassung, § 925

Auflassung, § 925 I

Abweichend von § 873 I ist die dingliche Einigung bzgl. der 429
Grundstücksübereignung, die § 925 I als Auflassung bezeichnet, nicht formfrei, sondern bei gleichzeitiger Anwesenheit beider Teile vor einer zuständigen Stelle zu erklären. Zuständige Stelle ist nach § 925 I S. 2 u.a. jeder Notar.

Stellvertretung möglich

Eine Stellvertretung ist bei der Auflassung möglich, da der Stell- 430
vertreter eine eigene Willenserklärung abgibt (anders beim Boten!).[378] So ist das Erfordernis der Gleichzeitigkeit gewahrt. Eine persönliche Abgabe der Willenserklärungen ist nicht verlangt.[379]

374 Vgl. dazu die Ausnahmen §§ 1116 II 2, 1168 I 1, 1198 S. 1, 1203 S. 1.
375 Vgl. Palandt, § 877, Rn. 3 f.
376 Vgl. dazu bereits oben Rn. 415.
377 Vgl. § 2 GrstVG.
378 Vgl. Palandt, § 925, Rn. 4.
379 Palandt, § 925, Rn. 4.

keine besondere Form erforderlich

Eine Beurkundung oder Schriftform ist für die Auflassung gem. § 925 I nicht erforderlich. Es genügt also eine mündliche[380] Erklärung vor dem Notar. 431

hemmer-Methode: Aus praktischen Gründen erfolgt aber die notarielle Beurkundung des gesamten Vorgangs. Lesen Sie dazu § 29 GBO, §§ 311b S. 1, 925a, 873 II, Alt. 1, 878.

Unwirksamkeit nach § 925 II

Gem. § 925 II ist eine unter einer Bedingung oder Befristung erfolgte Auflassung unwirksam.[381] Dadurch kann das Grundbuch über den Eigentümer sichere Auskunft geben, und willkürliche Schwebezustände werden vermieden. 432

hemmer-Methode: Wegen § 925 II gibt es keinen Grundstückskaufvertrag unter Eigentumsvorbehalt. Ähnliche Ergebnisse können aber mit Hilfe einer Vormerkung[382] erreicht werden.

II. Umfang der Übereignung, § 926

§ 926

Gem. § 926 I S. 1 geht mit dem Eigentum an dem Grundstück bei entsprechender Einigung (vgl. dazu § 926 I S. 2) auch das Eigentum an Zubehörstücken (§ 97) des Veräußerers auf den Erwerber über.[383] Zweck des § 926 ist die Erhaltung der wirtschaftlichen Einheit des Grundstücks, aber auch die Vereinfachung und Beschleunigung der Eigentumsübertragung am Zubehör, das auch gem. §§ 929 ff. übertragen werden kann. 433

III. Berechtigung und Verfügungsbefugnis des Veräußerers

grds. Berechtigung u. Verfügungsbefugnis d. Veräußerers erforderl.

Grundsätzlich muss der Veräußerer des Grundstücks bis zum Zeitpunkt der Vollendung der Übereignung berechtigt und verfügungsbefugt sein.[384] 434

Die fehlende Berechtigung oder Verfügungsbefugnis kann aber in verschiedener Weise überwunden werden: Fehlt dem Verfügenden die Berechtigung, so sind § 185 und § 892 I S. 1 zu prüfen, fehlt dem Berechtigten die Verfügungsbefugnis, so können § 185, § 878 oder § 892 I S. 2 helfen.

380 H.M., vgl. zum Streitstand PALANDT, § 925, Rn. 3.
381 Zu zulässigen Gestaltungsmöglichkeiten in der Praxis vgl. HEMMER/WÜST, Sachenrecht III, Rn. 68.
382 Vgl. dazu unten Rn. 460.
383 Zum Verpflichtungsgeschäft vgl. § 314.
384 PALANDT, § 873, Rn. 11.

1. § 185

Zunächst kann ein Nichtberechtigter unter den Voraussetzungen des § 185 wirksam im eigenen Namen ein Grundstück übereignen.[385] Dabei ist Nichtberechtigter neben demjenigen, der selbst nicht Rechtsinhaber ist, auch der in der Verfügungsmacht beschränkte Rechtsinhaber.[386] 435

2. § 878

Wird der verfügende Eigentümer, der bei der Auflassung noch verfügungsbefugt war, vor Vollendung des Rechtserwerbs in der Verfügungsbefugnis beschränkt, kann das Eigentum ausnahmsweise unter den Voraussetzungen des § 878 erworben werden. 436

ungeschriebene Voraussetzung: zu Eigentumserwerb darf nur noch die Eintragung fehlen

Danach wird eine Verfügungserklärung nach § 873[387] nicht dadurch unwirksam, dass der Berechtigte in seiner Verfügung beschränkt wird, nachdem die Erklärung für ihn bindend (§ 873 II) und der Antrag auf Eintragung beim Grundbuchamt gestellt wurde (§ 13 GBO). Da § 878 den Schutz vor Nachteilen des Eintragungsgrundsatzes bezweckt, ergibt sich als ungeschriebene Voraussetzung, dass zum Eigentumserwerb nur noch die Eintragung fehlen darf.[388]

§ 878 ist auch auf Verfügungserklärungen Nichtberechtigter anwendbar, wenn diese als Berechtigte eingetragen oder gem. § 185 I ermächtigt sind oder die Verfügung mit Genehmigung gem. § 185 II S. 1, Alt. 1 erfolgt ist. Schließlich ist § 878 auch anwendbar bei Verlust der Verfügungsmacht als Amtsinhaber (z.B. des Nachlassverwalters, § 1985, oder Testamentsvollstreckers, § 2205 I S. 2).[389] 437

3. §§ 892 f.

a) Einführung

gutgläubiger Erwerb

Die fehlende Berechtigung des Verfügenden sowie eine Beschränkung der Verfügungsbefugnis können auch unter den Voraussetzungen der §§ 892 f. durch gutgläubigen Erwerb überwunden werden. 438

Anknüpfungspunkt: Grundbucheintragung

Anknüpfungspunkt des guten Glaubens ist das Vorliegen einer Grundbucheintragung als Rechtsscheintatbestand. 439

---

385 Vgl. dazu schon die Ausführungen oben Rn. 421.

386 PALANDT, § 185, Rn. 5.

387 § 878 bezieht sich auch auf Erklärungen nach §§ 875, 877 und wird u.a. auch entsprechend auf die Vormerkungsbewilligung angewendet, vgl. PALANDT, § 878, Rn. 4.

388 PALANDT, § 878, Rn. 15.

389 Vgl. PALANDT, § 878, Rn. 5 ff.

§ 891

Gem. § 891 I wird von einem eingetragenen Recht vermutet, dass es besteht und dem Eingetragenen zusteht, von einem gelöschten Recht hingegen gem. § 891 II, dass es nicht besteht.

Diese Vermutung knüpft an das aufwendige Grundbuchverfahren an, das eine gewisse Gewähr dafür bietet, dass das Grundbuch die dinglichen Rechtsverhältnisse am Grundstück richtig wiedergibt.

§§ 892 f.

Die Vermutung für die Richtigkeit des Grundbuchs kommt gem. §§ 892 f. auch demjenigen zugute, der sich als Teilnehmer am Rechtsverkehr auf die Richtigkeit des falschen Grundbuchs verlassen hatte: Unter den Voraussetzungen des § 892 I S. 1 gilt der Grundbuchinhalt als richtig.

b) Wirkungen des gutgläubigen Erwerbs gem. §§ 892 f.

aa) Positiver Vertrauensschutz

Nach §§ 892 f. ersetzt der Rechtsschein einer Grundbucheintragung das fehlende Recht. 440

§ 892

Da von einem eingetragenen Recht vermutet wird, dass es besteht und dem Eingetragenen zusteht (§ 891 I), ist gem. § 892 I S. 1 der gutgläubige Erwerb eines Grundstückrechts von dem im Grundbuch als Berechtigten Eingetragenen möglich. Das Recht geht auf den Erwerber so über, als ob der Veräußerer der Berechtigte gewesen wäre. 441

§ 893

Ein positiver Vertrauensschutz besteht auch in den Fällen des § 893, also bei Leistungen aufgrund von dinglichen Rechten sowie Verfügungen, die nicht auf den Erwerb von Rechten gerichtet sind. 442

bb) Negativer Vertrauensschutz

bei dinglichen Rechten

Bei dinglichen Rechten besteht aber nicht nur ein positiver, sondern auch ein negativer Vertrauensschutz: Da das Grundbuch auch insofern als vollständig gilt, als dass nicht eingetragene oder wieder gelöschte eintragungsfähige Rechte als nicht bestehend gelten (§ 891 II), ist auch ein Erwerb von Grundstücksrechten frei von allen Belastungen, die aus dem Grundbuch nicht ersichtlich sind, möglich. 443

bei relativen Verfügungsbeschränkungen

Schließlich besteht gem. § 892 I S. 2 im Hinblick auf relative Verfügungsbeschränkungen ein rein negativer Vertrauensschutz: Nie eingetragene oder wieder gelöschte relative Verfügungsbeschränkungen gelten als nicht oder nicht mehr bestehend. Der Erwerber erwirbt damit so, als ob keine Verfügungsbeschränkung bestünde. 444

***Bsp.:** Nach dem Tod des V wird sein Sohn S als Erbe im Grundbuch eingetragen und auch die von V angeordnete Testamentsvollstreckung gem. §§ 2197 ff. Nach Beendigung der Testamentsvollstreckung durch Erledigung der zugewiesenen Aufgaben wird das Grundbuch nicht berichtigt. Würde nun Testamentsvollstrecker T ein von S ererbtes Grundstück an K veräußern, so wäre K nicht durch § 892 I S. 2 geschützt, da die Norm nur negativen, keinen positiven Vertrauensschutz bietet.*

c) Voraussetzungen des gutgläubigen Erwerbs gem. §§ 892 f.

aa) Rechtsgeschäft i.S.e. Verkehrsgeschäfts

§ 892: nur rechtsgeschäftl. Erwerbsvorgänge erfasst; Erweiterung durch § 893

§ 892 erfasst nur rechtsgeschäftliche Erwerbsvorgänge.[390] § 893 erweitert den Kreis der vom Gutglaubensschutz erfassten Rechtsgeschäfte auf Leistungen aufgrund von dinglichen Rechten sowie auf Verfügungen, die nicht auf den Erwerb von Rechten gerichtet sind. **445**

Verkehrsgeschäft erforderlich

Weiterhin muss bei den §§ 892 f. das Rechtsgeschäft ein sog. Verkehrsgeschäft sein.[391] I.R.d. §§ 892 f. wird wie i.R.d. §§ 932 ff. kontrovers diskutiert, ob ein Rückerwerb des Nichtberechtigten vom gutgläubigen Erwerber in jedem Fall möglich ist.[392] **446**

bb) Unrichtigkeit des Grundbuchs

geschützt: guter Glaube hinsichtl. des rechtl. Inhalts des GB

§§ 892 f. schützen nur den guten Glauben hinsichtlich des rechtlichen Inhalts des Grundbuchs, also Bestand, Inhalt und Berechtigung bei dinglichen Grundstücksrechten oder Rechten an Grundstücksrechten. Rein tatsächliche Angaben (z.B. über Lage, Größe, Bebauungsart des Grundstücks) fallen nicht in den Schutzbereich der §§ 892 f.; genauso wenig Rechte und Belastungen, die nicht eintragungsfähig sind, sowie inhaltlich unzulässige Eintragungen.[393] **447**

§ 892 I S. 2

§ 892 I S. 2 schützt auch das Vertrauen auf das Nichtbestehen nicht eingetragener bzw. gelöschter, aber eintragungsfähiger relativer Verfügungsbeschränkungen (z.B. §§ 135, 136, 2211 I, 2113 I). Nicht anwendbar ist § 892 I S. 2 bei absoluten Verfügungsbeschränkungen (z.B. § 1365).[394] Bei diesen ist gutgläubiger Erwerb nicht möglich. **448**

---

390 Vgl. zum Erfordernis des rechtsgeschäftlichen Erwerbsvorganges schon oben Rn. 205.

391 Zum Verkehrsgeschäft auch schon oben Rn. 205. und Life&Law 2007, 741 ff.

392 Vgl. zum Rückerwerb des Nichtberechtigten schon oben Rn. 226.

393 PALANDT, § 892, Rn. 9 ff.

394 PALANDT, § 892, Rn. 18.

hemmer-Methode: Absolute Verfügungsverbote können aber über § 878 überwunden werden. Unterscheiden Sie deshalb die beiden Arten der Verfügungsverbote immer genau.

cc) Legitimation des Veräußerers

Veräußernder als Berechtigter legitimiert

Der nichtberechtigt Veräußernde ist als Berechtigter legitimiert, wenn er im Grundbuch als Berechtigter eingetragen ist. Bei einander widersprechenden Angaben darf sich der Erwerber aber nicht auf den Rechtsscheintatbestand des Grundbuchs verlassen.[395] 449

dd) Redlichkeit des Erwerbers

geschützt wird nur redlicher Erwerber

Schützenswert ist nur der redliche Erwerber. Nach § 892 I S. 1 ist ein gutgläubiger Erwerb ausgeschlossen, wenn dem Erwerber die Unrichtigkeit des Grundbuchs bekannt oder ein Widerspruch gegen die Richtigkeit des Grundbuchs eingetragen ist. Bei § 892 I S. 2 ist der gutgläubige Erwerb ausgeschlossen, wenn dem Erwerber die nicht aus dem Grundbuch ersichtliche Verfügungsbeschränkung bekannt ist. 450

(1) Keine Kenntnis der Unrichtigkeit

nur positive Kenntnis schadet

I.R.d. § 892 I ist nur die positive Kenntnis der Unrichtigkeit des Grundbuchs schädlich, nicht schon die grob fahrlässige Unkenntnis. 451

hemmer-Methode: Jetzt kennen Sie schon drei Unterschiede zwischen dem gutgläubigen Erwerb gem. §§ 932 ff. und dem gem. §§ 892 f.: Es unterscheiden sich die Rechtsscheinstatbestände (Besitz/ Grundbucheintragung) und der Maßstab der Gutgläubigkeit. Schließlich schützt § 892 I S. 2 auch den guten Glauben an die Verfügungsbefugnis.

Rechtsschein des GB als Fiktion

Nach ganz h.M.[396] ist eine Kenntnis des Erwerbers vom tatsächlichen Grundbuchinhalt ebenso wenig erforderlich wie ein konkretes Vertrauen auf den Grundbuchinhalt oder eine Kausalität zwischen Buchbestand und Erwerb. Der Rechtsschein des Grundbuchs wird so zur Fiktion. 452

bei Vertretern gilt § 166

Bei eingeschalteten Vertretern ist § 166 zu beachten. 453

395 Vgl. TIEDTKE, Jura 1983, 518.

396 Vgl. WIEGAND, JuS 1975, 209; PALANDT, § 892, Rn. 1.

Gutgläubigkeit wird vermutet

Auch § 892 I S. 1 ist als Ausschlusstatbestand formuliert, d.h. die Gutgläubigkeit wird vermutet und die Bösgläubigkeit muss von demjenigen bewiesen werden, der den Erwerb bestreitet.[397] 454

(2) Maßgeblicher Zeitpunkt der Gutgläubigkeit

Auch bei § 892 I muss die Redlichkeit des Erwerbers grundsätzlich noch im Zeitpunkt der Vollendung des Rechtserwerbs vorliegen.[398] Der Zeitpunkt, ab dem die Bösgläubigkeit unschädlich ist, wird aber im Fall des § 892 II vorverlagert auf den Zeitpunkt der Antragstellung (§ 13 GBO). § 892 II soll den gutgläubigen Erwerber in dem Zeitraum zwischen Antragstellung und Eintragung absichern. Daher müssen bis auf die Eintragung alle weiteren Voraussetzungen des Rechtserwerbs erfüllt sein.[399] 455

hemmer-Methode: Diese Einschränkung des weiten Wortlautes mit dem Normzweck entspricht der bei § 878.

Zu einer Vorverlagerung des für den guten Glauben maßgeblichen Zeitpunktes in § 892 führt nach h.M. auch der Erwerb einer Vormerkung.[400] 456

(3) Kein Widerspruch gegen die Richtigkeit eingetragen

§ 892 I S. 1

Ein gutgläubiger Erwerb ist nach § 892 I S. 1 ausgeschlossen, wenn ein Widerspruch (§ 899, § 53 I GBO) gegen die Richtigkeit des Grundbuchs eingetragen ist, unabhängig davon, ob der Erwerber das Grundbuch eingesehen oder sonst wie Kenntnis von dem Widerspruch hat. 457

Ist ein Widerspruch zu Unrecht eingetragen, ist ein Erwerb möglich, da es sich dann um einen Erwerb vom Berechtigten handelt.[401]

Widerspruchseintragung verhindert gutgläubigen Erwerb

Wird ein Widerspruch vor Eintragung der Rechtsänderung eingetragen, so verhindert er den gutgläubigen Erwerb. Auf den Zeitpunkt der Stellung des Eintragungsantrags nach §§ 13 GBO, 892 II kommt es hier nicht an.[402] Schutz bietet dann nur § 17 GBO. 458

Vormerkungserwerb führt z. Vorverlagerung

Der Erwerb einer Vormerkung führt aber zu einer Vorverlagerung des für den guten Glauben maßgeblichen Zeitpunktes auch gegenüber der Eintragung eines Widerspruchs.[403] 459

---

397 WIEGAND, JuS 1975, 209.

398 BayObLG MittBayNot 91, 78.

399 PALANDT, § 892, Rn. 27.

400 Sog. große Lösung, vgl. PALANDT, § 885, Rn. 13; dazu auch unten Rn. 473.

401 Vgl. MEDICUS, Bürgerliches Recht, Rn. 550 f.

402 PALANDT, § 892, Rn. 23.

403 Str., vgl. PALANDT, § 885, Rn. 13.

hemmer-Methode: Beachten Sie in diesem Zusammenhang auch § 899a. Der Schutz des guten Glaubens wird durch diese Vorschrift auf die Gesellschafterstruktur der GbR ausgedehnt. Dies ist ein Reflex, der aus der Anerkennung der Grundbuchfähigkeit der GbR resultiert. Denn da es kein Register gibt, aus dem sich die Gesellschafter der GbR ergeben, muss ich ein Vertragspartner der GbR darauf verlassen können, dass die eingetragenen Gesellschafter auch Vertretungsmacht haben.

E. Die Vormerkung

Ausführlich und mit allen wichtigen Problemen wird die Vormerkung im Skript Hemmer/Wüst Sachenrecht III, Rn. 98 ff. behandelt. Mit den Grundprinzipien sollten Sie sich jedoch bereits jetzt vertraut machen.

I. Regelungszweck und Wirkung

Regelungszweck und Wirkung der Vormerkung sollen anhand eines Beispielsfalls verdeutlicht werden. 460

Bsp.: V schließt mit K einen Grundstückskaufvertrag. Kurz darauf erfährt V von dem weiteren Kaufinteressenten D, der bereit ist, sofort einen deutlich höheren Preis für das Grundstück zu zahlen.

V und D schließen einen Kaufvertrag, die Auflassung wird erklärt, die Eintragung des D beantragt und schließlich erfolgt die Eintragung des D im Grundbuch.

Zwischen dem Grundstückskaufvertrag und der Grundbucheintragung, die gem. § 873 I zur Übertragung des Eigentums an einem Grundstück notwendig ist, kann aus verschiedenen Gründen längere Zeit vergehen, während der Verkäufer als Rechtsinhaber weiterhin zu Verfügungen über das Grundstück berechtigt ist.

In dieser Zeit besteht für den Käufer die Gefahr, dass der Verkäufer das Grundstück anderweitig übereignet oder belastet.[404] Dann wäre der Käufer auf schuldrechtliche Ansprüche gegen den Verkäufer (z.B. aus §§ 433 I, 437, 280 ff., 323 ff.) verwiesen.

Diese Gefahr soll durch die Vormerkung nach §§ 883 ff. verhindert werden. Dazu ordnet § 883 II eine relative Unwirksamkeit von zwischenzeitlichen Verfügungen des Eigentümers im Verhältnis zwischen ihm und dem Vormerkungsinhaber an.

404 Näher zum Begriff der vormerkungswidrigen Verfügung HEMMER/WÜST, Sachenrecht III, Rn. 119 ff.

Wäre also im Beispielsfall für K eine Vormerkung eingetragen, so wäre die Übereignung des Grundstücks von V an D gegenüber K relativ unwirksam gem. § 883 II. Dadurch bliebe V gegenüber dem Vormerkungsberechtigten K Eigentümer, also berechtigt, K das Grundstück aufzulassen.

V könnte sich also wegen § 883 II nicht darauf berufen, dass ihm die Erfüllung des gesicherten Anspruchs aus § 433 I S. 1 durch die vormerkungswidrige Verfügung subjektiv unmöglich geworden sei, § 275 I.

Zum Eigentumserwerb an dem Grundstück muss K aber auch noch im Grundbuch eingetragen werden. Dafür ist nach § 19 GBO eine Bewilligung desjenigen nötig, dessen Recht durch diese Eintragung betroffen wird. Das ist vorliegend D. Wäre für K eine Vormerkung eingetragen, so könnte K von D die erforderliche Zustimmung gem. § 888 I verlangen.[405]

Damit ist mit Hilfe der Vormerkung der schuldrechtliche Anspruch auf dingliche Rechtsänderung wirksam geschützt.

Auflassungsvormerkung

Die Vormerkung im Beispielsfall wird auch als Auflassungsvormerkung bezeichnet. Diese Bezeichnung ist ungenau[406], da die sog. Auflassungsvormerkung nicht nur den Anspruch auf Auflassung, sondern den schuldrechtlichen Anspruch auf Verschaffung des Grundstückseigentums sichert. **461**

§ 883 I S. 1

Im Übrigen können alle schuldrechtlichen Ansprüche auf Einräumung oder Aufhebung von Rechten an einem Grundstück oder an einem das Grundstück belastenden Recht oder auf Inhaltsänderung eines solchen Rechts durch Vormerkung gesichert werden, § 883 I S. 1.[407] **462**

§ 1098 II: Vormerkungswirkung

Vormerkungswirkung hat auch die Eintragung eines dinglichen Vorkaufsrechts gem. § 1098 II.[408] **463**

II. Entstehung der Vormerkung

Die Entstehung der Vormerkung setzt voraus: **464**

1. vormerkungsfähiger Anspruch, § 883 I
2. Bewilligung bzw. einstweilige Verfügung, § 885 I S. 1
3. Eintragung ins Grundbuch, § 883 I
4. Berechtigung bzw. gutgläubiger Erwerb

405 Näher zum Verhältnis des Vormerkungsberechtigten zum Erwerber HEMMER/WÜST, Sachenrecht III, Rn. 122.

406 Vgl. HAGER, JuS 1990, 430; TIEDTKE, Jura 1981, 354.

407 Vgl. auch §§ 1179 f., 18 II GBO.

408 Zum dinglichen Vorkaufsrecht vgl. HEMMER/WÜST, Sachenrecht III, Rn. 133 ff.

1. Vormerkungsfähige Ansprüche

nur schuldrechtliche Ansprüche

Nach § 883 I S. 1 wird eine Vormerkung zur Sicherung eines Anspruchs auf dingliche Rechtsänderung bzgl. Grundstücken eingetragen. Erfasst werden daher nur schuldrechtliche Ansprüche.[409] Ohne das Vorliegen eines Anspruchs kann die Vormerkung nicht entstehen. Die Vormerkung ist streng akzessorisch. 465

künftige, bedingte Ansprüche

Gem. § 883 I S. 2 kann eine Vormerkung auch zur Sicherung künftiger[410] oder bedingter[411] Ansprüche eingetragen werden. Entsteht der Anspruch vollwirksam, so schützt die Vormerkung den Inhaber rückwirkend ab dem Eintragungszeitpunkt.[412] 466

2. Bewilligung bzw. einstweilige Verfügung

Bewilligung

Die gem. § 885 I S. 1 notwendige Bewilligung ist eine einseitige empfangsbedürftige Willenserklärung gegenüber dem Vormerkungsberechtigten oder dem Grundbuchamt. Bewilligungsberechtigt ist derjenige, dessen dingliches Recht durch die Eintragung beeinträchtigt wird. 467

einstweilige Verfügung

Die Eintragung kann nach § 885 I S. 1 auch aufgrund einer einstweiligen Verfügung (§ 935 ZPO) erfolgen. Nach h.M.[413] hat der Käufer schon aus §§ 433 I S. 1, 242 einen Anspruch auf Bewilligung einer Vormerkung gegen den Verkäufer. 468

3. Eintragung

Gem. § 883 I ist für die Vormerkung eine konstitutive Eintragung in das Grundbuch vorgeschrieben. 470

4. Bewilligungsberechtigung

Hinsichtlich Berechtigung und Verfügungsbefugnis zur Bewilligung gelten die allgemeinen sachenrechtlichen Regelungen. Auch § 878 findet nach einhelliger Ansicht[414] entsprechende Anwendung. 471

409 HAGER, JuS 1990, 430; PALANDT, § 883, Rn. 6, anders PALANDT, § 1169, Rn. 2.

410 Zu den Voraussetzungen eines künftigen Anspruchs i.d.S. vgl. HEMMER/WÜST, Sachenrecht III, Rn. 106 ff.

411 Zu den Voraussetzungen eines bedingten Anspruchs i.d.S. vgl. HEMMER/WÜST, Sachenrecht III, Rn. 108 ff.

412 Vgl. TIEDTKE, Jura 1981, 354.

413 Hager, JuS 1990, 433; a.A. TIEDTKE, Jura 1981, 335.

414 TIEDTKE, Jura 1981, 363; SCHWERDTNER, Jura 1985, 318; BGHZ 28, 185; 33, 129.

5. Gutgläubiger Ersterwerb

gutgläubiger Ersterwerb (+) gem. § 892 entsprechend

Ein gutgläubiger Ersterwerb (also vom vermeintlichen Eigentümer) ist gem. § 892 entsprechend möglich. Denn die Bewilligung der Vormerkung ist nach h.M. eine Verfügung gem. § 893, Alt. 2. Voraussetzung ist aber das Bestehen des zu sichernden Anspruchs, da nur der gute Glaube an die Berechtigung des Bewilligenden geschützt wird.[415] 472

Umstritten ist, ob der gute Glaube bei Erwerb der Vormerkung auch für den späteren Erwerb des vorgemerkten Rechts ausreicht, der Erwerb der Vormerkung also zu einer Vorverlagerung des für den gutgläubigen Erwerb des Rechts relevanten Zeitpunktes führt.[416] Die heute ganz h.M. nimmt dies an, um einen umfassenden Schutz des Vormerkungsberechtigten zu gewährleisten. 473

Der Erwerb des vorgemerkten Rechts ist also ab Stellen des Eintragungsantrags bzgl. der Vormerkung (§ 892 II) gesichert.

III. Übertragung der Vormerkung

1. Übertragung

strenge Akzessorietät der Vormerkung

Die Vormerkung ist streng akzessorisch. Sie steht also immer dem Gläubiger des zu sichernden Anspruchs zu. Daraus folgt auch, dass sie nicht als solche übertragbar ist, sondern kraft Gesetzes in entsprechender Anwendung des § 401 (u.U. i.V.m. § 412) mit Abtretung des gesicherten Anspruchs nach § 398 auf den Zessionar übergeht.[417] 474

Eine Eintragung im Grundbuch ist nicht erforderlich und erfolgt nur zur Grundbuchberichtigung gem. § 894.

2. Gutgläubiger Zweiterwerb

a) Der gesicherte Anspruch besteht nicht.

gutgläubiger Zweiterwerb (-)

Der gutgläubige Zweiterwerb einer Vormerkung (d.h. vom vermeintlichen Vormerkungsberechtigten) ist unstreitig ausgeschlossen, wenn der gesicherte Anspruch nicht besteht, da das Grundbuch nicht den guten Glauben an das Bestehen der gesicherten Forderung schützt und die Vormerkung nur mit der Abtretung der Forderung übergeht.[418] 475

---

415 Vgl. PALANDT, § 885, Rn. 12.

416 Dafür (sog. große Lösung): TIEDTKE, Jura 1981, 361 f., BGHZ 57, 343 = **juris**byhemmer; dagegen (sog. kleine Lösung): WIEGAND, JuS 1975, 212.

417 Vgl. BGHZ 25, 23 = **juris**byhemmer; BGH, NJW 1994, 2947 = **juris**byhemmer.

418 Vgl. TIEDTKE, Jura 1981, 366 f.; ders, Jura 1983, 522; BGHZ 25, 16 ff. = **juris**byhemmer.

b) Die Vormerkung ist nicht entstanden.

h.L.: gutgläubiger Zweiterwerb (-)

Besteht die Forderung, aber die eingetragene Vormerkung ist aus anderen Gründen nicht entstanden, so lehnt die h.L.[419] einen gutgläubigen Zweiterwerb der Vormerkung über die §§ 892 ff. ab. Entscheidendes Argument dürfte sein, dass sich der Übergang gem. §§ 398, 401 außerhalb des Grundbuchs vollzieht und somit keine Publizität gegeben ist.[420] 476

BGH dagegen (+)

Dagegen bejaht der BGH[421] einen gutgläubigen Zweiterwerb, wenn der Bucheigentümer dem bösgläubigen Käufer eine Vormerkung bewilligt hat und dieser dann den Anspruch mit der vermeintlichen Vormerkung an einen Gutgläubigen abtritt. 477

Der BGH begründet dies mit einem Vergleich mit der Briefhypothek, bei welcher sich die Übertragung auch außerhalb des Grundbuchs abspielt. Allerdings bestehen hier aufgrund der Formvorschrift des § 1154 I formale Anforderungen, die es für den Vormerkungserwerb nicht gibt, weshalb der Vergleich des BGH nicht überzeugen kann.

IV. Erlöschen der Vormerkung

Erlöschen

Die wirksam entstandene Vormerkung erlischt aufgrund ihrer Akzessorietät mit Untergang des gesicherten Anspruchs. 478

§ 886

Besteht eine dauernde Einrede gegen den gesicherten Anspruch, kann der betroffene Rechtsinhaber gem. § 886 Beseitigung der Vormerkung verlangen.

§§ 875 f. entsprechend

Die Vormerkung kann auch durch Erklärung ihres Inhabers, dass er das Recht aufgebe, und die Löschung im Grundbuch aufgehoben werden (§§ 875 f. entsprechend).[422]

Bei versehentlicher Löschung der Vormerkung im Grundbuch wird nur das Grundbuch unrichtig (Folge: § 894).[423]

Bei Aufhebung der einstweiligen Verfügung erlischt auch die aufgrund dessen eingetragene Vormerkung.[424]

419 TIEDTKE, Jura 1981, 366 ff.; ders. Jura 1983, 522; MEDICUS, Bürgerliches Recht, Rn. 557.

420 GÖMER, JuS 1991, 1011, 1013.

421 BGHZ 25, 23 f. = **juris**byhemmer.

422 BGHZ 60, 53 f.; 77, 151 = **juris**byhemmer; SCHWERDTNER, Jura 1985, 312.

423 BGHZ 60, 53 f. = **juris**byhemmer; TIEDTKE, Jura 1981, 369.

424 BGHZ 39, 21 ff.; TIEDTKE, Jura 1981, 369.

F. Anwartschaftsrecht des Grundstückserwerbers

I. Einleitung

Den Begriff des Anwartschaftsrechts haben Sie schon im Zusammenhang mit dem Anwartschaftsrecht des Vorbehaltskäufers kennen gelernt.[425] 479

Im Immobiliarsachenrecht können bei allen dinglichen Rechten an Grundstücken, die mehraktig zustande kommen, die Voraussetzungen eines Anwartschaftsrechts vorliegen. Beispiel ist etwa die Stellung des Hypothekars vor Valutierung.[426] In der Klausur steht aber das Anwartschaftsrecht des Grundstückserwerbers im Vordergrund (Auflassungsanwartschaft).

II. Entstehung

Bei der Übereignung eines Grundstücks gem. §§ 873, 925 durch Auflassung und Eintragung liegt ein mehraktiger Erwerbstatbestand vor. Ab Vorliegen der Auflassung ist ein Teil hiervon erfüllt, der Vollrechtserwerb aber noch nicht eingetreten. 480

Weitere Voraussetzung eines Anwartschaftsrechts ist eine gesicherte, vom Veräußerer nicht mehr zerstörbare Rechtsstellung. Nach h.M.[427] ist auch diese Voraussetzung erfüllt, wenn nach erfolgter Auflassung eine Vormerkung eingetragen wurde.[428]

Umstritten ist, ob ein Anwartschaftsrecht auch bejaht werden kann, wenn nach der Auflassung ein Eintragungsantrag durch den Erwerber (§ 13 GBO) gestellt wurde.[429] Dann gewährt § 878 Schutz vor Verfügungsbeschränkungen und § 17 GBO formalrechtlichen Schutz bzgl. der Reihenfolge der Eintragungsanträge.

hemmer-Methode: Beachten Sie den Unterschied zwischen der Entstehung des Anwartschaftsrechts des Vorbehaltskäufers im Mobiliarsachenrecht[430] und der Entstehung der Auflassungsanwartschaft. Eine durch die Kaufpreiszahlung bedingte Einigung über den Eigentumsübergang ist im Immobiliarsachenrecht unwirksam, § 925 II.

---

425 Vgl. oben Rn. 252.

426 Dazu MEDICUS, Bürgerliches Recht, Rn. 470 f.

427 BGHZ 83, 395 = **juris**byhemmer.

428 Zum Schutz des Vormerkungsberechtigten vgl. oben Rn. 460.

429 Dafür: BGHZ 49,197 f.; 83, 395 ff.: 106, 108 ff. **alle Entscheidungen = juris**byhemmer; dagegen: MEDICUS, Bürgerliches Recht, Rn. 469; vgl. auch REINICKE/TIEDTKE, NJW 1982, 2281 ff.

430 Vgl. dazu oben Rn. 255.

III. Übertragung

durch Auflassung gem. § 925 entsprechend, keine Eintragung erforderlich

Die Übertragung des Anwartschaftsrechts des Grundstückserwerbers vollzieht sich außerhalb des Grundbuchs allein durch Auflassung gem. § 925 entsprechend, bedarf also keiner Eintragung.[431] Die Verpflichtung zur Übertragung des Anwartschaftsrechts bedarf der Form des § 311b I.[432] Existiert jedoch das Anwartschaftsrecht aufgrund einer Vormerkung, bedarf es für die Verpflichtung zur Übertragung des gesicherten Anspruchs nicht der Form des § 311b I S. 1. 481

IV. Erlöschen/Aufhebung

bei Wegfall einer Voraussetzung

Das Anwartschaftsrecht erlischt, wenn eine seiner Voraussetzungen wegfällt, etwa durch Rücknahme des Eintragungsantrags gem. § 13 GBO. Dies gilt auch, wenn die Parteien die Auflassung einvernehmlich durch formlosen Vertrag wieder aufheben.[433] 482

Form des § 311b I S. 1

Nach h.M.[434] bedarf die schuldrechtliche Verpflichtung zur Aufhebung des Anwartschaftsrechts der Form des § 311b I, da das Anwartschaftsrecht als Vorstufe den Schutzvorschriften für das Vollrecht unterliegt. 483

G. Die Grundpfandrechte

I. Einleitung

Die Basics wollen Ihnen auch schon Grundwissen zu den Grundpfandrechten vermitteln. Vertiefen können Sie Ihre Kenntnisse dann mit dem Skript Hemmer/Wüst Sachenrecht III, Rn. 156 ff.

klausurrelevant: Hypothek und Grundschuld

Die Grundpfandrechte sind beschränkt dingliche Rechte an Grundstücken, die dem jeweiligen Inhaber das Verwertungsrecht am Grundstück zuweisen. Neben Hypothek und Grundschuld ist auch die Rentenschuld (§§ 1199 ff.) - eine Spielart der Grundschuld - ein Grundpfandrecht. Besonders klausurrelevant sind aber nur Hypothek und Grundschuld. 484

keine Zahlungsverpflichtung, Haftung nur mit belastetem Grundstück

Grundschuld und Hypothek sind Sicherungsrechte an Grundstücken mit überragender Bedeutung für die Kreditwirtschaft. Sie begründen ein Recht des Inhabers, von dem Grundstückseigentümer die Duldung der Zwangsvollstreckung zu verlangen, § 1147. Sie haben also keine Zahlungsverpflichtung zum Inhalt, und der Eigentümer haftet auch nur mit dem belasteten Grundstück.[435]

---

431 BGHZ 83, 395 = **juris**byhemmer; PALANDT, § 925, Rn.26.

432 BGHZ 83, 400 = **juris**byhemmer; PALANDT, § 311b, Rn. 6.

433 BayObLGZ 54, 147.

434 BGHZ 83, 395 ff. = **juris**byhemmer; BGH, NJW-RR 88, 265; PALANDT, § 311b, Rn. 40 m.w.N.; a.A. REINICKE/TIEDTKE; NJW 1982, 2281, 2286 ff.; MEDICUS, Bürgerliches Recht, Rn. 469a.

435 Vgl. §§ 1120 ff. zum Haftungsverband der Hypothek/Grundschuld.

hemmer-Methode: Unterscheiden Sie in der Klausur also stets zwischen der persönlichen Schuld (z.B. § 488 I) und dem Anspruch auf Duldung der Zwangsvollstreckung (§ 1147).

Durch ein Grundpfandrecht kann sich ein Gläubiger quasi ein Grundstück für die Verwertung reservieren.

Hypothek ist akzessorisch; Grundschuld sachenrechtl. von Forderung unabhängig

Der entscheidende Unterschied zwischen Grundschuld und Hypothek ist die Abhängigkeit von der zu sichernden Forderung. Während die Hypothek in Entstehung, Übertragung und Erlöschen akzessorisch an die Forderung angelehnt ist, §§ 1153 II, 1154, ist die Grundschuld sachenrechtlich von der Forderung unabhängig, §§ 1191 I, 1192 I. Dient auch die Grundschuld der Sicherung eines Anspruchs, sog. Sicherungsgrundschuld (legaldefiniert in § 1192 Ia)[436], so stellt die sog. Sicherungsabrede eine schuldrechtlich wirkende Verknüpfung zwischen Forderung und Grundschuld dar. Darin wird der Sicherungszweck bestimmt, zu dem die Grundschuld benutzt werden soll. 485

Es wird im Innenverhältnis eine treuhänderische Bindung des Sicherungsnehmers erreicht. Die dingliche Wirksamkeit der Grundschuldbestellung ist aber aufgrund des Abstraktionsprinzips grundsätzlich von der des Sicherungsvertrages unabhängig.[437]

Hypothek in Gesetz der Regelfall

Der Gesetzgeber ging von der Hypothek als Regelfall aus und hat sich bzgl. der Grundschuld auf wenige Regeln beschränkt. In § 1192 I erklärt er die Vorschriften über die Hypothek für entsprechend anwendbar. Davon sind aber die Vorschriften ausgenommen, die das Bestehen einer Forderung zwingend voraussetzen (§§ 1137, 1138, 1143, 1153, 1163, 1164). Diese Normen müssen bei der Sicherungsgrundschuld durch schuldrechtliche Konstruktionen ersetzt werden, da die Parteien oft wirtschaftlich dasselbe Ergebnis wie bei einer Hypothek erreichen wollen. 486

hemmer-Methode: Überlegen Sie also bei einer Sicherungsgrundschuld immer kurz, wie der Fall mit einer Hypothek zu lösen wäre. Das Ergebnis einer cessio legis müssen Sie dann z.B. durch einen Anspruch auf Abtretung herbeiführen.

436 Die isolierte Grundschuld besteht dagegen ohne Forderung (vgl. HEMMER/WÜST, Sachenrecht III, Rn. 216); zur Eigentümergrundschuld vgl. §§ 1196, 1163, 1177 I S. 1.

437 Bei Unwirksamkeit des Sicherungsvertrages greift aber § 812 I S. 1, Alt. 1 oder I S. 2, Alt. 1 ein., vgl. dazu BGHZ 108, 237 ff. = **juris**byhemmer; NJW 1985, 800 = **juris**byhemmer.

II. Entstehung

1. Entstehung der Hypothek

Die Entstehung einer Hypothek setzt voraus: 487

1. Einigung, §§ 873 I, 1113 I
2. Eintragung, §§ 873 I, 1115 I
3. Briefübergabe, §§ 1116 I, 1117 oder Ausschluss der Brieferteilung, § 1116 II
4. Berechtigung des Bestellers bzw. gutgläubiger Erwerb
5. Forderung, § 1113 I

dingliche Einigung

§ 1113 I normiert den Inhalt der gem. § 873 I erforderlichen dinglichen Einigung zwischen dem Sicherungsgeber und dem Gläubiger. Beide müssen also darüber einig sein, dass das Grundstück so belastet wird, dass an den Gläubiger eine bestimmte Geldsumme zur Befriedigung wegen einer ihm zustehenden Forderung aus dem Grundstück zu zahlen ist. 488

Grundbucheintragung

§ 1115 normiert den Inhalt der gem. § 873 I erforderlichen Grundbucheintragung. 489

Briefhypothek als Regelfall der Verkehrshypothek

Eine Briefhypothek gem. § 1116 I entsteht erst bei Briefübergabe, § 1117 I, sofern die Übergabe nicht gem. § 1117 II ersetzt wird. Vor Briefübergabe steht das Recht dem Eigentümer als Eigentümergrundschuld zu, §§ 1163 II, 1177 I. Die Briefhypothek ist der Regelfall der Verkehrshypothek.[438] 490

Buchhypothek

Wird die Erteilung des Briefes gem. § 1116 II ausgeschlossen, so entsteht eine Buchhypothek mit Eintragung dieses Ausschlusses.[439] 491

hemmer-Methode: Schon im Zusammenhang mit § 873 haben Sie gelernt, dass Einigung und Eintragung inhaltlich übereinstimmen müssen und bei quantitativer Abweichung das Recht bei entsprechendem Parteiwillen nur im Umfang der Übereinstimmung entsteht. Ein Mehr/Weniger-Verhältnis besteht auch zwischen Buch- und Briefrecht: Ein Buchrecht verlangt gegenüber dem Briefrecht ein Mehr an Einigung und Eintragung. Beachten Sie aber, dass bei fehlender Einigung oder Eintragung bzgl. des Buchrechts der Gläubiger das Briefrecht erst mit Briefübergabe erwerben kann.[440]

438 Zu den anderen Fällen der Hypothek vgl. HEMMER/WÜST, Sachenrecht III, Rn. 162 ff.

439 Anders als die gewöhnliche Verkehrshypothek kann die Sicherungshypothek gem. § 1185 I ohnehin nur als Buchhypothek bestellt werden.

440 Vor Briefübergabe vgl. §§ 1163 II, 1177 I.

gutgläubiger Ersterwerb gem. § 892 I möglich, wenn Berechtigung des Bestellers fehlt

Ist der Sicherungsgeber nicht der in seiner Verfügungsbefugnis unbeschränkte Eigentümer des zu belastenden Grundstücks, wie von § 873 I vorausgesetzt, so kommt ein gutgläubiger Ersterwerb der Hypothek gem. § 892 I in Betracht. Hier gelten die Ausführungen zum gutgläubigen Erwerb des Eigentums an Grundstücken entsprechend. *492*

Voraussetzung: Forderung entstanden

Ein gutgläubiger Ersterwerb einer Hypothek setzt aber voraus, dass die Forderung entstanden ist. *493*

Steht etwa die Valutierung des Darlehens noch aus, so ist die Valutierung auch der maßgebliche Zeitpunkt für die Gutgläubigkeit. Denn eine Vorverlegung gem. § 892 II ist nicht möglich, wenn außer der Eintragung noch nicht alle Voraussetzungen für den Erwerb des Rechts gegeben sind.[441]

Forderung erforderlich wegen Akzessorietät

Die Hypothek setzt wegen ihrer Akzessorietät in der Entstehung stets eine Forderung voraus. Allerdings muss der Grundstückseigentümer als Sicherungsgeber nicht auch der persönliche Schuldner sein, sondern kann auch eine Hypothek für die Schuld eines anderen bestellen, vgl. § 1143. Sicherungsnehmer und Inhaber der persönlichen Forderung müssen aber identisch sein. *494*

§ 1113 II: bedingte oder künftige Forderung genügt

Gem. § 1113 II genügt auch eine bedingte oder künftige Forderung. Bis zur Entstehung der gesicherten Schuld besteht dann gem. §§ 1163 I S. 1, 1177 I S. 1 eine Eigentümergrundschuld. *495*

2. Entstehung der Grundschuld

Die Grundschuld hat bis auf das Erfordernis einer Forderung die gleichen Entstehungsvoraussetzungen wie die Hypothek, also: *496*

1. Einigung, §§ 873 I, 1191 I[442]
2. Eintragung, §§ 873 I, 1192 I, 1115 I
3. Briefübergabe, §§ 1192 I, 1116 I, 1117 oder Ausschluss der Brieferteilung, §§ 1192 I, 1116 II
4. Berechtigung des Bestellers bzw. gutgläubiger Erwerb

hemmer-Methode: Bei endgültiger Nichtvalutierung ist § 1163 I S. 1 nicht anwendbar, § 1192 I. Der Sicherungsnehmer ist dinglich Berechtigter. Der Eigentümer kann aber aus der Sicherungsabrede entweder die Rückübertragung der Grundschuld gem. §§ 1192 I, 1154, Verzicht gem. §§ 1192 I, 1168 oder Aufhebung gem. §§ 1192 I, 1183, 875 verlangen.

441 Vgl. dazu schon oben Rn. 455.

442 Vgl. aber § 1196 I, II, wenn sich der Eigentümer selbst eine Grundschuld am eigenen Grundstück bestellt.

III. Einwendungen und Einreden

Unterscheiden Sie bei Einwendungen und Einreden stets diejenigen, die der Schuldner gegenüber der Forderung geltend machen kann, von denen, die dem Eigentümer gegenüber der Inanspruchnahme aus dem Grundpfandrecht zustehen. 497

solche d. Schuldners ggü. der Forderung

Der persönliche Schuldner hat genauso wie bei ungesicherten Forderungen gegenüber dem Gläubiger alle Einwendungen/Einreden, die die Forderung betreffen. 498

pfandrechtsbezogene

Dem Eigentümer stehen selbstverständlich die pfandrechtsbezogenen Einwendungen/Einreden zu. 499

> **Bsp.:** *Geschäftsunfähigkeit bei Bestellung des Grundpfandrechts, Stundung der Verwertung des Grundpfandrechts*

Bei der Frage, welche forderungsbezogenen Einwendungen/ Einreden der Eigentümer gegenüber der Inanspruchnahme aus dem Grundpfandrecht geltend machen kann, ist aber zu differenzieren:

1. Bei der Hypothek

Einwendung, die die Existenz der Forderung betrifft

a) Besteht eine Einwendung, die die Existenz der Forderung betrifft, so entsteht nach § 1163 I i.d.R. eine Eigentümergrundschuld. 500

forderungsbezogene Einrede

b) Besteht eine forderungsbezogene Einrede, so kann der Eigentümer diese gem. § 1137 I S. 1 auch gegen die Hypothek geltend machen. Dasselbe gilt für die Einreden des Bürgen, §§ 1137 I S. 1, 770.[443] 501

2. Bei der Grundschuld

§§ 1163 I, 1137 I S. 1 gelten nicht

Bei der Grundschuld gelten die §§ 1163 I, 1137 I S. 1 nicht entsprechend, § 1192 I. 502

aber: Sicherungsvertrag

Jedoch ergibt sich bei der Sicherungsgrundschuld regelmäßig aus dem Sicherungsvertrag, dass die Sicherungsgrundschuld nur i.R.d. gesicherten Forderung durchgesetzt werden darf. Daher können Einwendungen und Einreden gegen die Forderung zu Einreden aus dem Sicherungsvertrag führen.[444] Diese können der Inanspruchnahme aus der Grundschuld entgegengehalten werden. 503

443 Dies gilt gem. § 223 I aber nicht für die Einrede der Verjährung.

444 PALANDT, § 1191, Rn. 9.

hemmer-Methode: Aus dem Sicherungsvertrag ergibt sich auch noch eine besondere Einrede gegen die Inanspruchnahme aus der persönlichen Forderung: Der Schuldner kann i.d.R. die Rückübertragung oder Aufhebung der Grundschuld Zug um Zug gegen endgültige Erfüllung der Schuld verlangen.[445] Dies ist besonders relevant, wenn Forderung und Grundschuld in verschiedene Hände geraten sind. Denn diese Einrede kann gem. § 404 jedem Gläubiger entgegengehalten werden, an den die Forderung abgetreten worden ist, unabhängig davon, ob dieser auch die Grundschuld erworben hat. Ist das nicht der Fall, kann die Forderung nicht durchgesetzt werden.

IV. Übertragung

1. Übertragung der Hypothek

automatischer Übergang d. Hypothek m. Übertragung der Forderung

Die Hypothek als akzessorische Sicherheit wird nicht selbst übertragen. Vielmehr hat die Übertragung der (hypothekarisch gesicherten) Forderung den Übergang der Hypothek automatisch zur Folge, vgl. § 1153 I. **504**

§ 1154

Die Übertragung der hypothekarisch gesicherten Forderung erfolgt gem. § 1154 nach sachenrechtlichen Grundsätzen. **505**

bei Buchhypothek: §§ 1154 III, 873 I

Danach erfordert die Abtretung einer durch Buchhypothek gesicherten Forderung nach §§ 1154 III, 873 I neben der (formlosen)[446] Einigung die Eintragung ins Grundbuch.

bei Briefhypothek: § 1154 I

Ist die Forderung durch Briefhypothek gesichert, so ist zur Abtretung gem. § 398 nach § 1154 I eine schriftliche Abtretungserklärung und die Übergabe des Hypothekenbriefes erforderlich.

hemmer-Methode: Im Fall der Forderungsabtretung wird der Schuldner durch die §§ 406 - 408 geschützt. Diese Vorschriften sind aber gem. § 1156 hinsichtlich der Hypothek nicht anwendbar, da der Erwerber einer hypothekarisch gesicherten Forderung nicht mit der Forderung auch die Hypothek verlieren soll. Diese Norm gilt auch zwar eigentlich auch zugunsten des Grundschulderwerbers, weil § 1156 gerade nicht Ausfluss der Akzessorietät der Hypothek ist.[447] Allerdings bestimmt § 1192 Ia durch seine Formulierung „aus dem Sicherungsvertrag ergeben", dass § 1156 keine Anwendung findet!

445 BGH, NJW 1982, 2768, 2769 = jurisbyhemmer.
446 PALANDT, § 1154, Rn. 10.
447 Vgl. PALANDT, § 1156, Rn. 4.

2. Übertragung der Grundschuld

§ 1153 I gilt nicht

Für die Übertragung der Grundschuld gilt § 1153 I gem. § 1192 I 506
gerade nicht. Forderung und Grundschuld können unabhängig voneinander übertragen werden.[448]

§ 398

Die Übertragung der durch eine Grundschuld gesicherten Forderung erfolgt formlos gem. § 398.

§ 1154 gilt entsprechend

Für die Übertragung der Grundschuld gilt § 1154 entsprechend, denn § 873 wäre für die Briefgrundschuld unsachgemäß.

Briefgrundschuld: §§ 413, 398, 1192 I, 1154 I S. 1

Die Briefgrundschuld wird daher gem. §§ 413, 398, 1192 I, 1154 I S. 1 durch Abtretung der Grundschuld unter Erteilung der Abtretungserklärung in schriftlicher Form und Übergabe des Grundschuldbriefes übertragen.

Buchgrundschuld

Die Buchgrundschuld wird dagegen gem. §§ 1192 I, 1154 III, 873 I durch (formlose) Einigung und Eintragung übertragen.

V. Gutgläubiger Zweiterwerb

1. Gutgläubiger Zweiterwerb der Hypothek

Beim gutgläubigen Erwerb der Hypothek bei der Übertragung, al- 507
so vom vermeintlichen Rechtsinhaber, ist danach zu unterscheiden, wo der zu überwindende Mangel seine Ursache hat.

hemmer-Methode: Unterscheiden Sie vom gutgläubigen Erwerb der Hypothek den gutgläubigen Erwerb der Forderung. Ein solcher findet grundsätzlich nicht statt.[449]

Ist der Gläubiger Inhaber der Forderung, nur die Hypothekenbe- 508
stellung ist unwirksam, so erwirbt der Zessionar die Forderung vom Berechtigten. Den Erwerb der Hypothek ermöglicht § 892.[450]

wenn nur Forderung nicht besteht, fingiert § 1138, Alt. 1 solche; Folge: Erwerb einer forderungsentkleideten Hypothek

Besteht nur die Forderung nicht, waren sonst aber alle Entste- 509
hungsvoraussetzungen für die Hypothek gegeben, so fingiert § 1138, Alt. 1[451] für den Übergang der Hypothek das Bestehen einer Forderung, wenn der Erwerber bzgl. des Bestehens der Forderung gutgläubig war. Der Dritte erwirbt hier aber nur eine Hypothek ohne Forderung, sog. forderungsentkleidete Hypothek.[452] Denn die Forderung wird nur für eine logische Sekunde als „Brücke" für den Übergang der Hypothek fingiert.

---

448 Die isolierte Abtretbarkeit kann aber vertraglich ausgeschlossen werden. Davon ist vor Fälligkeit der Forderung i.d.R. auszugehen, vgl. HEMMER/WÜST, Sachenrecht III, Rn. 229.

449 Ausnahmen sind §§ 405, 2366 und die sog. Mitreißtheorie, vgl. dazu HEMMER/WÜST, Sachenrecht III, Rn. 199.

450 Vgl. auch § 1155.

451 Die Norm ist gem. § 1185 II bei der Sicherungshypothek nicht anwendbar.

452 Steht hier die Forderung einem Dritten zu, so ist strittig, ob der gutgläubige Hypothekenerwerber auch die Forderung erwerben soll (Mitreißtheorie), vgl. dazu HEMMER/WÜST, Sachenrecht III, Rn. 199.

Kombination von § 892 und §§ 1138, Alt. 1, 892

Ist sowohl die zu sichernde Forderung nicht entstanden und leidet die Hypothek daneben an einem selbständigen Wirksamkeitsmangel, so erfolgt über § 892 und §§ 1138, Alt. 1, 892 der Erwerb einer forderungsentkleideten Hypothek. 510

2. Gutgläubiger Zweiterwerb der Grundschuld

Dingliche Mängel bei der Grundschuldbestellung können durch den guten Glauben des Zweiterwerbers gem. § 892[453] überwunden werden. 511

§ 1138 gilt nicht

Andere Fallgruppen sind hier nicht denkbar, da die Übertragung der Grundschuld, wie oben bereits dargelegt, unabhängig von der Übertragung der Forderung möglich ist. § 1138 gilt gem. § 1192 I bei der Grundschuld nicht. 512

hemmer-Methode: Von dem gutgläubigen Erwerb der Hypothek/Grundschuld ist die Frage abzugrenzen, ob ein einredefreier Erwerb möglich ist. Hier ist strikt zwischen forderungsbezogenen und grundpfandrechtsbezogenen Einreden zu differenzieren. Dabei kann der Eigentümer pfandrechtsbezogene Einreden gem. §§ 1157 S. 2, 892 (gilt auch bei der Grundschuld) und bei der Hypothek auch forderungsbezogene Einreden über §§ 1138, 892 verlieren.

Einreden bei Hypothek

Bei der Hypothek fallen die forderungsbezogenen Einreden unter § 1137. Gem. § 1138 Alt. 2 können diese gutgläubig weg erworben werden. Die grundpfandrechtsbezogenen Einreden fallen unter § 1157 S. 1, der gutgläubige Erwerb richtet sich nach § 1157 S. 2.

Grundschuld

Bei der Grundschuld ist § 1137 über § 1192 I nicht anwendbar, weil die Vorschrift die Akzessorietät bei der Hypothek zum Ausdruck bringt. Aus dem Sicherungsvertrag ergibt sich aber, dass Einreden gegen die Forderung auch gegen das Grundpfandrecht wirken („Einrede des mangelnden Sicherungsfalles"). Insoweit können auch diese Einreden unter § 1157 subsumiert werden.

§ 1192 Ia beachten!

Im August 2008 ist § 1192 Ia in Kraft getreten. Diese Vorschrift schließt den einredefreien Erwerb bei der Grundschuld faktisch aus. Damit ist in diesem Bereich die Grundschuld akzessorischer als die Hypothek, was zu der Überlegung führt, ob nicht § 1192 Ia analog auf die Hypothek angewendet werden müsste. 513

453 Vgl. bei der Briefgrundschuld auch § 1155.

VI. Zahlung und Regress

1. Bei der Hypothek

Die Erfüllung der Forderung muss sich aufgrund der Akzessorie- 514
tät auch auf die Hypothek auswirken.

Welche Rechtsfolgen die Tilgung der Forderung für die Hypothek nach sich zieht, hängt davon ab, wer die Zahlung erbringt.

a) Zahlung des persönlichen Schuldners

Zahlt der persönliche Schuldner, so ist weiter danach zu unter- 515
scheiden, ob er auch im Innenverhältnis zum Eigentümer verpflichtet ist, den Gläubiger zu befriedigen.

Verpflichteter im Innen- und Außenverhältnis

Ist er im Innen- und Außenverhältnis der Verpflichtete, so erlischt 516
die Forderung nach § 362 I und die Fremdhypothek verwandelt sich in eine Eigentümergrundschuld, §§ 1163 I S. 2, 1177 I S. 1.

keine Verpflichtung im Innenverhältnis

Ist er im Innenverhältnis zum Eigentümer nicht verpflichtet, den 517
Gläubiger zu befriedigen, so greift § 1164 ein. Die Forderung des Gläubigers erlischt und die Hypothek sichert jetzt den Ersatzanspruch des Schuldners gegen den Eigentümer.

> **Bsp.:** *Schuldübernahme, die am Fehlen der erforderlichen Genehmigung des Gläubigers gem. § 415 II S. 1 scheitert. Hier bleibt der Schuldner im Außenverhältnis weiter verpflichtet, ihm steht im Innenverhältnis aber ein Ersatzanspruch gegen den Eigentümer zu, §§ 415 III, 329.*
>
> *Zu solchen Schuldübernahmen kommt es häufig beim Verkauf von mit Hypotheken belasteten Grundstücken, wobei der Käufer die hypothekarisch gesicherte Schuld des Verkäufers unter Anrechnung auf den Kaufpreis übernehmen will.*

b) Zahlung des Eigentümers

Legalzession, § 1143 I S. 1

Zahlt der Eigentümer des mit einer Hypothek belasteten Grund- 518
stücks gem. § 1142 I an den Hypothekengläubiger, um die Zwangsvollstreckung abzuwenden, so geht die Forderung vom Gläubiger auf den Eigentümer durch Legalzession gem. § 1143 I S. 1 über. Mit der Forderung erlangt der Eigentümer über §§ 412, 401 auch die sichernde Hypothek.[454]

Umfang: § 1143 I S. 2 i.V.m. § 774 I

Gem. § 1143 I S. 2 i.V.m. § 774 I richtet sich der Umfang der Legalzession nach dem Innenverhältnis zwischen dem sicherungsgebenden Eigentümer und dem Schuldner.

---

454 Also eine Eigentümerhypothek, § 1177 II.

c) Zahlung eines Ablösungsberechtigten

§ 1150 i.V.m. § 268

Gem. § 1150 i.V.m. § 268 I kann jeder, der Gefahr läuft, durch die Zwangsvollstreckung ein Recht an dem Grundstück zu verlieren, bei Befriedigungsverlangen des Gläubigers diesem nachkommen. Insoweit geht gem. § 1150 i.V.m. § 268 III die Forderung und gem. §§ 412, 401 die Hypothek auf den Dritten über. 519

2. Bei der Grundschuld

Aufgrund der rechtlichen Selbständigkeit von Forderung und Grundschuld muss bei der Sicherungsgrundschuld zunächst geklärt werden, ob auf die Forderung oder auf die Grundschuld oder auf beide geleistet wird. Das hängt vom Parteiwillen ab. 520

a) Zahlung des persönlichen Schuldners

Zahlt der persönliche Schuldner auf die Forderung, erlischt diese gem. § 362 I. Der Gläubiger bleibt aber Inhaber der Fremdgrundschuld. Es besteht lediglich ein schuldrechtlicher Anspruch auf Rückgewähr der Grundschuld aus der Sicherungsabrede. Dieser steht dem Eigentümer zu, wenn bei Personenverschiedenheit der persönliche Schuldner im Innenverhältnis die Leistung zu erbringen hatte. 521

Herbeiführung eines dem § 1164 entsprechenden Ergebnisses

War der persönliche Schuldner im Innenverhältnis zum Eigentümer gar nicht zur Befriedigung des Gläubigers verpflichtet, so muss ein dem § 1164 entsprechendes Ergebnis schuldrechtlich herbeigeführt werden.

Nach h.M.[455] kann er vom Eigentümer die Abtretung des Anspruchs gegen den Kreditgeber auf Übertragung der Grundschuld oder die Übertragung der Grundschuld selbst verlangen.

b) Zahlung des Eigentümers

Eigentümergrundschuld entsteht

Zahlt der Eigentümer auf die Grundschuld, so hat dies das Entstehen einer Eigentümergrundschuld zur Folge. Umstritten ist nur, welche Vorschriften aus dem Hypothekenrecht entsprechend heranzuziehen sind.[456] 522

455 Vgl. Palandt, § 1191, Rn. 34.
456 § 1143 I oder § 1163 I S. 2 oder §§ 1168, 1177.

Ist der zahlende Eigentümer zugleich persönlicher Schuldner, so erlischt auch die Forderung.[457] Ist der Eigentümer nicht mit dem Schuldner identisch, so erlischt die Forderung nicht[458], sondern der Eigentümer erwirbt einen Anspruch gegen den Gläubiger auf Abtretung der Forderung gegen den persönlichen Schuldner, falls er von diesem Ersatz verlangen kann.

hemmer-Methode: Erkennen Sie, dass § 1143, der gem. § 1192 I auf die Grundschuld nicht anwendbar ist, Vorbild für die Lösung dieses Problems ist?

c) Zahlung eines Ablösungsberechtigten

§ 1150 gilt

§ 1150 gilt gem. § 1192 I auch bei der Grundschuld. Zahlt der Ablösungsberechtigte auf die Grundschuld, so erwirbt er diese im Weg der cessio legis, §§ 1192 I, 1150, 268 III. Zahlt er auf die Forderung, so erwirbt er nach § 268 III auch nur diese. § 401 gilt für die nichtakzessorische Grundschuld nicht. 523

VII. Erlöschen

1. Erlöschen der Hypothek

Wie Sie oben schon gelernt haben, führt allein die Zahlung an den Gläubiger noch nicht zum Untergang der Hypothek.[459] Anders ist es, wenn der Gläubiger im Rahmen der Zwangsvollstreckung durch die Auszahlung des Erlöses tatsächlich befriedigt wird, § 1181 I. 524

Eine Aufhebung der Hypothek ist gem. § 875 mit Zustimmung des Eigentümers gem. § 1183 möglich. Dagegen hat der Verzicht nach § 1168 nur zur Folge, dass eine Eigentümergrundschuld entsteht.

2. Erlöschen der Grundschuld

Die Grundschuld erlischt bei Aufhebung gem. §§ 875, 1192 I, 1183 und auch gem. §§ 1192 I, 1181 I. Bei Rückübertragung gem. §§ 1192 I, 1154 oder Verzicht gem. §§ 1192 I, 1168 entsteht eine Eigentümergrundschuld. 525

457 BGH, NJW 92, 3228 = **juris**byhemmer; PALANDT, § 1191, Rn. 32.

458 BGH, NJW 1982, 2308 = **juris**byhemmer.

459 Vgl. §§ 1163 I S. 2, 1177 I S. 1 (Eigentümergrundschuld) oder §§ 1164 I S. 1, 1143 I S. 1, 1150, 268 III (cessio legis auf den Leistenden).

WIEDERHOLUNGSFRAGEN: Rn.

Die Zahlen beziehen sich auf die Randnummern

K

L

N

P

R

S

T

U

V

Z